主题公园研究

THEME PARK STUDIES IN CHINA

◎保继刚 等 著

科学出版社
北 京

内 容 简 介

主题公园已经成为当代中国重要的城市旅游产业项目。重大主题公园项目的开发备受政府、业界、学界和民众关注，往往成为社会焦点。本书以作者 20 多年来关于主题公园的研究积累、规划实践、咨询经验和行业判断为基础，系统地梳理了国内外主题公园产业发展的脉络和趋势，详细论述了主题公园规划开发、经营管理、市场营销和社会经济影响等一系列关于主题公园研究的最新成果和重要议题；同时，对国外主题公园研究成果和咨询分析的基本理论参数进行批判性引介，对我国主题公园产业发展，尤其是迪士尼、环球影城等国际知名主题公园连锁企业集团进入中国市场进行理性反思。总的来说，本书是中国学界对主题公园 20 多年来的学术研究和行业实践经验及成果的系统总结，可为未来中国主题公园走向理性发展提供理论指导。

本书适合国内从事旅游研究、休闲研究、城市规划、公园管理研究的高校教师、专家学者、硕博士研究生及高年级本科生，国内主要城市各级政府及旅游主管部门行政人员，从事主题公园规划、开发以及主题公园运营管理的企业人士阅读参考。

图书在版编目（CIP）数据

主题公园研究/保继刚等著．—北京：科学出版社，2015
ISBN 978-7-03-045719-6

Ⅰ.①主… Ⅱ.①保… Ⅲ.①公园-经营管理-研究 Ⅳ.①G246

中国版本图书馆 CIP 数据核字（2015）第 222620 号

责任编辑：王丹妮 / 责任校对：何艳萍
责任印制：赵 博 / 封面设计：蓝正设计

科学出版社出版
北京东黄城根北街 16 号
邮政编码：100717
http://www.sciencep.com
北京科印技术咨询服务有限公司数码印刷分部印刷
科学出版社发行 各地新华书店经销
*
2015 年 9 月第 一 版 开本：720×1000 1/16
2025 年 7 月第十一次印刷 印张：11 3/4
字数：236 000

定价：88.00 元

（如有印装质量问题，我社负责调换）

序　一

很多行业历史上有过这样的现象，就是国际知名品牌进入中国后，中国的本土品牌就逐渐退出市场。如果中国的本土主题公园企业退出市场，将是所有人不愿意看到的。当前，迪士尼、环球影城等国际一流品牌已经进入中国，中国本土品牌要想在未来的激烈竞争中生存下去，并培育出自己的国际品牌，就不仅仅需要一批企业的亲身实践，更需要一些理性的思考和总结。在企业实践方面，我们有这样的空间，也有这样的能力。一方面，中国主题公园市场需求很大，并逐渐多元化，一个迪士尼在上海不可能满足大陆地区游客需求，本土企业完全有机会在新领域、新市场中占据制高点；另一方面，在过去 30 多年的中国主题公园发展实践中，我们确实也积累了一些经验教训，还有一批企业逐渐成长起来，比如：深圳的华侨城、广州的长隆、大连的海昌、杭州的宋城等。在理性思考和经验总结方面，我们一直非常欠缺。一方面，同业的沟通较少，深度不足，迄今在主题公园领域也没有形成具有行业领导力的标准、规范和指导性文件；另一方面，学术界的研究也跟不上现实的需求，褒扬赞美有余，批判性的反思不足，理性系统的理论建设也很少。当然，这可能跟保继刚所说有关，学界研究主题公园缺乏进入性，有能力的学者接触不到企业的真实情况，也就没办法发现问题，解决问题，更谈不上理论建设。我想，在这一问题上，本土企业倒是可以开放一些，让更多的学者研究主题公园。

我很早就认识保继刚，是在共同的事业追求中建立的友谊。20 多年前，我刚刚到任华侨城不久，那时他还是一位青年教师，对华侨城的发展研究有很大的兴趣，1994 年华侨城启动发展战略研究，他受邀参与。保继刚对华侨城主题公园的发展和华侨城城区的建设进行了深入、全面的考察，他对待工作认真、专业、细致，是一位严谨的学者，他提出的将华侨城建成深圳游憩商务区的观点被集团采纳实施，他揭示出的华侨城主题公园发展与房地产开发效益有正相关关系的观点至今仍对旅游地产的开发产生影响。

20 多年过去了，很高兴保继刚和他的团队还在继续跟进主题公园的研究。他的团队研究早已超出了华侨城，关注到全国乃至国际主题公园产业的发展变化，并对中国主题公园发展现实产生的问题进行了深入的研究。当中，一些问题是我们考虑过但没有系统梳理过的；一些问题是我们想研究但没条件做的；一些问题是我们没想到但目前看来是有价值的。我认同保继刚书中的一些观点，许多问题批评得很尖锐，这也是我们地方政府和企业经常犯的错误。比如就国际品牌主题公园进入中国，最好的情况应该是国际品牌与本土品牌共同发展、实现双赢。各级政府应该关注在成长中的本土品牌，使他们不断地创新，不断地有新项目推出，不断地提高管理水准，不断地提高主题公园的质量，达到或者接近国际水平，不应该给予国际知名品牌过高的投资优惠，而应该给本土品牌营造一个公平的竞争环境。诚然跟迪士尼相比，我们有很多不足，需要学习，但不能人为地为国际品牌构建不平等的竞争优势。

中国的经济发展已进入新常态，旅游产业的快速发展将对中国经济走向世界产生重要影响。《主题公园研究》具有很大的参考价值，一定会给予中国主题公园的管理者和理论工作者新的启迪与帮助。

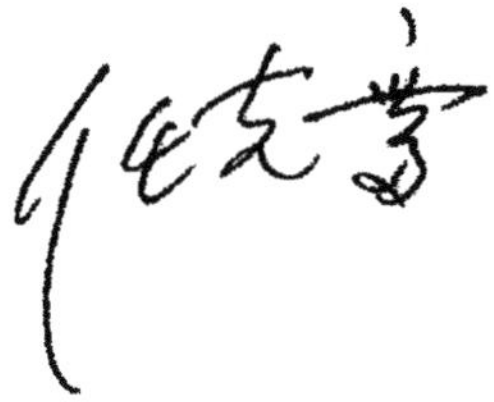

2015 年 6 月 28 日

序二　热发展中的冷思考

读完保继刚教授的专著《主题公园研究》，颇有一些感慨。

其一，这本书是继刚积25年的研究，慢慢形成的一本专著。在当下心态浮躁、追求功利的社会中，能有这样的耐心，实属难得。在高校行政化依旧、教师考核功利化的背景下，能够这样潜心治学，更为难得。其二，这是一本接地气的专著，在一系列专题案例的积累过程中，条分缕析，逐步总结。现在，大数据云山雾罩，实际上分析从来都是从数据分析入手，在官方数据缺位的情况下，只能靠对案例的具体分析，由此得出的结论自然是扎实的。其三，这是主题公园研究，并不局限于中国主题公园，还包括国际比较，最后落到中国的实际。其四，由活生生的实践总结出理论，达到提升，使之具有普适性、前瞻性和指导性。

我和继刚是老朋友，但真正对他有深刻印象是在1998年。他从国外学习归来，我到广州出差，聚谈时他直截了当地说，你现在的文章不如以前，官气重了，分析少了。听到此言，我先是诧异，后感欣然。之后我们便常常接触，多是在会议上或者评审时，包括在论证几个大型主题公园的会议上，听到继刚直言不讳，鞭辟入里，不愧“继刚”，不负此名；会议后，也有机会开怀畅饮，把酒言欢，感受知音的乐趣。现在，继刚把对主题公园的思考系统化，整理出来，我自然为他欣喜。

从本质上来说，主题公园是现代工业化的产物，也是工业化社会生活的需求，是在工业化背景之下创造的新型生活体验和生活方式。在工业化的压迫之下，人总要逃离，要寻求可以满足幻想甚至超越幻想之地。在主题公园的生活中，处处是舞台，时时有感受，人人成演员，个个当观众，幻想与现实交融，大人与孩子同乐。在工业化迅猛发展的中国，主题公园的发展也是一种必然，成为一种新的社会消费方式。这种方式不同于日常生活的娱乐，具有更深的文化性和传承性；也不同于一般的观光旅游，是旅游生活中的盐，具有更多的创新性和差异性。目前，对应市场的需求，一个新的产业已经开始形成，形态多种多样，模式千变万化，电影人、文化人、投资人、旅游人各种组合，正在创造一种新的格局，谋求新的发展。

作为一个老旅游人，我目睹了这一过程。一是20世纪80年代中期，出现了一大批西游记宫、大观园、三国城等人造景区，被称为“百宫大战”，这是初级产品对应初级市场。随着江苏的福禄贝尔乐园、上海的美国梦幻乐园、广东的飞龙世界和世界大观等主题乐园的关门歇业，这一轮投资热画上了句号。二是以全国第一个微缩人造景区“锦绣中华”为肇始，中国主题公园开始逐步与世界接轨，民族文化村、世界之窗依次投入运营，引发第二轮建设热潮，如珠海圆明新园等，多数不成功。三是90年代末到2005年前后，全国又有一批主题乐园开始兴建，主题也开始越来越多样，如航母、恐龙、宋城、方特科技、欢乐谷、欢乐世界、海洋馆等，这些主题公园较之前投资更大，一般都在10亿元以上，有的可达30～40亿元，而且伴随着度假地产、酒店住宿业的开发，开始形成品牌意识。四是最近10年，国内主题乐园的龙头企业开始了品牌扩张和延伸，在全国连锁经营。有的加快了后期开发，有的致力于异地复制，主题乐园的市场格局基本形成。同时，国外主题乐园巨头开始进入中国市场，迪士尼即将开业，环球影城即将开工，六旗小镇即将启动，国内一批高端项目开始运作。

从市场发育角度来看：一是我国人均GDP从20世纪80年代的300美元到现在的7000美元，什么水平消费什么产品；二是从交通不便到四通八达，什么道路创造什么市场；三是从城镇化起步到城市群，什么聚集形成什么规模；四是从农民眼光到世界视野，什么变化产生什么要求。人口众多，需求巨大，城市休闲空间短缺，度假产品不足，为主题公园的发展提供了品质和数量两方面的基础。

由此形成的中国主题公园的建设特色如下：一是规模巨大，规模小难以适应需求，难以形成品牌，难以创造效益。目前总体达百亿级投资，资本运营突出的项目层出不穷。二是花样众多，汇总项目，集中消费。三是功能丰富，娱乐第一，商业充实。四是与城镇化发展紧密相连，与房地产市场一体化。从发展特色来说，则是“刮风”。中国是一个喜欢刮风的国度，无论什么事情，都是一阵风起来，一阵风过去，社会生活中刮风已经让人很难容忍，建设中的刮风则是制造大量的建筑垃圾，造成大量资金的无效运作。如同绿化祖国，年年绿化年年干，这大概是成本最高、效果最差的绿化。现在，新一轮主题公园建设之风已经开始刮起，在30多年的发展过程中，这样的风也已经刮了若干次，为什么还要刮呢？根本上还是因为政府主导，政绩导向。官员好大喜功，商人贪大求洋，规划推波助澜，评审随波逐流，这大约是现在的状况。

这个时候，格外需要清醒的头脑，睿智的眼光，批判的精神，科学的分析。继刚的专著，可以说是热发展中的冷思考，可以发挥一定作用。迪士尼经过60年发展，在全世界也不过做了5个半，包括上海迪士尼。按照我们的逻辑，它也太没有雄心壮志了，太不做大做强了，怎么也得做他几十个才行啊！但是，这恰恰是迪士尼做大做强的基础，对市场的深化、对文化的把握、对手段的创新、对人性的契合、对产业链的延续、对品牌的持续、对知识产权的强化，我们学到了多少？只是大把花钱，创造让别人赚钱的平台，这是土豪。前一段时间在上海考察迪士尼工地之后，继刚仍然是直言不讳，给想听赞歌的官员们说了一番这样的话。

希望有更多这样的学者，希望看到继刚更多的成果，希望社会有更多的良心。

魏小安

2015年6月21日

前　言

这是一本慢慢写出来的专著，从我 1990 年开始涉足主题公园研究，到这本书出来，整整 25 年！

如果从 1983 年 7 月 15 日被誉为中国大陆第一个大型器械游乐园的中山“长江乐园”开业算起，中国大陆游乐园和主题公园产业发展走过了 30 多年的历程。30 多年来，中国游乐园和主题公园的发展可谓一波三折，在艰难困苦中摸索前行，其间出现了多次倒闭的浪潮，极大地浪费了资金、土地等社会经济资源，许多失败项目的后续影响至今难以消退。例如，紧随“长江乐园”之后，20 世纪 80 年代兴起的一波游乐园建设浪潮由于选址不当、毫无主题、缺乏体验、重复建设、粗制滥造、规划不当等，仅广东地区这一时期建设的 19 个游乐园就有 18 个亏本，只有 1 个勉强经营。效仿“锦绣中华”，20 世纪 90 年代初期全国掀起的一波世界微缩景观、民族园等微缩景观和民族文化园建设浪潮也因为盲目模仿、粗制滥造而衰退，许多景点开业不久便门可罗雀，甚至倒闭。一波接一波的失败引起了政府和业界的广泛关注，学界也开始了批判性反思，开启了中国最早的主题公园研究。

当然，我们也创造了一系列神话。1989 年 9 月开业的深圳“锦绣中华”投资 1 亿港币（当时约相当于 7000 万元人民币），1990～1993 年营业收入共 3.93 亿元人民币，利润率高达 50％以上，开业 1 年多就基本收回投资，创造了中国甚至全世界主题公园投资史上的神话。此后，华侨城集团又创造了“欢乐谷”传奇，相继在深圳、北京、上海、成都、武汉、天津等城市布局。2013 年，华侨城集团主题公园接待量高达 2632 万人次，跻身世界四大主题公园企业集团之列。目前，能够排进世界前 10 的主题公园企业集团中，来自中国大陆地区的除华侨城集团外，还有华强集团（方特系列）、海昌集团、长隆集团。这是连日本、韩国、新加坡等最早发展主题公园的国家也没有做到的。依托庞大且快速增长的潜在消费市场，如今的中国主题公园产业正以前所未有的速度增长。国外主题公园争相进入中国，包括迪士尼集团、环球影城等国际知名主题公园企业集团都已经在中国开建或计划兴建。中国本土企业也进入了繁荣发展期，一批知名主题公园品牌诞生，如欢乐谷系列、长隆系列、方特系列等，而许多传统旅游企业、房地产开发企业也跃跃欲试，尝试涉足主题公园开发和经营。

看似繁荣的背后，实际上潜伏着产业危机。第一，主题公园开发易受房地产“绑架”，打着所谓“旅游地产”的旗号圈地开发，结果是主题公园要么成了“半拉子工程”，要么规划设计存在缺陷，要么经营缺乏可持续性。房地产是建好了，可能也卖得不错，而主题公园失败了。第二，一些国外知名主题公园品牌，尤其是国际知名主题公园品牌易受地方政府和企业追捧。政府或企业往往开出过高的优惠政策，甚至牺牲重大利益争取项目落户。结果是公园开发和经营的最大利益被国外知名主题公园企业拿走，开发和经营的主要风险则由地方政府或企业承担，其根本上损害的是普通大众的利益。第三，主题公园的繁荣吸引了大量的企业，不仅传统旅游企业，许多毫无主题公园开发经验，甚至连旅游项目开发经验都没有的房地产企业都争相涉足主题公园开发，造成一批投资不当、规划设计不合理、运营管理不善的主题公园。当前，中国主题公园从人口较多、经济较发达的一线、二线城市，蔓延到了缺乏足够潜在市场的三线、四线城市，概念投资从几千万元到上百亿元的都有。主题公园的非理性开发面临着巨大的风险，其所带来的社会、经济和环境问题也常常被忽视。中国主题公园的健康发展，期待着理性的回归，这有赖于一批长期、扎实的研究积累。

本书是基于我和我所带领的研究团队，在过去 20 多年的主题公园研究和行业实践的基础上，针对中国主题公园研究所进行的一次系统梳理和论述，反映的是 20 多年来中国主题公园研究的成果和主题公园发展实践的理性经验。中国主题公园的研究普遍缺乏足够的实践经验和研究的进入性（主要是资料和数据获取的困难）。中国主题公园的研究者同国际主题公园研究者一样，都只能根据行业数据或公园周边调查做外围研究，难以切入主题公园开发、规划和经营管理的核心问题。对于中国研究者而言，实际上连翔实、可靠的行业数据都没有。中国主题公园产业长期缺乏官方统计，这既是技术上的问题，更是制度上的问题。然而，社会上、网络上流传的大量所谓“权威”数据要么粗制滥造，要么乱用，要么误用。例如，业界普遍引用零点市场调查公司 2002 年的数据：“中国 2500 个主题公园沉淀了 1500 亿元投资，其中 70％处于亏损状态，20％持平，只有 10％左右盈利。”实际上，该调查的统计口径除了主题公园，还包括大量小型游乐场（园），甚至一些游乐厅（室）。当时中国并没有 2500 个主题公园，现在也没有。

本人于 20 世纪 90 年代开始关注游乐园和主题公园的开发。1990 年，因参加已故导师陈传康先生主持的“深圳旅游发展规划”有机会进入“锦绣中华”调研，直觉告诉我这可能是中国下一阶段旅游项目开发的模式。1994 年，华侨城集团启动新一轮发展战略研究，本人应邀作为发展战略编制顾问参与华侨城下一个十年的战略研究。我们提出了华侨城要进行“空间扩展和功能扩张”的战略，明确提出了要将华侨城建成深圳的“游憩商业区”的目标。在此基础上，在许学强先生的指导下，我于 1995 年完成博士论文“主题公园的发展及其影响研究——以深圳市为例”，比较系统地阐述了主题公园客源市场、开发布局及其影响因素，还有主题公园对城市发展的影响，指出了主题公园开发与房地产房价之间的正向效应关系，这就是后来的热门话题旅游地产的肇始。之后有幸得到“美国美中学术交流委员会”的支持，我到美国研究主题公园，体验了迪士尼系列主题公园，更有收获的是考察了奥兰多中国投资的主题公园“锦绣中华”。关于美国“锦绣中华”投资失败的原因，将在下一本关于主题公园案例分析的书中加以分析。访美学术交流回国后，我对中国主题公园开展系统研究，其间得到了原国家教委留学回国人员科研启动基金“中国主题公园发展机制研究”资助，并于1997年担任“广东旅游发展战略研究”专家组组长，又针对广东主要游乐园和主题公园进行了详细调查，掌握了大量主题公园发展的真实准确数据。

与国家发改委和国家旅游局业务官员的认识缘于1998年5月8～9日在武汉召开的“中国主题公园发展研讨会”，那时，我刚从美国研究主题公园回来，应邀作主题报告。此后，参加了国家发改委社会司和旅游局规划财务司的很多相关活动。

作为研究主题公园的学者，能受邀给迪士尼作咨询报告值得一提。2012年3月22日，受香港迪士尼乐园行政总裁金民豪（Andrew KAM）先生诚挚邀请，我作为特别嘉宾参加了香港迪士尼乐园“中国华南地区战略专题讨论会”，并发表了咨询演讲。公司亚洲区总裁安明智（Bill Ernest）先生专程从美国赶来参加此次研讨会，并作了交流。

对国际主题公园进入中国的研究，认识像迪士尼、环球影城的投资经营策略是从2003年开始的。2003年3月，受中国国际投资咨询公司的邀请，我分别以专家组组长或副组长的身份到上海、北京、天津参加“上海环球影城”、“北京环球影城”、“天津派拉蒙影城”的专家评审会。在评审期间了解到这些国际主题公园巨头除了在投资方面要有品牌入股，即花少钱占多股份外，更重要的是在经营分配方面的策略可以使之立于不亏之地。2009年2月上海迪士尼论证（为了保密需要，当时称之为“布宜诺项目”）时，我提出可行性研究要做风险分析，比照香港迪士尼的经营实际，当游客量只达到预测值的50%、60%、70%等时，投资经营风险有多大？中方的风险是多少？当园内消费只有预测值的10%、20%、30%等时，风险又是什么？当时的总投资是240亿元，风险已经很高，现在追加到340亿元，风险更高了。本人认为，上海迪士尼本身的投资经营风险高过香港迪士尼。可惜！在所有专家中，这唯一的一份被上海专家对我的学生戏称的“只有你们保院长反对”的意见没有引起什么重视。为什么香港迪士尼乐园投资经营并不成功的前车之鉴没有得到重视呢？当我们的城市政府作为经营者的角色没有转变为管理者角色时，重蹈覆辙也就成为我们这个时代的“电视连续剧”了。这本书出版后，上海迪士尼很快就将开业，让我们对其经营业绩拭目以待吧！

从1994年开始，本人相继发表一系列关于主题公园研究的论文16篇，涉及主题公园规划开发、运营管理、市场营销、社会经济影响和行业分析等方面内容。同时，指导梁增贤博士和古诗韵博士先后完成两篇博士论文《主题公园对城市社会空间的影响及其形成机制——以深圳华侨城和北京华侨城为例》和《中国主题公园市场规模的关键参数研究——基于华侨城主题公园的案例分析》。本书就是在这些研究的基础上完成的。

本书共分为 12 章。第 1 章为绪论，主要理清主题公园的起源、概念、类型、特点和布局规律。第 2 章从全球视野看主题公园产业和主题公园在中国的发展脉络，着重讨论了香港迪士尼乐园对珠江三角洲地区主题公园的影响。第 3 章系统地阐述了主题公园开发的影响因素，并以 20 世纪广州和珠海主题公园开发的案例进行说明。第 4 章着重分析了主题公园的生命周期规律，并以“锦绣中华”和深圳“欢乐谷”两个案例进行说明。第 5 章从游客流的角度，分析主题公园的季节性波动特征和规律。第 6 章借鉴美国主题公园评估中“合格人群”的概念，基于中国的现实提出了“收入达标市场”的概念，用以评估地区主题公园潜在市场规模。第 7 章以“欢乐谷”系列主题公园为例，阐述主题公园市场渗透率、重游率等问题。第 8 章分析了中国主题公园会员市场的特征和购买动机。第 9 章探讨了主题公园与城市居民就业的问题，重点分析了主题公园周边非正规就业者问题。第 10 章剖析中国所谓主题公园＋房地产模式的缘起和弊端。第 11 章分析迪士尼品牌在中国的成长脉络，重点反思香港迪士尼乐园和上海迪士尼乐园开发的经验和教训。第 12 章以即将建设的北京环球影城为例，重点讨论主题公园开发与城市旅游发展的关系。本书的第 5 章、第 9 章、第 10 章主要依据梁增贤的博士论文研究进行论述；第 6 章、第 7 章、第 8 章主要依据古诗韵的博士论文改写。其余章节主要依据笔者的研究成果改写。

最后，我要感谢 20 多年来，对我及我的团队研究主题公园给予支持的企业、政府部门和基金会。特别要感谢任克雷先生和魏小安先生为本书作序。

保继刚

2015 年 6 月 29 日于广州中山大学康乐园

目　　录

第1章 绪　　论

1.1 主题公园的起源与概念

主题公园（theme park）是具有特定的主题，由人创造而成的舞台化的休闲娱乐活动空间，属于休闲娱乐产业。现代主题公园的概念缘起于1955年7月17日在美国安纳海姆（Anaheim）开业的迪士尼乐园（Disneyland）。尽管有不少学者认为主题公园的物质和文化原型可以追溯至欧洲中世纪的市集（fairs），但真正使主题公园成为一种成功的商业模式和文化形态，并被世界传扬、模仿的是迪士尼乐园。迪士尼乐园赋予了主题公园新的定义，并与早期的市集和游乐园（amusement park）相区别。Botterill（1997）认为主题公园是市集、嘉年华和游乐园的现代表现，是一种新的文化现象，他总结了游乐区（amusement scape）从市集到游乐园再到主题公园的演化历程，如表1-1所示。

表1-1　西方国家游乐区的发展阶段

比较项目	前现代	现代	现代晚期
社会形态	农业社会	工业社会	后工业社会
形式	市集	游乐园	主题公园
案例	伦敦圣巴多罗买市集	纽约科尼岛	佛罗里达迪士尼乐园
地点	街区	海滨	郊区
边界	开放的	半开放的	封闭的
时间	宗教节庆的	季节性的	全年性的
动机	庆祝宗教节日/商品交换	利益/文明化/娱乐消遣	分红/工作/快乐
目的	表现	教育/文化	娱乐
参与者	朝圣者/乡下人	工人阶层	中产阶层
市场控制	共同体	垄断者	供不应求
交通	步行/马车	无轨电车	汽车/飞机
表现样式	寓言故事	现实故事	超现实/幻象
产品	由谁生产	为谁生产	消费者/促销
模仿原型	教堂/君主	上流社会	日常生活/科技
动物形象	猪	大象	老鼠
年代	1500～1850	1850～1960	1960年至今

资料来源：Botterill，1997. 有调整

游乐园是工业社会的产物。20 世纪的前 20 年美国游乐园发展到高峰，以科尼岛（Coney Island）[①] 为典型。第二次世界大战后，一方面，随着经济的快速发展，一些大城市开始转型为后工业社会，人们的文化需求和生活方式发生很大变化；另一方面，传统的游乐园很难创造差异，普遍存在着卫生、安全和管理问题。游乐园产业进入快速衰退期。

尽管仍有学者认为主题公园与之前的游乐园一样，满足人们游乐、逃避、释放、幻想、情感和家庭活动的需求（Nye，1981），但主题公园产生并发展于后工业社会。后工业社会，人们倾向于寻求快速变化的娱乐体验，类似 Urry（2002）所说的“3 分钟文化”（three-minute culture），媒体总是诱导公众追求新异体验。在 21 世纪初期，变化最快也最吸引公众的是有声影视。环球影城（Universal Studios）最早意识到将影视场景、技术和影像作品应用到公园娱乐中，在公园中以影像的方式再现电影情节，实现主题化。然而，最为成功的显然是华特·迪士尼（Walt Disney）。华特·迪士尼也是一位影视创作者，尤擅长将艺术作品应用到公园中。迪士尼创造性地将影视作品与公园互动，超越游乐园呆板的器械娱乐，通过主题化的场景激发游客的幻想，形成主题体验。尽管迪士尼乐园 1955 年开业的当天并不算成功（Adams，1991），但其经营模式是划时代的。传统游乐园并不注重环境氛围（因为环境本身不能带来直接利润），将大量的游乐器械堆积在狭小的空间里，每个项目单独收费。主题公园则采取通票制，精心营造主题环境，游客可以在舒适、安全、有序和轻松的环境中寻求欢乐（Nye，1981）。更重要的是，主题公园需要长期持续的投入以维持其吸引力，让游客的每一次到访都有新鲜感。

主题公园是一个不断创新的文化产品，其表现形式一直在演变，要给主题公园下一个定义并不容易。大多数学者希望通过理清主题公园的一系列特征，给出一个技术性定义，如 Clave（2007）、Swarbrooke（2005）和董观志（2000）。然而，没有一个特征能够涵盖主题公园的全部，也不是所有主题公园都满足一系列特征要求。保继刚（1994a）给出了一个较为宽泛的定义：“主题公园是一种人造旅游资源，它着重于特别的构想，围绕着一个或几个主题创造一系列有特别的环境和气氛的项目吸引旅游者。”

主题公园首先在北美得到推广。到 20 世纪 80 年代末，北美每年接待超过 100 万名游客的主题公园有 30 个（Lyon，1987），除一个在加拿大外，其他都集中在美国。欧洲有 21 个大型主题公园（Brown and Church，1987），至 1990 年

---

① 科尼岛由 4 个大型游乐园，即海狮乐园（Sea Lion Park，建于 1985 年）、障碍赛马乐园（Steeplechase Park，建于 1897 年）、月神乐园（Luna Land，建于 1902）、梦想乐园（Dreamland，建于 1911 年）和一系列小型游乐园（室）组成。从 1880 年到二战期间，科尼岛是美国最大的游乐区，每年吸引几百万游客。

日本已有14个大型主题公园开业（郭生发，1991）。1989年9月21日深圳锦绣中华的成功开业，标志着中国真正意义上的主题公园产业的诞生。

1.2 主题公园的研究进展

由于主题公园在促进消费、转变经济发展方式和城市发展方面的积极作用，在20世纪90年代城市学者、地理学者和社会学者对其给予广泛关注，侧重于研究其文化表征，以及与社会生活、城市空间规划的关系。国外的主题公园研究普遍缺乏进入性，大多学者都围绕主题公园的外围进行实证研究。80年代，国外一些学者开始总结主题公园的发展历史和过程（Adams，1991；Lyon，1987；Brown and Church，1987；郭生发，1991；Milman，1993）。区位选址对主题公园的成败影响很大，这方面的研究受到特别重视（保继刚，1994a）。新主题公园的市场定位和需求研究（Milman，1988；Braun and Milman，1994）、主题公园在本地经济和居民闲暇活动中的作用（Braun and Milman，1991；Milman，1991）也有学者涉及。

国外研究保持实证研究的传统，重点关注主题公园市场和游客行为。Moutinho（1988）较早通过实证研究指出，欢乐的器械、较少的排队等待和良好的氛围是游客选择主题公园的重要因素，而朋友和家人在出游决策中扮演重要角色。Milman（1988）做了一项探索性的实证研究指出，识别潜在市场主要从主题公园自身因素考虑，而非旅游者行为规律和人口特征等外部因素。McClung（1991）通过随机电话访谈发现，主题公园家庭游客较为年轻，一般有18岁以下的小孩，收入比非主题公园游客高，游客出游集中选择在6～8月；天气、对主题公园的偏爱程度、孩子的意愿和费用是影响家庭游客选择主题公园的主要因素。随后，一些学者引进新的方法或采用更为复杂的计量方法进行研究，如感知地图（Fodness and Milner，1992），数据包络分析（Liu，2008）。在理论创新方面，如收入管理（Heo and Lee，2009）、认知理论（cognitive theory）（Bigne et al.，2005）也应用到主题公园研究中，但仍侧重于旅游者行为分析。这种实证研究的传统一直持续到今天，涉及游客的出游动机、类型（Park et al.，2009）及满意度（Geissler and Rucks，2011）。在实证研究中最有影响力的是Milman（2001，2009）关于北美主题公园的经营者和游客的两次感知研究。研究指出，影响主题公园经营的最大因素是游客流情况和地方经济活力，而影响游客感知的最主要因素是娱乐的多样性和质量，礼貌、清洁、安全和安保被赋予较高感知等。

与此同时，文化学者一直保持着对主题公园的零星关注，如从文化视角解析巴黎迪士尼乐园经营出现的问题（Altman，1995），从跨文化角度比较解释不同文化背景人群在主题公园寻求的娱乐内容差异等（Ah-Keng，1993）。更有一些学者试图通过扎根方法提出“旅游寻乐”（touristic fun）理论，用以解析主题公园游客的动机（Bakir and Baxter，2011）。总体上，文化学者、社会学者以及人类学者将主题公园视为一种社会文化现象和空间隐喻。Pearce 和 Moscardo（1985）回顾早期研究时指出，主题公园研究缺乏概念焦点、精确的方法论和娴熟的分析技术，而归因理论、个人情境分析和多元统计分析将能够提升主题公园研究的水平。

在我国，游乐园与主题公园的应用性研究占主流，这与我国游乐园与主题公园的三次开发浪潮紧密联系。第一次浪潮以 1983 年中山长江乐园开业为标志，这一阶段基本都是无主题包装的游乐园，而且很快便衰落，并没有受到学术界的过多关注。第二轮浪潮以 1989 年深圳锦绣中华的开业为标志，掀起席卷全国的主题公园建设高潮。这次浪潮的社会影响很大，学术界爆发了一场中国主题公园发展大讨论，主要涉及主题公园的规划布局、开发建设、运营管理、中西差异和目前发展中存在的问题和建议（保继刚，1994a；王新民，1994；保继刚，1997a；王宁，1997；孔晓宁，1998；严国泰，1998；楼嘉军，1998；姚昆遗，1998）。正当学者还在探讨上一轮发展问题的同时，深圳欢乐谷一期于 1998 年 10 月 1 日开业，掀起了新一轮浪潮。这一轮浪潮一直到持续 2005 年香港迪士尼的开业。可以说，过去的 3 次发展浪潮的形成、发展和衰败与中国主题公园产业自身发展情况有关，并没有受到全球主题公园产业的直接影响。在这一阶段，中国主题公园研究者开启了主题公园概念及理论的本土化工作①，研究主要涉及本土开发模式（杨桂华，2002；曾光敏等，2007）、市场调研（李舟，2001）、创新策略（马勇和王春雷，2004；李春生，2007）等。在主题公园的理论性研究方面，保继刚（1994a，1997b）最早运用旅游区位论探讨主题公园空间布局问题，并构建了涵盖客源市场与交通条件、区域经济发展水平、城市旅游感知形象、空间集聚与竞争和决策者行为等因素的系统分析框架。董观志和刘芳（2005）建立了主题公园游客流的基本认识。梁增贤和董观志（2011）以深圳欢乐谷为例，修正了以往学者对游客心理容量曲线单调递减性的认识，指出主题公园游客量过多或过少都会降低游客满意度。卢松等（2011）的实证研究指出城市居民对主题公园的开发保持较为积极的态度。梁增贤和保继刚（2012a）对主题公园黄金周的季节性特征及其成因做了详细研究。近年来，国内一些学者重点关注主题公园发展带来的社会影响，讨论的议题包括主题公园发展与城市就业的关系（梁增贤和保继刚，2014a）以及非正规就业的影响（梁增贤和保继刚，2012b）等。

在旅游和休闲学科领域，研究者主要关注主题公园的游客行为规律、市场营

① 1998 年 5 月 8～9 日，由国家计委社会发展司和湖北省计委共同发起的“中国主题公园发展研讨会”在武汉举行，强化了新时期中国主题公园研究的本土化工作。

销、规划开发和社会经济影响。上述研究议题主要来源于主题公园开发和运营管理的现实需要。尽管如此，主题公园的应用研究仍与实际需要存在较大差距。原因是多方面的：第一，主题公园研究的群体规模较小，对主题公园真实情况和现实问题的把握不清楚。主题公园所重视的合格市场、渗透率和重游率等议题并未得到学界的重视，实践也缺乏可供参考的理论。第二，主题公园研究者普遍缺乏进入性，大多数人没有主题公园开发经营的实践经验。学术研究往往浮于表面，隔靴搔痒，难以揭示主题公园开发和运营管理的深层次问题。第三，主题公园研究缺乏相应的理论视角和研究方法，所探讨的议题偏向应用，对理论贡献较小。

总体而言，主题公园仍是一个相对新的研究领域，研究者的学科来源多元化，讨论的议题多样且较为分散。近年来，主题公园全球化和多元化趋势明显，在西方诞生的主题公园在一些新兴国家迅速扩张，主题公园研究面临许多新的议题。比如，主题公园的跨文化适应，主题公园的社会空间影响，社会变迁、消费转型对主题公园的影响，主题公园的市场演化，尤其是渗透率、重游率的演化，主题公园市场特征，尤其是合格市场的地方差异等。上述新的研究议题亟待解决，呼吁新的研究者进入主题公园研究领域。

展望未来的研究，主题公园作为开发和经营难度最大的景区之一，仍面临许多亟待解决的现实问题，偏向应用性的研究仍将在未来一段时期内占主流，但探讨的议题会更加具体，方法更加多元化。与此同时，主题公园所带来的社会经济，甚至文化影响也将会得到持续关注。主题公园作为一种后现代的空间例证（Clave，2007），仍将吸引一大批社会学、人类学和地理学学者的关注。

1.3　大型主题公园的特点

1.3.1　强烈的个性，普遍的适宜性

每一个成功的主题公园都具有强烈的个性，也就是旅游业常说的“特色”，有的甚至具有不可模仿的独特性，如迪士尼乐园是高科技的体现，常变常新，个性强烈；好莱坞“宇宙制片厂之旅”长盛不衰，是因为它代表了好莱坞影视娱乐文化，具有不可模仿的独特性。主题公园如果缺乏个性，如20世纪80年代初期到处都建的游乐场，则很难取得成功。但同时，主题公园的活动内容对游客来讲，又要有普遍的适应性，要能吸引不同年龄、不同层次的游客（陈健昌和保继刚，1988）。

1.3.2　被动游憩形式

游客在主题公园里游玩是一种被动游憩形式，这种被动游憩形式有两方面益

处：一是游客可保持充沛的精力多停留一段时间，二是在每个表演场地可容纳更多的游客。大型主题公园往往设计游客平均停留时间在六七小时以上，在这样长的时间里，游客必然要有门票之外的其他消费，如餐费、饮料费等，从而提高经济效益。

1.3.3　投资高，占地规模大

大型主题公园投资额和占地规模巨大。例如，20 世纪 90 年代，深圳锦绣中华微缩景区初始投资 1 亿港币（不含地价），占地 0.3 平方千米；中国民俗文化村初始投资 1.1 亿港币，占地 0.2 平方千米；深圳世界之窗景区，初始投资 5 亿元人民币，占地 0.44 平方千米；珠海圆明新园，初始投资 1.75 亿元人民币，占地 0.53 平方千米；北京世界公园，初始投资 1.5 亿元，占地 0.467 平方千米；无锡世界奇观，总规划占地 0.90 平方千米，初始投资 1 亿美元等。然而，时至今日，主题公园的投资过 10 亿元的不在少数，部分主题公园投资已经超过百亿元。

1.3.4　高门票，高消费，游客重游率低

为了还本付息，维持经营和赚钱，伴随着高投入的是高门票和景区内的高消费（相对于国内游客平均收入水平）。1996 年，在全国居民收入还不高的时候，深圳锦绣中华门票内宾价为 20 元（节假日 25 元），北京世界公园，门票平日 40 元（节假日 48 元），与之相比，北京颐和园门票仅 2 元。时至今日，大型主题公园门票基本在 150～300 元。与此同时，景区内的消费也较高。由于高门票及主题公园这种旅游资源往往缺乏深刻的历史文化内涵和较高的文物艺术价值，游客的重游率较低。

1.3.5　生命周期的延长靠项目不断更新

与自然遗产旅游资源（如泰山、黄山、武陵源和九寨沟）和文化遗产旅游资源（如故宫、长城、兵马俑）相比，主题公园由于游客重游率低和可以模仿重建，其生命周期一般较短。延长生命周期的办法是不断更新游览项目。迪士尼乐园之所以长盛不衰就是因为项目常换常新，不断增强吸引力和强化旅游形象，从而提高游客重游率。

1.3.6　成功的主题公园对临近地区的影响巨大

一个大型主题公园开发成功后，将使整个区域受益。其中，受益显著的是交通运输和宾馆酒店部门。另外还有一个以前被忽视的方面是主题公园邻近的土地迅速升值。锦绣中华的成功，不仅提高了华侨城区域宾馆的开房率（四星级的深

圳湾大酒店[①]的开房率从40%左右急剧上升为90%左右），而且带动了房地产的开发，房地产现已成为华侨城的支柱产业之一。

1.4 主题公园的类型与布局

主题公园的类型可以从多方面进行划分，但一般或以主题内容进行划分（郭生发，1991），或以吸引范围进行划分（Witt and Moutiho，1989），或以规模大小进行划分（保继刚，1994a；Smart and Casazza，1989）。根据主题公园的投资和土地规模可将主题公园划分为大型主题公园和小（微）型主题公园。按照20世纪90年代的标准，国外将投资8000万～1亿美元，占地200英亩（约0.81平方千米）以上的主题公园称为大型主题公园，将投资在1000万～2000万美元的主题公园称为小（微）型主题公园（Witt and Moutiho，1989；Smart and Casazza，1989；Inskeep，1991；Ashworth and Tunbridge，1990）。比较这一国外标准，参照当时锦绣中华和中国民俗文化村的现状，20世纪90年代，将投资在8000万～1亿元人民币、占地0.2平方千米（不包括停车场等附属设施，国外包括这部分面积）左右的主题公园称为大型主题公园；将投资在1000万～2000万元人民币、占地规模相对较小的主题公园，如西游宫，称为小（微）型主题公园。然而，随着社会经济的发展，投入水平的提高，主题公园的投资规模越来越大，原有划定的投资标准不断加码，按照投资规模难以判定主题公园大小。Clave（2007）提出，主题公园可以根据投资规模、设计容量、项目数量和市场半径划分为目的地级主题公园、区域级主题公园、城市级主题公园和社区级主题公园，见表1-2。

表1-2 主题公园类型划分

主题公园类型	投资规模/亿欧元	设计容量/万人次	项目数量/个	市场半径
目的地级	>2.5	>350	>55	专程旅游者超过50%
区域级	1.0～2.5	150～350	35～50	专程旅游者超过25%
城市级	0.8～1.0	75～150	25～35	95%是城市居民
社区级	0.1～0.8	<75	多变，比较小	周边社区居民

资料来源：Clave，2007，有调整

以今天的投资规模来看，中国大型主题公园的投资已经远远超过20世纪90年代的标准。目前，大家普遍公认的大型主题公园包括香港迪士尼乐园和欢乐谷系列（深圳、北京、成都、上海、武汉和天津）主题公园。其中，迪士尼乐园往往按照度假区规模和结构设计，常常被认为是目的地级主题公园，而欢乐谷系列

① 现更名为华侨城洲际大酒店，为五星级酒店，委托洲际酒店集团管理。

主题公园主要是区域级主题公园。当然，多个区域级的主题公园聚集在一起，也可能创造一个主题公园群落，形成一个包含多个主题公园的旅游目的地，如深圳华侨城旅游度假区和广州长隆旅游度假区等。目的地级的主题公园因其较高的专程市场比率，通常被认为具有创造市场的能力。它在宏观选址上可以远离经济发达、人口众多的大城市，但要求与主要大城市之间有非常便捷、廉价的交通。目的地级主题公园的游客通常至少在目的地停留一天，因而需要目的地配套相应的主题酒店、度假设施、酒吧街、购物街、餐饮娱乐区域等，形成一个包括主题公园和完善休闲度假设施的系统。这样的目的地级主题公园以奥兰多迪士尼度假区最为典型。

区域级主题公园吸引的市场半径在100～200平方千米范围内，通常车程范围在2小时以内。游客通常只停留一天，4～8个小时。这类公园通常选址在经济相对发达、人口较为密集的大城市，强调本地市场的重游率，而专程旅游市场主要还是周边城镇的中近程旅游市场，很难吸引远程市场。比如，即使北京没有欢乐谷，也很少会有游客专程从北京到深圳游玩深圳欢乐谷，北京居民一定是到深圳后顺带去欢乐谷。因此，开发区域级主题公园的企业为了能够覆盖更多市场，获得最大规模效益，最为有效的途径就是通过全国布局来实现。因此，我们看到欢乐谷在北京、成都、上海、武汉和天津等大城市布局。

城市级主题公园的市场吸引范围就很小了。因为这类公园的类型多样，投资小，维持基本运营的门槛游客量较小，选址布局上就较为灵活，中国许多经济相对发达、人口较为密集的二、三线城市都适宜布局。这类主题公园的游客主要是城市居民或者城市郊区和邻近小城镇的居民，中远程专程旅游市场几乎没有。这类主题公园的典型就是华强方特。除了芜湖方特因为同时开发方特梦幻王国和方特欢乐世界两个城市级主题公园而形成一定的区域吸引力，能够吸引较大比例长三角区域专程市场外，方特在大多数二、三线城市开发的主题公园都主要吸引本地市场。同样，开发商要想覆盖更多的市场，也可以通过连锁布局来实现规模效益。

社区级的主题公园比较小，许多这类公园要么附着在大型主题公园附近，要么嵌入大型城市购物中心，要么植入城市综合体，要么就作为房地产社区开发的一个配套。从目前国内的情况看，建筑面积为2000～12 000平方米的社区级主题公园都有。比较典型的是儿童职业体验园、儿童游乐园等。这类公园投资小、主题和市场针对性强、更新快，如苏州乐园·糖果世界、华侨城的麦鲁小城系列等。

时至今日，中国主题公园的选址布局更加细分化，要根据具体的类型进行科学布局，同时还要重点考虑区域内现有主题公园的竞合关系以及城市休闲娱乐替代产品的替代关系。毕竟，在中国主题公园消费还算不上一个日常的、必需的休闲娱乐消费，人们可以选择其他方式来满足日常休闲娱乐需求。因此，在考虑主题公园布局时，仍需要注意其他城市休闲旅游产品的替代性竞争。

第2章　全球主题公园发展与中国发展实践

2.1　全球主题公园的发展

从1955年7月17日在美国安纳海姆开业的迪士尼乐园算起，全球主题公园产业走过了将近60年的时光。根据美国经济事务研究所（Economics Research Associates，ERA）的估计，1990年全球只有约230个主题公园，年接待游客量约3亿人次，收入仅为80亿美元。到2005年，全世界拥有主题公园362家，其中亚洲占35%，北美占31%，年收入高达150亿美元[①]。2013年，全球主题公园产业呈现稳定增长，世界排名前10的主题公园企业集团接待游客量比上一年增长5.4%，而全球排名前25的主题公园游客量比上一年增长4.3%，其中亚洲地区的增长最为迅速[②]。北美、欧洲和亚洲成为主题公园最为密集的三大区域，而这三大区域的主题公园产业发展节奏也不尽相同。

2.1.1　北美主题公园产业的对外扩张

主题公园业已成为北美民众日常生活的一部分，到主题公园游玩成为一项日常休闲消费。因此，北美主题公园拥有较高的市场渗透率和重游率。经历几次产业“洗牌”后，北美主题公园市场主要集中于几家大型连锁娱乐集团，如迪士尼旅游景区集团（Walt Disney Attractions，以下简称迪士尼集团）、环球影城娱乐集团（Universal Studios Recreation Group，以下简称环球影城集团）、六旗股份有限公司（Six Flags INC，以下简称六旗集团）、雪松集市娱乐公司（Cedar Fair Entertainment Company）、海洋世界公园与娱乐公司（SeaWorld Parks & Enterainment）[③] 和贺森家庭娱乐集团（Herschend Family Entertainment）。

美国是成熟市场，市场格局稳定，增长缓慢，新的收益主要来源于向外的品

---

① 资料来源于美国经济事务研究所资料. Big Fun 2003（2003，Los Angeles：California）。美国经济事务研究所对主题公园的技术定义是：一个具有主题环境，包括游乐器械和演绎活动的封闭景区，采取一票制（pay-one-price），每年接待的游客量不少于50万人次。2005年统计的362个主题公园都是完全符合技术定义的。这个技术定义一直沿用至今，本章引用的其他ERA的报告均采用这一技术定义。

② TEA/AECOM. The Global Attractions Attendance Report for 2013. Themed Entertainment Association（TEA），2014.

③ 2009年10月，安海斯-布希集团将布希娱乐集团出售给私募基金巨头黑石集团，双方于2009年年底达成收购协议，随即黑石集团将布希娱乐集团（Busch Entertainment）改名为海洋世界公园与娱乐公司。

牌扩张。1983 年 4 月 15 日由迪士尼集团和日本梓设计公司合作建造的东京迪士尼在日本千叶县浦安市开业。东京迪士尼当时总投资为 1500 亿日元（约 10 亿美元），随后将近 20 年时间又投入了超过 2000 亿日元用于更新、扩建，是迪士尼集团开业最早、经营最好、影响最大的海外项目。东京迪士尼度假区包括东京迪士尼乐园和东京迪士尼海洋两大主题乐园，由日本东方乐园（Oriental Land）株式会社向迪士尼集团购买主题授权，并持有及负责运营东京迪士尼度假区，并不属于迪士尼集团所有。尝到甜头的迪士尼集团开始意识到其品牌价值和乐园的全球吸引力，在加紧全球布局的同时，合作模式上更强调控制权和收益权。1992 年 4 月 12 日开业的巴黎迪士尼乐园由欧洲迪士尼 SCA 拥有和负责运营，迪士尼集团持有该公司少量的股权①。2005 年 9 月 12 日，投资额更大的香港迪士尼乐园开业。该公园由香港特别行政区政府和迪士尼集团合伙成立的香港国际主题公园有限公司投资和运营管理。香港迪士尼乐园度假区的兴建费用于 1999 年估计为 141 亿港元，其中政府注资 57 亿港元，借款 61 亿港元，而迪士尼集团负担 23 亿港元商业借款。此外，由于当时竹篙湾尚未开发，政府需要额外投资 136 亿港元建设包括外联道路、两个公众码头、公共交通转驳处、港铁迪士尼线、警岗、消防局、渠务和排污设施，以及平整一块面积为 300 公顷的土地②。香港政府没有向迪士尼提供免费土地或现金补贴。香港迪士尼乐园度假区用地的地契年期为 50 年，继有 50 年的续约权③。2009 年，上海市政府宣布上海迪士尼项目申请报告已经获国家有关部门核准，预计总投资 244 亿元人民币。目前，该园区基本主体工程已经接近完工。根据已经公布的信息，上海申迪集团拥有 57% 的股权，迪士尼集团拥有 43% 的股权，然而双方具体的出资额、出资比例以及收益结构并未公布④。2013 年，迪士尼集团在全球的主题公园共计接待游客超过 1.3 亿人次，同比增长 4.8%⑤，稳居全球第一。

环球影城集团是另一家著名的北美主题公园集团，其主题公园业务由旗下的环球主题公园和度假区公司（Universal Parks & Resorts）负责运营。环球影城集团一直致力于在新兴市场，尤其是亚洲的扩张。位于日本大阪市的日本环球影城于 2001 年 3 月 31 日开业，成为环球影城海外第一家主题公园。2003 年环球影城积极考察中国北京、上海等地，曾与上海外高集团、锦江集团以及北京首

① 根据该公司 2013 年年报，迪士尼集团持有 39.78% 的股权，Saudi Prince Alwaleed 公司持有的 10%，剩下的 50.22% 为其他持股人所有。

② 香港特别行政区经济局旅游事务署.《有关香港迪士尼乐园计划的介绍文件》，（1999 年 11 月 3 日）。

③ 香港特别行政区库务局.《香港迪士尼乐园的融资及财政效益》，（1999 年 11 月 8 日）。

④ 据上海市人民政府新闻办公室于 2009 年 11 月 4 日授权宣布的情况。

⑤ TEA/AECOM. The Global Attractions Attendance Report for 2013. Themed Entertainment Association (TEA)，2014.

旅集团等中国大型旅游企业草签协议，合作开发主题公园，但最终并未成功。2010 年 3 月 18 日，投资 43.2 亿美元的新加坡环球影城在新加坡圣淘沙名胜世界内开业，成为亚洲第二个环球影城。目前，环球影城迪拜乐园、韩国环球影城、莫斯科环球影城已经在建设中，而中国北京环球影城等正在规划中，已经宣布落户北京通州区。2013 年，环球影城接待游客超过 3636 万人次，增长 5.3%①。

六旗集团由传统的游乐园发展起来，目前总部在得克萨斯州的大草原城(Grand Prairie)，以大规模使用游乐器械著称，但主题化程度较低。由于美国大众对传统游乐园逐渐失去兴趣，六旗集团旗下数量庞大的游乐园短时间内难以调整，集团从 1998 年起一直亏损，2004 年集团一次出售或者关停 9 家公园。2005～2007 年，先后关闭了休斯顿的航天公园，出售了 3 家水上公园和 4 家陆上公园。2009 年受全球金融海啸冲击，六旗集团申请破产保护，负债超过 24 亿美元。庆幸的是，2010 年 5 月 3 日，六旗集团成功重组。目前六旗集团在墨西哥和加拿大仍有海外项目，2013 年，六旗集团旗下的公园接待 2610 万人次游客，位列全球第 5②。雪松集市娱乐公司主要经营以游乐器械为主的主题公园，而海洋世界公园与娱乐公司擅长开发水公园和海洋公园，两者基本都布局在北美地区，但近年来已经开始关注美国本土以外的新兴市场。

2.1.2 欧洲主题公园产业的兼并重组

在欧洲，主题公园以区域级和城市级等中小型主题公园为主。欧洲主题公园产业刚刚经历了一轮兼并重组期。英国的美林娱乐集团（Merlin Entertainments Group）是目前全球第二大主题公园集团公司，也是英国私募基金巨头黑石集团（The Blackstone Group）旗下的子公司。2005 年，美林娱乐集团相继收购在英国、德国、美国加利福尼亚州以及丹麦的 4 个乐高乐园（Legoland），随后便成立新的美林娱乐集团。随后，该集团于 2006 年收购了意大利加达云霄乐园(Gardaland)，2007 年收购杜莎集团（Tussauds Group），此外还收购了艾顿塔、切斯顿探险世界、黑池欢乐海滩、索普公园。新的美林娱乐集团仅仅用了 3 年时间便使规模扩大 10 多倍。目前，美林娱乐集团在全球 17 个国家拥有 75 个景区。2013 年接待了全球 5980 万人次游客③。欧洲的另一家著名的主题公园巨头是团

① TEA/AECOM. The Global Attractions Attendance Report for 2013. Themed Entertainment Association (TEA), 2014.

② TEA/AECOM. The Global Attractions Attendance Report for 2013. Themed Entertainment Association (TEA), 2014.

③ TEA/AECOM. The Global Attractions Attendance Report for 2013. Themed Entertainment Association (TEA), 2014.

圆娱乐集团（Parques Reunidos），总部设在西班牙的马德里，目前是欧洲第二大主题公园运营商。2007 年，该集团被欧洲大型私募基金公司康多富（Candover Investments）收购，并注入大量资本，组建新的团圆娱乐集团。2007 年，集团先后收购了美国一批历史悠久的主题公园公司——肯尼坞娱乐公司（Kennywood Entertainment Company）、荷兰梦幻仙境（Dutch Wonderland）和宫廷娱乐公司（Palace Entertainment）①。2013 年，团圆集团在全球的景区接待了 2602 万人次的游客，成为全球第六大主题公园运营商。美林娱乐集团和团圆娱乐集团的兼并重组反映了两个重要的现象：第一，两家公司整合扩张的背后反映的是全球资本对主题公园产业的极大兴趣。在过去的 10 年时间，如同黑石集团、康多福一样的全球资本“大鳄”通过吞并、扩大等方式组建大型主题公园集团，并透过娱乐全球化在世界各地抢占市场。第二，欧洲主题公园市场从自由竞争市场进入垄断竞争市场，从过去上百家的小型主题公园运营商通过兼并、收购等方式组成大型主题公园集团，市场越来越集中在少数集团公司手中。这跟美国 20 世纪 90 年代的主题公园集中化是一致的。可以预见，在未来的几年时间，欧洲的主题公园集团也将像美国一样，加快扩张的步伐。

2.1.3 亚洲主题公园产业的快速发展

亚洲主题公园产业发展迅速，将逐渐成为全球最重要的主题公园市场。进入 21 世纪，亚洲主题公园产业的增长进入了快车道。根据统计，2005 年，亚洲地区有超过 125 个主题公园年接待游客量超过 50 万人次（Clave，2007），这个数字甚至高于美国，这些主题公园主要布局在经济发达的日本、韩国、新加坡和中国。首先引领亚洲主题公园发展的是日本。早在日本引进迪士尼乐园之前，日本的主题公园已经有了较大发展。20 世纪 60 年代，随着战后日本经济的腾飞，人们对城市娱乐体验的需求增加，日本开始兴建一批主题公园。其中，长岛温泉乐园（Nagashima Spa Land）就是典型。长岛温泉乐园建于 1966 年，以乘骑器械（rides）为主要吸引物，内设有日本最大的温泉设施。该公园一直经营良好，2013 年接待游客 584 万人次②，列亚洲地区第 8 位。1977 年开业的中国香港海洋公园也是亚洲主题公园的杰出代表。2005 年面对香港迪士尼乐园的竞争，该公园新增投资，游乐项目和景点从原来的 35 个扩充到 80 个，2013 年接待游客

① 2006 年 2 月 27 日，宫廷娱乐公司先是被一家私募基金公司 MidOcean Partners 收购。2007 年 8 月 24 日，团圆娱乐集团又从 MidOcean Partners 手中以 3.3 亿美元的价格购入，至此宫廷娱乐公司属于团圆娱乐集团。

② TEA/AECOM. The Global Attractions Attendance Report for 2013. Themed Entertainment Association (TEA)，2014.

747.5 万人次①。早期亚洲主题公园的开发规模较小，主要布局在经济最发达的亚洲城市，其经营规模和体量无法与北美主题公园相提并论，在主题化上更是相去甚远。1983 年，日本引进迪士尼品牌建设了东京迪士尼度假区，包括东京迪士尼乐园和迪士尼海洋，并配套了迪士尼的主题酒店，一次性构建了一个完整的主题公园目的地系统。亚洲主题公园开发进入区域级和目的地级等大中型主题公园开发时代，国际知名主题公园品牌陆续进入亚洲，如 2001 年的日本京都环球影城，2005 年的香港迪士尼乐园，2010 年的新加坡环球影城等。国际知名品牌的进入一方面提升了亚洲地区主题公园的开发和管理水平，另一方面也加速了亚洲本土主题公园品牌的培育和发展。例如，韩国的乐天世界（Lotte World）和爱宝乐园（Everland），这两个主题公园 2013 年分别接待 740 万人次和 730 万人次②，成为亚洲最著名的主题公园品牌之一，正试图向海外扩张。与此同时，随着中国经济的快速发展和城市化进程的加快，中国主题公园需求不断扩大，近年来也逐渐培育出一批主题公园连锁企业集团，如华侨城集团、长隆集团、华强集团和海昌集团等，它们旗下的欢乐谷系列、长隆系列、方特系列、极地海洋世界系列主题公园品牌也备受市场青睐。

亚洲地区主题公园的快速发展得益于巨大消费市场的增长。这里是世界经济增长最快的地区，人口快速向城市集聚，城市休闲娱乐需求激增。只要投资合理，开发得当，在经济相对发达的亚洲城市，主题公园就能够获得较好的效益。可以预见，随着地区经济的进一步发展，以及亚洲其他国家，如泰国、马来西亚、越南、印度尼西亚等国家的进步，亚洲主题公园将有较长时期的快速增长。

2.2　20 世纪中国主题公园发展实践

与西方主题公园的发展轨迹不同，中国主题公园的发展实践并非一帆风顺，出现过几次浪潮，每次浪潮的推动力不同，其结果也有所差异。中国主题公园发展在不断试错中逐渐积累经验，开发趋于理性。

2.2.1　快速工业化背景下的游乐园

1978 年的改革开放引发了新一轮工业化，资源的配置方式开始脱离计划经济轨道，进入市场机制。这一时期积极引进“三来一补”等合资经济，轻工业首先在珠江三角洲等地区“先试先行”。与此同时，放宽的劳动力转移政策使得 20

① TEA/AECOM. The Global Attractions Attendance Report for 2013. Themed Entertainment Association (TEA), 2014.

② TEA/AECOM. The Global Attractions Attendance Report for 2013. Themed Entertainment Association (TEA), 2014.

世纪 80 年代初的中国呈现“孔雀东南飞”的局面。于是，一场快速工业化在我国东南沿海城市展开，伴随而来的是人口的快速集聚和大刀阔斧的城市化进程，一些城市“真正”进入工业社会。这与美国 20 世纪 60 年代之前的情况①极为相似。

20 世纪 80 年代初期，中国游乐园首先在一些老重工业城市和新兴加工工业城市出现，如黑龙江的大庆市②和广东省的中山市等。1983 年 7 月 15 日，规模巨大、设施先进的中山市“长江乐园”开业，并取得良好的效益，被誉为中国大陆第一个大型器械游乐园。随后几年，全国各地争相效仿，或新建或改建或在原有市政公园基础上增加游乐设施，一时间全国主要城市都拥有各种类型的游乐园。其中，比较著名的有北京的石景山游乐园（1986 年开业）、上海的锦江乐园（1985 年开业）、广州的东方乐园（1985 年开业）、珠海的珍珠乐园（1985 年开业）、深圳的深圳湾游乐场（1984 年开业）、香蜜湖中国娱乐城（1985 年开业）。这一时期建设的大都为无主题包装的游乐园，投资规模小，主要满足儿童和家庭市场的娱乐需求，但不注重产品更新，逐渐被市场淘汰。以广东省为例，这一时期建设的 19 个游乐园或微缩景观有 18 个亏本，只有 1 个勉强经营（保继刚，1994b）。许多学者在评价这段历史时总是以重复建设、粗制滥造等词汇来形容，更有学者以主题公园的标准来衡量游乐园的功过。事实上，游乐园满足了那个时代城市普通大众的基本娱乐需求，其后来所呈现的衰退趋势与其说是开发商的问题，不如说是市场需求变迁下的一种市场选择。

2.2.2　特殊历史时期影响下的微缩景观

与西方主题公园的发展历程不同，中国主题公园产业的发展在游乐园与主题公园之间存在一个特殊的过渡时期，并不完全是市场的选择，更多的是受政治文化和社会心理的影响，其标志性事件是 1989 年 9 月深圳锦绣中华的开业。1978 年改革开放以来一系列政治经济和对外政策的变革在影响政府国际政治和外交诉求的同时，引发了民族文化的自觉和社会心理的变迁，掀起了中国主题公园产业对民族文化的挖掘和对外展示的风潮。锦绣中华选择中国传统文化为主题，邀请国内外艺术大师精心规划设计，园区管理有序、环境整洁、服务周到，受到国内外市场的青睐。开业的前几年，锦绣中华的境外市场比例都在 15%左右，1991 年更是高达 17.17%（保继刚，1994b）。以中国传统文化为主题的微缩景观主题公园不仅满足了当时的政治文化和社会心理诉求，也带来了良好的经济效益。于

① 大量的工业人口集聚到城市，忙碌的人们并没有太多时间远行旅游，而城市及周边匮乏公共空间，政府忙于发展工业经济，无暇顾及居民休闲娱乐需求，于是一些中小型私人资本开始开发游乐园以满足城市的休闲娱乐的需求。

② 大庆市儿童乐园始建于 1981 年，目前占地 23 万平方米。

是，各地以中国古典名著和民俗文化为主题的微缩景观迅速发展，全国各地大力兴建“西游记宫”、“大观园”、“三国城”、“民族园”之类的微缩景观，而深圳华侨城也相继建成了中国民俗文化村（1991 年开业）和世界之窗（1994 年开业）。仅深圳上报给市旅游局待批的主题公园项目就多达 62 个之多。中国面临着又一轮主题公园热潮，但也暴露出许多新的问题。然而，这种特殊政治经济背景所带来的并不是一种长期稳定的市场，加上大多数项目盲目模仿、粗制滥造，许多项目开业不久便门可罗雀，甚至倒闭。这一次浪潮对中国主题公园产业产生巨大影响，引发了社会各界的广泛关注。这次浪潮从根本上缺乏理性的驱动力，一些项目的开发也并非出于经济考虑。由于没有大规模市场需求的持续支撑，微缩景观走向衰落也必然表现为资本和市场选择的结果。

2.2.3　快速城市化背景下的主题公园

中国加入世界贸易组织后，经济全球化与地方政府企业化深刻影响着中国主题公园产业的发展。一方面，我国沿海大城市普遍呈现快速城市化趋势，城市规模越来越大，传统工业开发区主导的城市空间扩张方式受到越来越多的质疑；另一方面，大都市经济结构转型升级，呈现明显的第三产业倾向，以旅游业为主导的城市空间拓展方式受到青睐。因此，这一时期的主题公园发展得到政府和企业的大力支持。第三轮发展浪潮以 1996 年深圳欢乐谷的筹建为标志。这一阶段开发的主题公园得到了地方资本的有力支持，开发理念新、投资规模大、技术含量高、主题化程度高、类型趋于多元化。著名的主题公园包括上海的环球乐园（1996 年开业）、美国梦幻乐园（1996 年开业），苏州的福禄贝尔（1996 年开业）、苏州乐园（1997 年开业），杭州的杭州乐园（1999 年开业），深圳的未来时代（1998 年开业），广州的飞龙世界（1994 年开业）、世界大观（1995 年开业）、航天奇观（1997 年开业）等。然而，这次主题公园发展浪潮后来又被证明是一场大泡沫。这一轮主题公园泡沫的原因主要有两个：第一，主题公园的发展并没有强大的市场支撑，很多项目没有进行科学的可行性研究，甚至一些项目由地方企业或农民集资建设（如广州的世界大观和航天奇观），更谈不上科学运营和管理；第二，主题公园开发作为企业型政府城市空间拓展的新策略，受到房地产商的盲目跟风，后期持续的更新投入不足。

2.2.4　20 世纪珠江三角洲主题公园的发展实践

在主题公园大发展之前，20 世纪 80 年代珠江三角洲地区经历了游乐园发展阶段。1983 年中山市长江乐园开业取得良好的经济、社会效益后，短时间内珠江三角洲各市兴建了多个游乐园，仅广州就建了 3 个，深圳 2 个，结果大部分游乐园效益不佳。有的拆除转卖，如深圳湾游乐场、中山长江乐园；有的惨淡经营，如南湖乐园；少部分赢利，如广州东方乐园、珠海珍珠乐园。其中广州东方乐园开始朝主题游乐园方向发展。游乐园的衰落，主要原因是游乐园过多、项目缺乏特色，以及游客的旅游行为发生变化。80 年代中期全国各地兴建了大批游乐园，仅广东就有 19 个，游乐园的项目大同小异，空间竞争的结果是大家都难以达到门槛游客量。旅游者对纯粹的机械刺激的项目兴趣也逐渐降低。

1989 年 9 月开业的锦绣中华取得了良好的经济、社会和环境效益。投资 1 亿元港币，开业 1 年多就基本收回投资。1989～1998 年，锦绣中华开业 10 年共接待游客 1832 万人次。锦绣中华的巨大成功，开创了中国主题公园的历史，树起“中国旅游史上的里程碑”，在全国产生了极大的“示范效应”。锦绣中华之后，主题公园在全国，特别是在珠江三角洲各地雨后春笋般涌现。短短 10 年内，包括锦绣中华在内共兴建了近 20 个主题公园，见表 2-1。

表 2-1　珠江三角洲地区主题公园发展一览表（1989～1999 年）

公园名称	位置	主题	投资/亿元	面积/平方千米	开业年份	性质
锦绣中华	深圳	中华名胜微缩景观	1.0	0.3	1989	国营
中国民俗文化村	深圳	中国民俗风情	1.1	0.2	1991	国营
深圳野生动物园	深圳	动物园	2.0	1.2	1993	国营
世界之窗	深圳	世界名胜集锦	8	0.44	1994	国营
飞龙世界	广州	蛇文化	5	0.65	1995	私营
飞图梦幻影城	广州	现代游乐	2	0.2	1995	港资
世界大观	广州	世界民俗文化	6.8	0.48	1995	股份制
圆明新园	珠海	园林、清代历史	2.2	0.53	1997	国营
香江野生动物园	番禺	放养式动物园	3.0	1.3	1997	私营
广州海洋馆	广州	海洋公园	3.0	0.012	1997	股份制
航天奇观	广州	航天科普、游乐	2.5	0.2	1997	集体
欢乐谷	深圳	主题游乐园	3.0	0.17	1998	国营
小梅沙海洋世界	深圳	海洋公园	3.0		1999	
东方神曲	深圳	中国神话	0.2	0.03		
大河马水上世界	广州	主题游乐园	0.6		1997	
水上世界	深圳	主题游乐园			1998	
寰宇科幻城	中山	主题游乐园			1993	

注：本表为 2000 年调研数据，后续新增投资或扩充面积并未计入

这一时期，珠江三角洲地区主题公园发展主要有几个特征：第一，集中分布在深圳和广州等人口较多、经济较发达的中心城市。第二，包括多种类型主题公园产品，如以静态观光为主的锦绣中华，以历史文化或自然体验为主的世界之窗

和香江野生动物园，以及以游乐器械为主的欢乐谷。第三，占地及投资规模巨大，平均每个景点约占地 747 亩，投资约 3.55 亿元。第四，门票价格高。在 1997 年境内外游客门票价格并轨后，老景区价格稳中有升，新景区定价都较高。各主题公园门票价格多高达百元左右的水平，相对于普通公园，门票价格要高出十多倍。对于实施“一票制”的主题公园，门票一般占经营收入的 8 成以上。第五，珠江三角洲主题公园投资、经营主体多元化，既有大型企业集团（如深圳华侨城），也有私营企业（如香江野生动物世界）、股份制公司（如广州世界大观），投资者分别以资金、土地、技术等方式入股。第六，客源集中于珠江三角洲地区市场。以广州为例，世界大观客源的地区结构为：广州占 32%，珠江三角洲其他地区占 28%，广东省内其他地区占 13%，国内其他地区占 15%，港澳地区占 12%。很明显，主要的客源地是以广州为核心的珠江三角洲地区。深圳华侨城三个景区的全国指向性较强，其游客中近 3 成来自广东省外的其他地区，15%来自港澳地区；珠海圆明新园 3 成的游客来自港澳地区和广东省外其他地区。

与此同时，珠江三角洲地区主题公园发展也存在突出问题：第一，开业数年的老景区缺乏持续发展后劲，人均游览次数及重游率降低，业绩大幅下滑。第二，同类型多、主题雷同、性质相近。一些项目缺乏市场分析和合适的市场定位，与已有景区功能和主题相近、性质雷同。一方面，这造成重复建设，投资浪费；另一方面，这种相互“克隆”的景区若在空间上过于接近，必然造成短兵相接、恶性竞争，导致市场份额降低、游客及收益减少、两败俱伤。第三，内涵少、个性差、不伦不类。有的主题公园只是模仿，而个性作为吸引游人的核心，却没有得到投资者的重视。有的主题公园，大多是以向国外、区外“借景”为主，一哄而上，照搬照抄，未能充分考虑市场需求和区域特点。这样开发出来的东西必然缺乏真正的文化内涵，只是徒具外形而无其“神”，无法对大多数旅游者保持长久吸引力。第四，经营管理人才缺乏。主题公园要维持良好的企业形象，必须有一支训练有素的高级管理队伍，有的景区高素质管理人才不足，导致管理水平低下，从而影响到景区的发展。

2.2.5　反思 20 世纪中国主题公园发展实践

2004 年 10 月，著名的东方乐园停业。广州各大报纸、互联网上纷纷报道东方乐园的关门。东方乐园是广州的标志性乐园，而今却在白云机场已经搬迁、其发展空间和余地更大的时候关门了。中国主题公园发展中这样的故事并不少见，最著名的事件是 1998 年倒闭的耗资 10 亿元的位于江苏省苏州市吴江县的福禄贝尔主题公园。我们不得不反思 20 世纪中国主题公园的发展实践，以对 21 世纪的主题公园发展热潮有所警示。

锦绣中华创造了中国甚至全世界主题公园投资史上的神话：投资 1 亿港币，

1990～1993年营业收入共3.93亿元人民币，利润率高达50%以上，开业1年多就基本收回投资。深圳中国民俗文化村1991年开业，投资1.1亿港币，开业后也是1年就收回全部投资。锦绣中华和中国民俗文化村的成功，刺激了中国主题公园的大发展。正确看待这两个公园的成功对理解后来引爆的全国主题公园发展泡沫至关重要。

首先，锦绣中华和中国民俗文化村的成功是个特例，有许多特殊因素：第一，No.1效应。当锦绣中华开业时，中国人还没有听说过"theme park"这个词，还没有见过微缩景观，对它充满了新奇感。第二，填补市场空白。随着深圳经济建设的发展，深圳的旅游需求和宾馆接待能力在不断增加。即便是1989年，也接待了港澳台同胞和华侨过夜游客94.8万人次，外国游客5.78万人次，除港澳台外的国内游客331万人次，巨大的旅游市场并没有相应的景区供给。锦绣中华就是在这样一个背景下出现的，填补了需求空档，在一个完全没有竞争的空间里一炮走红。第三，主题根植于民族文化的主题，精益求精的制作。外国人对中国最感兴趣的是华夏5000年的文明历史和绚丽多彩的民族文化。这种具有民族特色的文化本身就是一种丰富的旅游资源，对外国游客具有强烈的感染力和吸引力，这是我国旅游业发展的独特优势。另外，中国幅员辽阔，民族众多，环境差异巨大。因此，锦绣中华（包括后来的中国民俗文化村）在一定程度上将中华民族灿烂的文化精粹汇集在一起，并加以提炼和再创造，使游客能在有限的时间内，对中国的历史文化和旅游资源有一个概况性的了解，不仅对海外游客有吸引力，而且对国内游客同样有巨大的吸引力。第四，锦绣中华是具有教育题材的对外窗口。锦绣中华对不同年龄、不同层次游客需求的普遍适宜性，特别是其主题具有强有力的爱国主义教育作用。平均每隔10天，锦绣中华就接待一位党和国家领导人、外国政要或社会名流。所有这些殊荣，极大地提高了锦绣中华的知名度，树立了良好的企业形象，特殊的广告效应带来了滚滚客源。第五，土地政府划拨、投资控制得当。华侨城4.8平方千米的土地是深圳市政府整体划拨的，这降低了投资压力。同时，身为国有企业的锦绣中华投资控制得当，这也是锦绣中华成功的一个重要因素。第六，国内、境外两种票价的施行。开业初期锦绣中华的门票分为内宾票价和外宾票价：国内游客平时票价20元，周末、节假日25元；香港、境外游客平时票价80港币，周末、节假日100港币。由于存在这种差别，使得只占总游客量15%～20%的海外游客带来了经营收入的50%左右。第七，公款消费的推动。根据当时的调查，约50%的游客属于公费购买门票。依托深圳特区和毗邻港澳的优势，华侨城的主题公园由此能吸引到更多的公费游客。第八，区位因素。区位因素里不仅仅是位置要素，还与深圳经济的高速发展有关。深圳作为一个移民城市，每年接纳的内地探亲游客非常多，深圳居民有实力承担亲属的这种消费。深圳人均收入的增长与门票的比值有一定的合理性，这种特有的区位因素是其他地区难以具备的。

其次，这一时期主题公园开发的政府色彩浓厚。实际上，其他地方要复制锦绣中华的成功是很困难的，它不具备锦绣中华的许多因素。然而，许多地方政府发展主题公园的热情高涨，这与中国的国情有关，“发展是硬道理”，地方政府没有不把发展经济摆在首位的。对地方经济而言，一个成功的大型主题公园相当于一个大型的经济发动机，主题公园除了自己的门票收入外，还能带动城市的交通、住宿、餐饮等多方面的发展，所以地方政府领导都希望自己的辖区里也有一个大型主题公园。可以说，地方政府在中国主题公园的大发展方面，起到了推波助澜作用。但不得不承认，政府色彩浓厚实际上也是中国主题公园投资失败的重要因素。这是因为：第一，把特殊当一般。无论政府还是企业，都看到了锦绣中华一年收回投资的骄人业绩。许多人开始设想：我们就是两年、三年收回投资都有钱赚。有一段时间的主题公园可行性研究，几乎都把锦绣中华当作类比的对象。第二，企业盲目投资。某企业家在被问及“你怎么会想到投资主题公园”时，回答说：“当时一个策划师给我们看了一个沙盘，说世界之窗是微缩，我们可以做个 1∶1 的世界大观；他们那里是假人，我们这里可以进口一些真人。看了这个沙盘，我们激动得热血沸腾。”如此盲目的投资逻辑难以取得成功。第三，政府推波助澜。看到跃跃欲试的企业家前来投资，地方政府当然是欢迎不迭，出台了各种优惠政策，土地优惠、税收优惠、基础设施保障等。不少主题公园甚至连可行性研究都来不及做，就纷纷上马，旋即再纷纷落马。

再次，将奢侈品当作一般消费品。主题公园的门票价格相对较高，对绝大多数中国人而言，这是一种奢侈品。1989 年，迪士尼乐园的门票（约 40 美元）是美国中产阶层税后月收入的 1/75，并且美国有一个庞大的中产阶层。深圳欢乐谷门票 140 元，如果我们按照月收入 3000 元计，其相对门票是美国迪士尼的 3.5 倍，如果按月收入 2000 元计，其相对门票则是美国迪士尼的 5 倍。对中国人来说，主题公园是一种奢侈消费品，而不是一般消费品，这类消费纯粹是一次消费。

最后，投资类似赌博。个别投资回报率高，利润巨大，如创造了奇迹的锦绣中华。这种高额回报率使主题公园的投资带有一定的赌博色彩，许多人都想以小博大。成功概率低，大部分亏损就是因为这是一种类似赌博的行为，最终赢的一定是少数，输的是大多数。但由于赢的利润诱人，所以有很多投资者怀有侥幸心理，甘愿去冒风险。

2.3　香港迪士尼乐园对珠江三角洲的影响

香港迪士尼乐园的开业会给珠江三角洲地区主题公园及相关产业带来何种影

响？在开业之前，行业内争论很多，意见并不统一。2001 年，笔者通过采访珠江三角洲地区行业专家，做了一项影响评估的研究（保继刚等，2001）。现在看来，许多研究结论是正确的，这对即将开业的上海迪士尼乐园也是有借鉴意义的。

2.3.1 开业前的一项基于行业专家访谈的影响评估

在香港迪士尼乐园开业前研究其开业后对周边地区的影响，最为有效的方法之一是通过对珠江三角洲地区旅游一线人士、专业人员进行深度访谈。在被访者的确定上，首先，选择与香港在地缘、亲缘、经济等方面有最紧密联系的城市深圳、广州、珠海和东莞，这 4 个城市在广东省旅游系统中的目的和作用上的分工是不一样的。广州和深圳既是客源地、又是旅游目的地；东莞主要是客源地；珠海是作为旅游目的地来发展的。选择这 4 个城市的旅游从业人员作为访谈对象具有典型性。其次，在行业分布上，选定的是旅行社、宾馆、主题公园和旅游局的负责人或官员，这些行业既受香港迪士尼乐园影响最大，又是旅游业的核心行业，因此他们关心、了解珠江三角洲旅游业的发展趋势、问题、对策，是珠江三角洲旅游业的专家和权威人士，他们对香港迪士尼乐园影响的评估有相当的预见性。被访者的典型代表性能保证访谈结果的准确性，样本的分布见表 2-2。

表 2-2 受访者来源分布

行业	东莞	广州	深圳	珠海	总计/人
旅游局	东莞市旅游局	广东省旅游局	南山区旅游局	珠海市旅游局	4
宾馆	东莞山庄	白云宾馆	深圳湾大酒店	珠海度假村	4
景区			深圳华侨城	圆明新园	2
旅行社	东莞国际旅行社	广之旅集团	深圳华侨城中国旅行社	珠海国际度假旅行社	4
总计/人	3	3	4	4	14

访谈问题在设计上注意不夹带主观看法，客观陈述。在涉及被访者的主观看法上，不对其回答进行诱导。根据录音整理成书面记录，并对录音稿进行检查、核实和校订，辨认含糊不清的记录，必要时复核更正。在被访者签名确认的录音整理稿基础之上提炼指标，对访谈结果进行分类统计。具体的研究结果如下。

1. 您认为香港迪士尼乐园会给珠江三角洲带来怎样的影响？

被访谈者主要从旅游、经济和文化三个方面来回答此问题。旅游方面人数最多，有 13 个人，且大部分人（12 人）持乐观态度，认为会给珠江三角洲旅游带来正面、积极的影响，或者正面影响大于负面影响。具体见表 2-3。此外，有 6 个人从经济角度作答，均认为香港迪士尼乐园能够促进珠江三角洲经济的发展，还有 1 人认为可了解西方文化艺术，繁荣我们祖国的文化。

表 2-3　受访者观点一览表

性质	观点	持该观点人数/人
正面	带来客源，与港澳客源互补	8
	提高珠江三角洲知名度，增强旅游吸引力	4
	带旺珠江三角洲旅游业	3
	带来先进管理经验，部分旅游企业提升品质，部分较低素质旅游企业遭淘汰	3
	给珠江三角洲居民带来旅游新去处、旅游休闲新观念	2
负面	分流珠江三角洲景区客流	1

2. 您认为香港迪士尼乐园会给所在地带来什么特殊影响?

受访者在选择指标方面有所差异，涉及的指标一共有 9 个：制造业、文化观念、本地旅游业、经济、居民出游、旅游目的地地位、酒店、主题公园、旅行社。其中，引起普遍重视的指标是“本地旅游业发展”和“经济”。总体的共识是围绕迪士尼乐园消费热点形成积极的产业结构，带动旅游业乃至第三产业的发展，繁荣经济。受访者的回答也具有地域差异：深圳市受访者强调华侨城所受的影响，认为负面影响不大，反而由于互补性而获得客源，使深圳、香港成为亚洲的旅游中心，此外，旅行社由于出境游增加而受益。广州市受访者认为会提高广州在广东乃至华南地区旅游中心的地位。珠海市受访者认为，从珠海旅游目的地地位来看，虽然游客在旅游行程安排上不会取消珠海，但可能会减少在珠海停留时间；对酒店而言，迪士尼乐园的兴起可能会降低澳门的吸引力，从而深圳会分去珠海部分会议市场；对主题公园来说，将给圆明新园带来客源，促进其经营。有被访者认为如果珠海港口开放，成为去香港的出境口岸，将是第一个受益者；东莞市受访者认为，一是本地制造业得到更多订单从而获得直接经济效益，二是将刺激有一定消费能力的东莞居民出游，同时对东莞本地人文化观念冲击较大。

3. 香港迪士尼对您所在地的公司企业所带来的是正面还是负面影响?

受访者主要谈及加工制造业、主题公园、旅游服务业（酒店、旅行社等）、文化产业等部门公司企业所受的影响。有 9 人谈到加工制造业所受影响，且大都从正面角度谈，认为迪士尼的投资将带动内地相关产业发展。食品业、加工制造业尤其是玩具、纪念品制造企业等，将从中获得商机。但有 1 人认为这还取决于迪士尼公司所采取的策略。还有 1 人则认为加工制造业所受影响不大。负面影响主要集中于主题公园等旅游景区企业，指出对于与迪士尼乐园相同或相似类型或素质较低的主题公园的负面冲击较大，会分流它们的客源，甚至会淘汰这部分主题公园。但同时认为若景点企业能发挥主观能动性，也许会促进景点企业改善经营管理水平，提高服务水平，真正受到影响的主题公园与它们自身的生命周期以及景区质量有关；而对类型、性质不同的主题公园则以正面影响为主，客源共享。有5人认为对旅游各配套服务企业，香港迪士尼乐园将带来商机，但最终是否能获益还要取决于迪士尼乐园所采取的策略。例如，如果迪士尼公司使用自己的子公司或客源网络，而不通过国内的旅游网络或旅行社招揽游客，可能造成广州的酒店减少收益。广州有1个被访者谈到文化产业，认为依托迪士尼乐园衍生出的文化娱乐产业将对珠江三角洲的文化娱乐业产生较大的冲击。东莞旅行社经理指出对旅行社的影响，主要取决于未来市场的开放度，但会增加旅行社业务。例如，以后进入香港是否还需组团特许，是很难预测的。但是订房等中介的业务可能会增多，即使东莞本地人不需要，外地游客也会有这个需要。

4. 您所在地的居民会得益于香港迪士尼乐园抑或是会遭受其负面影响？

对这个问题主要从居民出境游、文化观念及经济大环境改善三个角度来说明。普遍同意（10人）香港迪士尼乐园的兴建使居民多一个出游选择，能就近游览迪士尼乐园，节约旅游成本。对文化观念的影响有所分歧，一种观点认为西方文化冲击传统文化，特别是对青少年成长不利；另一种观点则认为迪士尼乐园以健康欢乐为主题，对青少年影响利大于弊；也有观点认为对本土文化、传统文化有冲击，但这种影响的好坏，现在谁也说不清楚。另外，有4人认为能改善珠江三角洲整个经济大环境，有利于本地居民就业、收入提高等。

5. 如果香港本地的居民、企业不能从中取得预期利益，他们将做何反应？

大部分人（10人）预测了居民对此的态度和反应，若如此大投资的项目得不到预期回报，作为纳税人的香港居民将会采取种种行为。消极的反应是对政府施压或对迪士尼乐园开展的活动持不合作态度；也可能采取积极态度，踊跃献策，并加强与大陆合作，共同开拓客源市场。但有2人认为迪士尼公司作为一个成功的跨国公司，为顾及品牌和口碑，不可能存在欺诈行为；另有2人认为香港居民本身并不存在太大获利期望，也就无所谓不良反应。被访者中有3人谈及企业，认为在市场经济条件下，企业能否从中获利，主要取决于企业自身发展水平和素质，即企业竞争力的问题，而并不是迪士尼公司的问题。

6. 随着迪士尼乐园的逐步开发与运作，将会引发什么样的问题？

这主要涉及香港的旅游地形象、经济、环境容量、接待能力、治安及居民生活等。毫无疑问，迪士尼乐园落户香港将大大提高香港的旅游吸引力。目前香港吸引游客的只有购物，对游客的吸引比较单薄。迪士尼乐园对年轻人吸引力最大，而购物对老中青都有较大吸引力。迪士尼乐园选在东南亚周边、靠近中国大陆这个强大的客源地是很有利的，可以培养下一代旅游客源。然而，受访者也指出若迪士尼乐园经营不善，造成类似法国迪士尼乐园的情况，对香港政府是一个沉重的经济负担；迪士尼乐园建成后，大量游客涌入香港，将使香港的环境、基础设施接待能力等面临严峻考验，可能造成环境污染；另外，还会引发治安问题，处理不当将影响香港旅游形象；居民可能遭受物价上涨的负面影响。被访者指出，政府应该对迪士尼企业的行为加以引导和规范，特别是应促使迪士尼企业更好地带动当地的经济，使整个区域的经济出现良性循环，否则也会给迪士尼企业带来较大的负面影响。至于珠江三角洲，迪士尼乐园的运营可能会使珠江三角洲原有一些旅游景点相形见绌。但总体而言，负面影响较小。

7. 香港迪士尼乐园的开发建设将会引起一些变化，您是否欢迎？为什么？

受访者认为，首先，迪士尼乐园将增强粤港澳大珠江三角洲整体的旅游吸引力，提高亚洲旅游中心地位；促使整个旅游行业提升建设管理层次和水平；增加游客旅游选择等。其次，大量客流带来巨大商机，繁荣经济，但要注意调控迪士尼乐园的企业行为，经济才会出现良性循环，否则会造成恶果。最后，认为西方文化会对中国传统文化产生一定冲击，引起价值观的一些改变。总体而言，正面影响大于负面影响，迪士尼乐园可成为中西文化双向传播的窗口。

8. 您对香港开发建设迪士尼乐园持何种态度（赞成或不赞成）？

受访者对于香港迪士尼乐园的兴建均持肯定态度（除了有 1 人未被问及此题，但从前面问题的作答中可知其也是赞成的），认为迪士尼乐园的兴建无论对香港还是珠江三角洲都是有利的，应该支持。

总的来说，受访者主要从经济、社会、文化和环境几方面来评价和预测迪士尼乐园对珠江三角洲的影响。从经济的角度说，迪士尼乐园将形成一个消费热点，从而带动相关行业的发展，繁荣经济，尤其旅游直接相关行业如旅行社、宾馆、旅游景点将获得大量客源，另外，给旅游相关的制造业带来订单。至于迪士尼乐园可能带来的竞争甚至威胁，被访者均持乐观态度，认为将会带来先进管理方法，淘汰部分素质不高的企业，从而可以促进珠江三角洲的旅游企业管理水平的提高。从社会文化的角度看，迪士尼乐园的兴建可以为珠江三角洲的居民增加旅游选择，丰富居民生活，并作为中西文化交流的窗口；同时，引入西方新的观念可能会对本土文化产生冲击，尤其对青少年产生巨大影响，但究竟是正面影响大还是负面影响大，尚存在分歧。此外，受访者普遍认为如果香港居民无法从迪士尼乐园获得预期收益时，可能会造成居民与政府的冲突，对迪士尼乐园的活动采取不支持的态度等。受访者一致认为，迪士尼乐园会给香港地区带来负面的环境影响，大量游客的涌入使香港的环境、基础设施接待能力等面临严峻考验，环境污染会加剧迪士尼乐园与当地居民的冲突，但是没有指出珠江三角洲是否有可能受到负面的环境影响。

2.3.2 迪士尼的影响与21世纪中国主题公园的实践

香港迪士尼的筹建预示着中国主题公园发展的全球化时代的来临。现在看来，香港迪士尼的开业对整个中国主题公园产业产生了巨大的影响，包括直接的和间接的，并且积极影响大于消极影响。

事实上，香港迪士尼乐园开业的前几年，经营情况并不乐观。2006 年香港迪士尼乐园接待游客 520 万人次，低于之前的预期。加上 2006 年“拒客风波”所带来的负面影响以及首期效应的减退，2007～2009 年香港迪士尼乐园的游客量有所下降，酒店入住率、年收入以及净利润值都低于预期，总体处于亏损状态。2010 年起，香港迪士尼乐园管理趋于成熟，加之一系列更新扩建和营销计划的落实，2013 年乐园接待游客量超过 740 万人次，列全球第 13 位，酒店入住率持续上升，高达 94%，然而净利润仅有 2.42 亿港元。从 2008 年至 2013 年，香港迪士尼乐园累积年收入为 209.2 亿港元，净利润为－34.93 亿港元，其中由于投资过大所导致的高折旧费用是重要原因，见表 2-4。与此同时，香港迪士尼乐园维持着一个相对稳定增长的市场结构，香港本地游客维持在 33%左右，中国大陆地区游客占比逐年上升，2013 年为 47%，将近一半，其中很大一部分来自于珠江三角洲地区，见表 2-4。

表 2-4 香港迪士尼乐园经营情况一览表（2008～2013 年）

项目	2008 年	2009 年	2010 年	2011 年	2012 年	2013 年	累积
入园游客/百万人次	4.5	4.6	5.2	5.9	6.7	7.4	34.3
酒店入住率/%	78	70	82	91	92	94	
游客人均花费增长率/%		－1	7	6	6	6	
年收入/百万港元	2 568	2 541	3 013	3 630	4 272	4 896	20 920
折旧与摊销/百万港元	808	858	833	699	762	838	4 798
净利润/百万港元	－1 574	－1 315	－718	－237	109	244	－3 493
香港本地占比/%	40	41	33	31	33	33	
中国大陆占比/%	34	36	42	45	45	47	
外国游客占比/%	26	23	25	24	22	20	

资料来源：香港迪士尼乐园财政 2008～2013 年度业绩概要

那么，香港迪士尼乐园开业后，会给香港和珠江三角洲地区主题公园企业带来何种影响呢？笔者将以香港迪士尼乐园和深圳华侨城三个主题公园的实际经营情况进行比较，见图 2-1 和表 2-5。

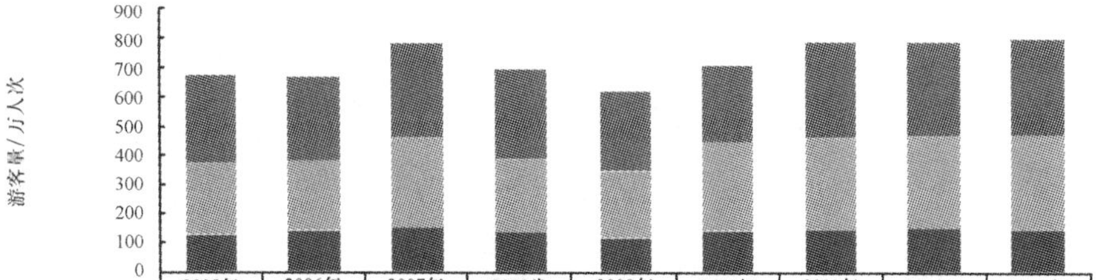

	2005年	2006年	2007年	2008发	2009年	2010年	2011年	2012年	2013年
深圳欢乐谷	303.2	292.9	326.8	310.2	276.9	265.1	327.6	321.2	328
世界之窗	245.9	237.4	310.2	247	230.4	305	312.3	317	325
锦绣中华民俗村	127	141.2	149.3	137.3	113.9	140	148	150	145

图 2-1　深圳华侨城三大主题公园游客量（2005～2013 年）

资料来源：华侨城集团旅游事业部

表 2-5　香港海洋公园经营情况一览表（2006～2013 年）

项目	2006 年	2007 年	2008 年	2009 年	2010 年	2011 年	2012 年	2013 年
入园游客/万人次	438.4	492	503	480	510	695.5	743.6	747.5
年收入/百万港元	728.3	845	924.5	893.5	986.6	1248.70	1598.20	1856.80
盈亏/百万港元	238.4	234.2	269.8	194.6	235.8	339.2	505.4	630
净利润/百万港元	133.5	131.8	156.9	67.4	64.4	89.3	75.5	96.1

资料来源：香港海洋公园年度业绩报告（2006～2013 年）

总体上看，香港迪士尼乐园的开业并未给深圳华侨城三大主题公园的游客量带来负面影响。除 2009 年因受经济不景气影响游客量有所下滑外，三大主题公园游客量呈现稳步增长。深圳欢乐谷从 2005 年的 303.2 万人次，增长到 2013 年的 328 万人次。世界之窗接待游客量从 2005 年的 245.9 万人次，增长到 2013 年的 325 万人次，增长最为迅速。而老牌的锦绣中华民俗村也有小幅增长，从 2005 年的 127 万人次，增长到 2013 年的 145 万人次，见图 2-1。香港迪士尼乐园对深圳华侨城和华侨城集团的影响是深刻的，主要表现在四个方面：第一，促进了深圳欢乐谷、世界之窗、锦绣中华民俗村①的更新、改造以及盈利模式的调整；第二，刺激了华侨城集团以欢乐谷为品牌向全国布局发展，先后在北京、成都、上海、武汉、天津落地，目前正在着手重庆欢乐谷和福州欢乐谷的规划建设。第三，推动了华侨城主题公园运营管理和服务质量的提升。第四，促使华侨城对主题公园相关产业链条的延伸，如建设主题酒店、主题商品、主题购物街区，乃至城市文化旅游综合体的建设。

① 2003 年元旦，锦绣中华和中国民俗文化村合并为一个景区，简称锦绣中华民俗村。

再看香港海洋公园，见表 2-5，从 2006 年到 2013 年，海洋公园入园游客从 438.4 万人次增长到 747.5 万人次，年收入从 7.28 亿港币增长到 18.57 亿港币，毛利润（盈亏）从 2.38 亿港币增长到 6.3 亿港币，但净利润有所下降，从 1.34 亿港币下降到 0.96 亿港币，这主要是由 2007 以来新增项目和扩建项目所产生的额外折旧费用增长所致。从海洋公园的经营数据看，香港迪士尼乐园的开业不仅没有使海洋公园的游客量有所下降，反而从某些方面促进了海洋公园游客量的增长，主要包括三个方面：第一，迫使海洋公园更新设备，增加投入用于园区的更新改造；第二，促进海洋公园调整盈利结构，通过扩建园区，调整盈利来源来满足新的市场需求；第三，推动海洋公园提升服务和管理品质，提高园区的游客满意度。

从整个珠江三角洲地区主题公园产业的发展来看，香港迪士尼乐园确实在某种程度上刺激了区域主题公园的优胜劣汰。除了香港海洋公园的成功突围和华侨城集团品牌主题公园的连锁扩张与转型升级外，广州长隆集团主题公园也取得了良好效益，成为国内少数不依靠房地产项目反哺就能够维持经营的主题公园群。该主题公园群落包括欢乐世界、长隆野生动物园、长隆大马戏、长隆水上乐园和鳄鱼公园。2013 年，长隆欢乐世界接待游客超过 320 万人次，增长 7.7%，列亚太地区第 16 位。更值得关注的是，2013 年，长隆水上世界接待游客高达 217.2 万人次，位列全球第一。2013 年，长隆集团在珠海横琴新建长隆度假区，其中海洋王国于 2014 年 1 月 18 日开业，成为珠江三角洲地区又一新增巨额投资的主题公园群。珠江三角洲地区另一新生的主题公园连锁集团是深圳华强文化科技集团。该集团目前已在芜湖、泰安、青岛、沈阳、株洲、郑州、厦门建设了方特欢乐世界和方特梦幻王国等 10 个大型文化科技主题公园。另外，芜湖非物质文化博览园、株洲二期以及天津、大同、济南、郑州二期、嘉峪关的主题公园预计在 2014～2015 年建成。预计 2015 年，华强文化科技集团旗下主题公园数量将达到 15～18 家。从整个珠江三角洲区域主题公园产业来看，香港迪士尼乐园的发展主要带来三个方面的影响：第一，主题公园作为一种娱乐消费逐渐被广大民众认可并接受，随着居民收入水平的提高，主题公园消费逐渐大众化；第二，香港迪士尼刺激了与主题公园相关的制造业、服务业以及相关配套产业的发展，一些企业通过整合这些资源构建民族主题公园品牌；第三，香港迪士尼乐园在引进国际管理经验和技术的同时，也促进本地企业提升管理和服务品质。区域主题公园的整体管理水平明显提升。

进入 21 世纪的中国主题公园产业，既有理性发展的一面，也有急功近利的一面。从理性发展而言，中国主题公园经过 20 多年的经验积累，掌握了一些规律，在选址布局、投资规划、主题策划和经营管理方面有了长足进步，逐渐培育起一批具有国际竞争力的主题公园连锁品牌，成为推动亚洲乃至世界主题公园产业发展的重要动力。2013 年，华侨城集团和海昌集团分别接待游客量达到 2632

万人次和1010万人次，增长12.7%和7.4%，分列全球主题公园企业的第4位和第10位[①]。在主题游乐园方面，能够排进亚太地区游客量前20名的中国大陆地区主题公园包括杭州宋城（410万人次）、东部华侨城（395万人次）、常州恐龙园（360万人次）、深圳欢乐谷（328万人次）、深圳世界之窗（325万人次）、长隆欢乐世界（320万人次）、北京欢乐谷（310万人次）、郑州方特欢乐世界（285万人次）、成都欢乐谷（256万人次），占了9席[②]。在水公园方面，除了长隆水上世界位列全球第一外，能够排进全球水公园游客量前20名的还有沈阳夏威夷水上公园（110万人次）[③]。经过20多年的发展，一批主题公园企业集团逐渐形成，如华侨城集团、长隆集团、港中旅集团、华强科技文化集团、锦江国际集团、海昌集团、宋城集团等。

比照迪士尼集团和环球影城集团等国际一流主题公园企业集团，中国主题公园企业集团在业务结构和价值链的构建上还有很大的差距。中国企业大多数依靠房地产项目支持主题公园开发，甚至有一些企业就是房地产企业半路出家，参与主题公园开发，因而并没有与主题公园紧密相关的影视动漫、文化创意、规划设计等能够产生较大相关价值的业务。中国企业在业务上的关联优势、区域上的协同效应和品牌上的整体吸引力还比较欠缺，这是需要进一步努力的方向。

---

① TEA/AECOM. The Global Attractions Attendance Report for 2013. Themed Entertainment Association (TEA), 2014.

② TEA/AECOM. The Global Attractions Attendance Report for 2013. Themed Entertainment Association (TEA), 2014.

③ TEA/AECOM. The Global Attractions Attendance Report for 2013. Themed Entertainment Association (TEA), 2014.

第3章　主题公园发展的影响因素系统分析

3.1　客源市场条件与交通条件

3.1.1　客源市场条件

适宜的区位是大型主题公园成功与否的关键因素，它包括宏观区位和微观区位两个方面（保继刚和唐新民，1988；杨吾扬，1989）。宏观区位指大型主题公园要求选址在经济发达、流动人口多的大城市和特大城市。据美国华盛顿的城市土地研究所（Urban Land Institute）研究，一个大型主题公园一级客源市场至少需要有200万人口，二级市场也要有200万人口以上，三级客源也很有帮助，但由于三级客源市场的交通费用太高，不能过分依赖、期望三级客源市场。这里所指的一级客源市场范围在80千米或1小时汽车距离内，二级客源市场在240千米或3小时汽车距离内，以便旅游者在一日内往返，二级市场之外以及流动人口属于三级客源市场，不能过分依赖。据估计，美国主题公园75%的游客是240千米半径范围内产生的（Lyon，1987）。1994年，深圳世界之窗的游客抽样结果[①]显示，深圳市游客占17.21%，珠江三角洲（除深圳外）占39.10%，香港占5.20%，三者之和为61.51%，也就是一、二级客源市场占了61.51%。

20世纪90年代初期，中国发展主题公园比较好的几个城市——深圳、北京、无锡都具有良好的客源市场条件。以深圳主题公园市场为例，深圳、东莞、惠州的一部分是其主题公园的一级客源市场，1993年这3个地区的常住人口已达600万人。深圳的二级客源市场是香港和经济发达的除上述几个地区之外的珠江三角洲地区城市，香港有600万居民，珠江三角洲人口1993年达2056万，除去上述几个一级客源市场地区为1456万人，也就是说深圳的二级客源市场高达2000多万人。深圳流动人口，特别是经商、会议、参观考察的比例很大。1993年，深圳仅酒店宾馆（不包括旅馆、招待所）接待的过夜游客就达616.3万人次，其中境外游客169万人次，这部分人往往是主题公园的高消费游客，深圳的三级客源市场也很大。

1992年，位于昆明的云南民族村开业，总投资1.1亿元人民币。然而，该

① 该数据由深圳世界之窗有限公司市场部1994年10月2日在景区对游客抽样，共发出问卷2700份，收回有效问卷1387份。

主题公园 1992 年门票收入仅为 630 万元，1993 年仅 691 万元，扣除一年 200 多万元的开支，远远不够利息，更不用谈还本赢利了。昆明云南民族村的失败，首先是客源市场条件不良，1991 年昆明的市区人口 155.65 万人，其中非农业人口 116.01 万人，这相当于其一级客源市场，昆明附近的几个县、市（市辖 8 县及曲靖、玉溪、楚雄 3 市，相当于二级客源市场）总人口 362.87 万人，其中非农业人口 60.77 万人。云南是一个经济发展落后的省份，人均收入不高，高门票的主题公园难以依赖这样的城市消费群体。三级客源市场也不理想，1993 年昆明接待境外旅游者为 27.11 万人，只相当于深圳的 16%，由于城市功能不同，昆明的流动人口不像深圳那样是以经商、考察等对主题公园需求较高的人员为主。一级、二级以及三级客源市场均较差，是云南民族村投资失败的主要原因。

微观区位指城市内部位置，大型主题公园一般在大城市边缘区选址。在城市的边缘区选址是因为主题公园占地面积大，城市边缘用地限制较小，地价相对便宜。微观区位还包括选址在主要公路干道旁，第一是节省道路投资，第二是主要公路干道视野开阔，主题公园可以向经过公路干道的旅客展示标志景点，不断强化旅游形象，吸引游客。这一点深圳锦绣中华和中国民俗文化村都十分成功，两个主题公园都选址在深南大道旁，驱车从深南大道过，两个景区的标志性景点“长城”和“石林”尽收眼底，这种无声的广告给两个景区带来了很好的形象效应。另一个重要的方面，深南大道上的公共交通十分方便，游客“来去自由”，缩短了感知距离，对游客的决策行为有正面影响。

3.1.2　交通条件

主题公园所在的城市除了客源市场条件好以外，还必须有良好的城市对外公共交通，即可进入性（accessibility）好。20 世纪 90 年代的深圳，城市对外交通十分优越，广九电气化铁路、广深准高速铁路、广深高速公路、深圳国际机场，特别是广深高速公路的开通，为深圳二级客源市场的开发创造了良好的条件。锦绣中华、中国民俗文化村和世界之窗的选址在深圳，无论是宏观区位还是微观区位都十分成功，如图 3-1 所示。

3.2　区域经济发展水平

区域经济发展水平在两方面影响主题公园的发展，一方面是投资规模，另一方面是游客的消费水平。主题公园是一种高投入的旅游项目（保继刚，1994a），一般而言，作为企业行为的主题公园开发，只有在区域经济比较发达的地区，才具备较大规模的投资能力，否则只有引进外资，或是政府行为代替企业行为，将有限的财政收入集中起来搞高投入的项目，如昆明的云南民族村就是政府行为的

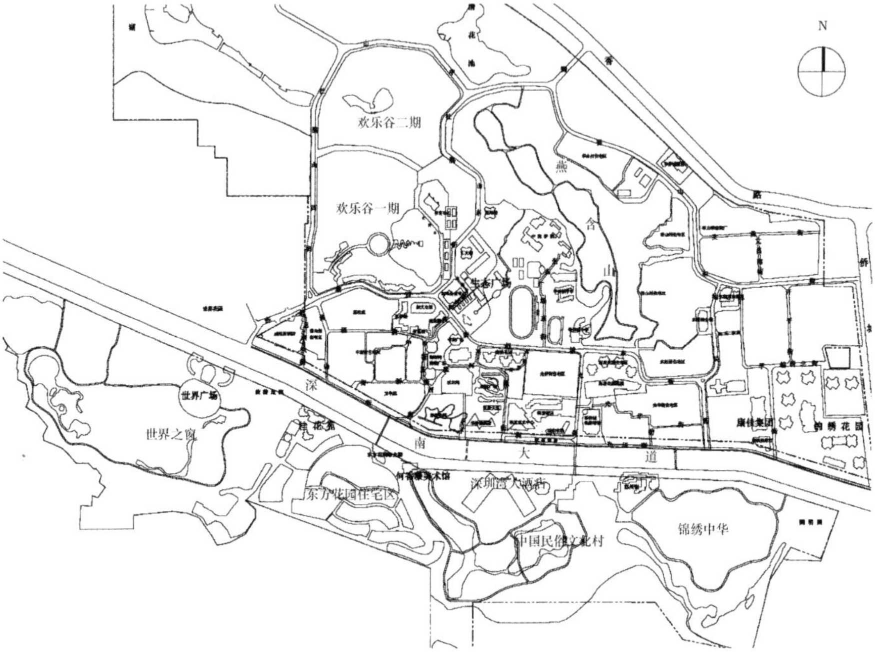

图 3-1　深圳华侨城三大主题公园的交通关系示意图

注：底图来源于华侨城集团，并补充相关信息

一个典型例子。

中国幅员辽阔，区域经济发展不平衡。20 世纪 90 年代，主题公园发展比较成功的广东（集中于深圳）、江苏（集中于无锡）、北京都是经济发达的省市，而比较失败的云南，是经济相对落后的省份，表 3-1 是上述几个省市 1992 年国内生产总值（GDP）的比较。广东、江苏无论是 GDP 还是人均 GDP 都处于全国前列，北京只是一个市，其 GDP 排位稍后，但人均 GDP 排全国第 2 位，云南无论是 GDP 还是人均 GDP 都处于较后的位置。

表 3-1　1992 年国内生产总值的国内比较

地区	GDP/亿元	全国位次	人均 GDP/元	全国位次
广东	2293.54	1	3575	4
江苏	1971.60	3	2858	6
北京	709.10	14	6805	2
云南	510.03	20	1334	25

资料来源：《中国统计年鉴（1993）》

具体分析深圳及外围珠江三角洲其他地区更能揭示这种差距。1992 年深圳人均 GDP 达 11 411 元，1993 年人均 GDP 更高达 15 672 元，整个珠江三角洲人均 GDP 是国内率先突破万元大关的地区，1993 年达 10 319 元。

区域经济发展水平，还表现在影响着居民的收入和游客的消费能力。比较深圳与昆明，深圳 1993 年职工人均工资 7947 元，昆明为 3803 元，相当于深圳的 47.85%；深圳人均城乡居民年底储蓄余额 1.99 万元，昆明为 2336 元，只有深圳的 11.74%。游客的消费能力直接关系到主题公园的经济效益，表 3-2 是深圳中国民俗文化村和昆明云南民族文化村 1993 年的经营比较。两个主题公园的主题、投资规模和开业时间都差不多，但经济效益却有很大差别。

表 3-2　深圳、昆明主题公园 1993 年经营比较

主题公园	投资/亿元	开业时间	游客量/万人	营业收入/万元	游客人均消费/元
(1) 中国民俗文化村	1.1	1991 年 10 月	311.53	15384	49.38
(2) 云南民俗文化村	1.0	1992 年 2 月	113.17	691	6.11
(2) 与 (1) 比较/%	90.91		36.33	4.49	12.37

资料来源：华侨城指挥部，云南民族文化村办公室

3.3　城市旅游感知形象

城市旅游形象是指城市旅游者在游览城市的过程中通过对城市环境形体（硬件）的观赏和市民素质、民俗民风、服务态度等（软件）的体验所产生的城市总体印象（金卫东，1995）。城市旅游形象是一个综合概念，它反映的是整个城市作为旅游产品的特色和综合质量等级。它和一个城市的历史文化密切相关，这种形象是城市的综合要素在旅游者心目中的反映。如一谈起北京，旅游者就会想起长城、故宫、天安门等；提起广州，旅游者首先感应出的是到广州首先要到高第街等地购物，而华南植物园、陈家祠、光孝寺、越秀公园却退居其次；说起深圳，就会首先反应是一座大厦林立的特区现代化都市……城市的感知形象对旅游者的决策行为影响很大。一般而言，城市感知形象较单一的城市，如深圳、珠海等一些新兴城市，投资搞大型主题公园成功的机会较大，因为新上的较有特色的旅游项目能较快成为旅游者的感知形象，而在城市感知形象较复杂的城市，如广州、上海，投资搞大型主题公园不容易很快形成轰动效应。在像北京那样人文景观已非常丰富且级别很高的地区，旅游者已有较为固定的感知形象，搞主题公园引起轰动效应的困难更大。

城市旅游感知形象主要影响的是大、中尺度（即二级和三级客源市场）旅游者的决策行为，像北京这样的城市，大、中尺度的旅游者首先选择的是国家级的旅游点，对北京一些旅游点的游客结构进行调查后发现，故宫、颐和园、八达岭、动物园等几个公园游览区都属于在全国首屈一指或者说是独一无二的国家级公园，是一般外地游客，特别是第一次来北京的游客都要去的地方。因此外地游

客在这几处公园游览区的比例都高于本地人，其中以故宫最为突出，外地游客平均占 88.15%，非节假日则高达 94.79%，颐和园为 77.4%，八达岭为 76.5%，动物园为 74.6%。而北海（外地游客占 41.4%）、中山公园（26.1%）、陶然亭（5.8%）、密云水库（6.0%）则以本地游客为主（邢道隆，1986）。

因此，像北京这样人文景观已非常丰富且级别很高的地区，旅游者已有较为固定的旅游感知形象，新建主题公园对于大尺度的旅游者，特别是第一次到北京的旅游者，其吸引力较小，其目标市场应主要是小、中尺度（即本地及附近城市）及多次到北京已游览过上述国家级景区景点的大尺度游客。

深圳是一座“不夜城”，城市建设速度快、城市形象尚不稳定，特别是城市旅游形象不像北京早已在旅游者心中根深蒂固，而是处于发展变化之中。深圳曾经的城市旅游形象标志是沙头角中英街购物、国贸大厦高层建筑城市风光和香蜜湖中国娱乐城。但从 1989 年开始的仿古文化和传统文化旅游阶段，深圳城市旅游形象标志转换为锦绣中华、中国民俗文化村和世界之窗。

北京世界公园开业第一年接待游客 300 万人（1994），而同期颐和园接待游客达 1000 万人；深圳世界之窗开业第一年接待游客 430 万人（1994.6～1995.5），而同期先于世界之窗开放的锦绣中华和中国民俗文化村接待游客分别为 139 万人和 161 万人。

通过上面的分析，我们可以得出一个初步结论，城市旅游形象个性特征很强的城市，如北京，新建主题公园引起轰动效应并很快成为城市旅游形象标志的困难很大；同时对于大尺度的游客，特别是第一次出游游客的吸引力较小。城市旅游形象个性特征尚在变化之中或不明显的城市，如深圳，新建有特色的主题公园能较快成为城市旅游形象的新标志，出现轰动效应，对大、中、小尺度的游客都有吸引力。

3.4 空间集聚和竞争

集中和分散是产业空间布局的两个方面，但是，传统的工业区位论不能照搬用于旅游业布局。集聚是指有关的经济客体或经济客体与社会基础设施在一定空间范围内的结合。这种空间结合一般会产生有益的效果，但是这种集聚又需要控制在一定限度内，超过了限度的过分集聚，会产生一系列问题，因而出现负效应。集聚效果和合理规模问题是区位理论的主要问题之一（保继刚，1994b；杨吾扬，1989）。但是，由于旅游产品的特殊性，已有的区位理论并不能解释旅游地集聚的空间竞争问题。

主题内容是主题公园吸引游客的物质基础。主题内容往往决定着主题公园的成败。景区规模可以用投资、占地规模来衡量，但更重要的是它所能提供给游客的游玩时间和游客真正愿意在内游玩的时间。主题内容和景区规模相互作用的结果往往就将主题公园分为不同的档次。

旅游者的空间行为研究已经揭示，作为以观光为主的旅游地，跨国、跨省的大尺度旅游者一般只选择国际级、国家级的旅游地，省内的中尺度旅游者除了选择国际级和国家级以外，还选择省级、区级的旅游地，市内、县内的小尺度短程旅游者则所有级别的旅游地都选择（陈健昌和保继刚，1988）。在这种空间行为规律作用下，当多个高投入、高门票的主题公园在同一地域同时出现时，大尺度的旅游者往往只选择地位级别、知名度最高的主题公园，而放弃地位级别较低、知名度小的主题公园。

多个主题公园在空间上集聚，可以增加这一地区的总体吸引力，同时也产生空间竞争，使游客分流。与其他类别的旅游地一样，主题公园的空间竞争也是知名度大、地位高的主题公园抑制知名度小、地位低的主题公园，但与海滨沙滩旅游地、喀斯特石林旅游地的空间竞争替代性较强有所不同（保继刚和梁飞勇，1991；保继刚，1994c）。由于主题公园都有自己的主题，也即有个性，因此，主题公园的空间竞争一般而言是一种非替代竞争。在同一地域出现的主题公园，虽然有的知名度小、地位低的旅游发展会受到抑制，丧失一部分客源市场，但还会有一定的特定市场，只要集聚规模适度，也能发展。

但是，主题公园是一种高投入的旅游项目，维持费用高，要求的门槛游客量也较高。据当时的测算，20 世纪 90 年代初的锦绣中华每天需要 2000 名游客才能维持。过多的主题公园在同一地域集聚，要使每个主题公园的游客都达到或超过门槛游客量是不易的，其结果必然是恶性竞争。北京出现的主题公园给导游司机回扣，导游司机强迫游客参观某些主题公园的非道德现象就是因为主题公园过多集聚产生恶性竞争的结果。

考察锦绣中华、中国民俗文化村游客量的变化可以看出，中国民俗文化村出现后对锦绣中华产生的是一种正的近邻效应，增强了华侨城旅游的吸引力，两个主题公园相得益彰，拓展了客源市场。这种互补形势保持到 1993 年。1993 年 9 月 28 日野生动物园和 1994 年 6 月 18 日世界之窗开业后，锦绣中华和中国民俗文化村在 1994 年游客量急剧下降（两景区总计比 1993 年下降 41%），这一方面是由于生命周期规律的作用，但更重要的还是主题公园空间分流的结果。1993 年锦绣中华和中国民俗文化村共接待游客 586.52 万人，1994 年为 343.36 万人，加上世界之窗则为 594.30 万人，比 1993 年还略多一些。世界之窗开业后华侨城整体旅游吸引力增强了，但是 3 个主题公园之间也产生了空间竞争，其结果是规模大、内容丰富新颖的世界之窗在竞争中占优，在一定程度上抑制了锦绣中华和中国民俗文化村的发展。

3.5　决策者行为

决策者行为关系到两个层次：一个层次是投资者的决策行为；另一个层次是政府的决策行为。

3.5.1　投资者决策行为

投资者决策行为首先是宏观区位的选择，在此基础上从两方面影响主题公园的发展，一是投资规模，二是主题选择。

投资规模与投资者的经济实力和经营方针战略联系在一起，同时与主题选择密切相关，有些主题投资巨大，如类似高科技未来世界项目，有些项目则相对较小，如微缩景观类。在一定的客源市场、交通条件、区域经济发展水平等背景下，主题公园开发成功与否的关键是主题的选择。深圳东方神曲经营不景气、世界之窗开业仅半年，深圳居民参观率就超过开业一年的野生动物园。其中很重要的原因是主题内容的吸引力（保继刚，1996）。主题内容的选择与投资决策者的文化背景、偏好关联很大。华特·迪士尼的理想是“希望人们在乐园里找到快乐和知识”（托马斯，1992）；中国主题公园的开创人马志民的理想是“让世界了解中国”（锦绣中华）、“让世界认识我们的民族”（中国民俗文化村）、“崛起的中国正在走向世界，开放的中国需要了解世界”（世界之窗）。

3.5.2　政府决策行为

20 世纪 90 年代，各国各地政府都将旅游业摆在发展第三产业的重要位置，如广州市政府明确提出将广州建设成华南的 3 个中心——金融中心、商业中心和旅游中心。因此各级政府对旅游投资都给予扶持和优惠政策，甚至在基础设施方面给予配套。迪士尼集团公司选择法国开设巴黎迪士尼，除了看上法国本身已有的客源外，也是法国政府极力争取的结果。法国政府在合同中表示愿意以 7.9％的利息借给迪士尼乐园投资总额的 1/5，约为 44 亿法郎，并且将郊区地铁延长到迪士尼乐园设立地——巴黎东部郊区，还计划在高速公路系统中开辟多条道路，以便游客前往，而且之后还计划投资 7.6 亿法郎，开通一列高速火车直达此地[①]。

主题公园占地规模大，城市土地制度的改革使主题公园在微观区位选址、土地的获得上要受到政府的制约。国内由于多种土地使用方式的存在，投资者获得土地的成本和区位是不一样的。这对主题公园的经营成本有很大影响。

---

① 一文．米老鼠魂断法国．深圳商报，1994 年 5 月 29 日五版。

3.6　影响因素系统分析

主题公园的发展受主客观因素两个方面的影响，见图 3-2。

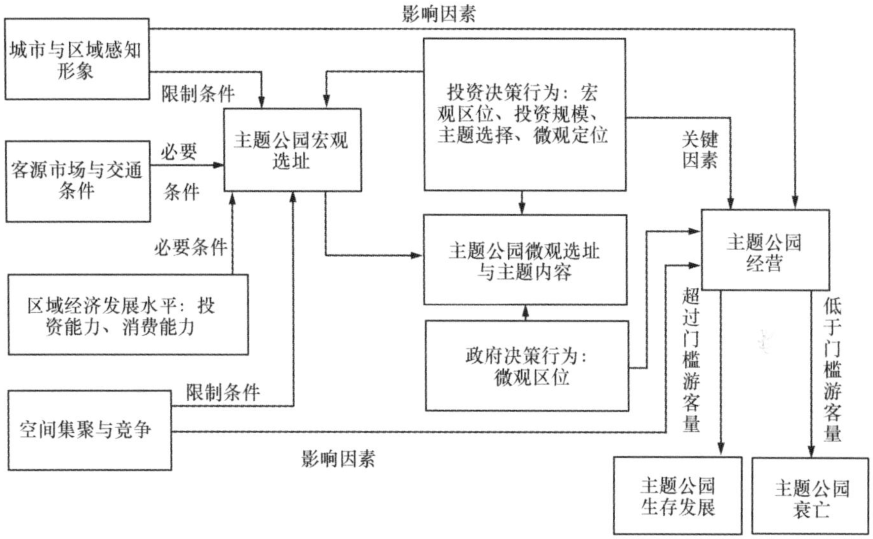

图 3-2　主题公园发展影响因素系统分析

资料来源：引自保继刚，1997b

客观因素主要包括两个必要条件和两个限制条件，如图 3-2 所示。必要条件是客源市场和交通条件以及区域的经济发展水平，它们关系到游客市场的大小、基础设施条件、投资能力和游客的消费水平，作为高投入高门票为特点的主题公园，缺少这两个条件中的任何一个都不能成功。限制条件是城市的旅游感知形象和主题公园的空间集聚与竞争，它们影响着游客的决策行为。

主观因素是投资者的决策行为和政府的决策行为。投资者的决策行为包括宏观区位确定、微观选址、投资规模和主题选择，政府的决策行为则关系到主题公园的微观选址（土地获取），以及基础设施的配套等优惠条件。主题选择是宏观区位确定后主题公园发展的关键因素，城市旅游感知形象和空间集聚与竞争、微观区位是重要的影响因素。只有游客量超过主题公园的门槛游客量，主题公园才能生存发展，否则，只有衰亡。

只有主客观两个方面的关系协调，主题公园的开发才会成功。不具备客观因素，主题公园注定要失败；客观因素具备了，但主观因素与之不协调，也难成功。昆明云南民族村不顾客观因素盲目上马是失败的主要原因，另外主题选择也不成功，云南是一个多民族的省份，本省居民对少数民族的新奇感不如外省，自然民族村对本地一级客源市场的吸引力要比深圳中国民俗文化村差。

港中旅集团在美国佛罗里达奥兰多兴建第二个锦绣中华不成功，则是因为主观因素与客观因素不协调。奥兰多是美国，也是全世界主题公园最集中的城市。20 世纪 90 年代，迪士尼集团的魔幻王国（Magic Kingdom）、未来世界（Epcot）、迪士尼米高梅影城（Disney-Mgm Studios）、环球影城（Universal Studios）、海洋世界（Sea World）、布希花园（Busch Gardens）、龙柏花园（Cypress Gardens）等近 10 个美国最著名的主题公园集中于此，交通、客源市场等条件都十分优越。但是锦绣中华的主题对美国游客吸引力不大，其内容和规模都难与其他主题公园竞争，1994 年建成开业后，每年亏损 1000 多万美元。

3.7 案例一：20 世纪广州主题公园失败的原因分析

1989 年 9 月深圳锦绣中华以及 1991 年中国民俗文化村成功开业，改变了广州城市旅游发展战略的思路。面对着深圳主题公园成功从而令广州尴尬的压力，面对着国际旅游者在广州停留时间缩短的严峻形势，面对着广州原有旅游景点规模小、特色不明显、知名度相对低、点少而分散的“满天星斗”现状，广州旅游景点“造月工程”的战略拉开了序幕。世界大观、飞龙世界、航天奇观、森美反斗乐园（原飞图梦幻影城）、东方乐园（1993 年始从游乐园向主题游乐园转变）、香江野生动物世界、长隆夜间动物园……广州的主题公园如雨后春笋般涌现。然而不久，飞龙世界、森美反斗乐园倒闭，东方乐园、长隆夜间动物园关门，世界大观濒临破产，见表 3-3。

表 3-3 广州关闭（或拍卖）主题公园（1999～2004 年）

公园名称	开业时间	关闭（拍卖）时间	经营时长
番禺飞龙世界	1994 年	1999 年	5 年
番禺森美反斗乐园	1997 年	2002 年	7 年
世界大观	1995 年	2005 年	10 年
东方乐园	1985 年	2004 年	19 年

资料来源：《羊城晚报》，2005 年 6 月 16 日，A9 版

根据图 3-2 的主题公园发展影响因素系统分析，可以解释广州 20 世纪主题公园产业发展失败的原因。

3.7.1 城市旅游感知形象

从影响主题公园布局的主要因素来看，广州具有发展主题公园的良好客源市

场和交通条件，具备较高的区域经济发展水平，是主题公园选址的好地方。但是，投资者忽略了一点，广州的城市旅游感知形象对主题公园的限制作用很大。

与前文所述的深圳城市形象不同，20 世纪 90 年代广州的城市旅游形象是一个商业大都市，旅游者提起广州首先感应到的是一条条商业街和与之相呼应的现代化城市建设景观，北京路、上下九路、天河城往往是旅游者的必去之地，而陈家祠、光孝寺、越秀公园却退居其次。新建如世界大观般的主题公园难以形成轰动效应，也不易成为广州旅游的新形象，对大尺度的旅游者尤其是初次到广州的旅游者吸引力不大，其客源市场主要是本地及周边城市的旅游者。

从地域看，广州主题公园市场是以广州为核心的珠江三角洲地区。从时间序列看，来自广州的游客在客源中所占的比例最为稳定，波动很小。广州地区的各个主题公园，其客源吸引范围主要局限在近地域内，即广州市及邻近珠江三角洲市县。从深圳的情况看，华侨城三景区的全国指向性较强，其游客中近三成来自广东省外的其他地区，15%来自港澳地区（保继刚等，1998）

3.7.2　投资者决策行为

投资者通过三方面的决策行为影响主题公园的发展。

首先是区位选择。区位涉及宏观、微观区位两个方面。广东主题公园主要选址于深圳、广州二市，是投资者考虑宏观区位的必然选择。就微观区位而言，主题公园莫不选址于用地和交通条件良好的城市边缘。世界大观毗邻广州东西大动脉中山大道和环城高速公路、飞龙世界选址番禺大石，都是不错的选址。

其次是投资规模。投资规模直接与主题选择及经营效益相关。当时广州有的主题公园投资计划过于庞大，经营成本高昂。据调查，东方乐园一年的经营成本为 5000 万元，世界大观每日需要 1500 名游客才能维持。对市场估计过高，会背上沉重的债务包袱，陷入经营困境。如飞龙世界投入资金 6 亿元、世界大观投资 6.8 亿元，在景区生命周期衰退规律及新景区分流客源的双重挑战下，回收投资无望。

再次是主题选择。在一定的客源市场、交通条件、区域经济发展水平等背景下，主题公园开发成功与否的关键是主题的选择。世界大观选择世界文化为主题应该说没有错，但是策划者创意时要搞 1∶1 的世界景观，微缩放在沙盘上非常激动人心，但实际做出来效果很差，世界大观变成了缺乏主题的公园，对游客不能产生足够的吸引力。事实上，我们几乎不可能做 1∶1 的世界景观，试想：我们能做 1∶1 的黄石公园吗？

但这种分析并不是说广州不能建主题公园。在广州这样的城市建主题公园并使之成为广州旅游形象之一，成为旅游发展的推动力之一，在世界范围内考察，只有像迪士尼这样规模和影响力的主题公园才有可能。还有就是建投资相对较小，仅广州及周边客源市场就能维持的地区性主题公园。

21 世纪以来，广州的经济发展和居民收入水平得到显著提升，由于大量外来人口转化为城市居民，城市人口迅速增加。因此，广州具有主题公园产品购买力的潜在市场规模非常巨大，区域投资能力增强。与此同时，随着广州城市化的拓展，番禺等地的区位条件得到明显改善，广交会和亚运会等一系列经贸、体育活动的举办又一次重塑了广州城市形象。因此，21 世纪以来，广州发展主题公园的各方面影响因素向利好方面转变，客观上造就了广州长隆主题公园度假区的成功。

3.8 案例二：20 世纪珠海大型主题公园布局分析

主题公园是珠海从 20 世纪 80 年代中期开始的旅游开发热点，介绍这一时期珠海主题公园的情况，分析影响主题公园布局的因素，讨论区位条件良好、区域经济发达但旅游资源相对贫乏地区的旅游开发模式，能够为现在乃至未来主题公园布局提供参考。

3.8.1 20 世纪八九十年代珠海大型主题公园开发建设情况

珠海当时开发了两个游乐园：珍珠乐园和圆明新园。珍珠乐园是一个大型游乐园，占地 0.6 平方千米，当时投资 3000 万美元，开设有 31 个游乐项目，至今艰难营业。圆明新园规划仿原圆明园新建，共设九大景区，40 个景点，集中再现当年圆明园皇家园林的宏传气势，占地 0.53 平方千米，已签合同的项目及投资额 1.75 亿元人民币，于 1997 年 2 月 2 日正式建成并开业，如今已经免费开放。

3.8.2 珍珠乐园经营剖析

珍珠乐园是由珠海市旅游公司与日本高尔夫振兴株式会社合作由日商投资兴办的大型游乐园，开设 31 个游乐项目，包括快速滑行车、过山车、摩天轮、星际蜘蛛、太空船、微型方程式赛车、鬼怪屋等设施。珍珠乐园 1985 年开业，当年接待游客 40.3 万人次，1986 年，游客量达到最高峰 76.15 万人次，随后开始下降，到 1989 年，游客量仅 22.12 万人次，1991 年、1992 年和 1993 年 3 年有所回升，分别为 30.17 万人次、34.67 万人次和 39.68 万人次，但与最高年份相比，只有 39.62%、45.53%和 52.11%（表 3-4）。至 1992 年，珍珠乐园已累积亏损 2600 万元人民币（保继刚，1994b）。

表 3-4　珍珠乐园接待量（1985～1993 年）

项目	1985 年	1986 年	1987 年	1988 年	1989 年	1990 年	1991 年	1992 年	1993 年
游客量/万人次	40.3	76.15	61.23	42.54	22.12	22.51	30.17	34.67	39.68
增长率/%		88.96	−19.59	−30.52	−48.00	1.76	34.03	14.92	14.45

资料来源：珠海国际高尔夫游乐公司

珍珠乐园的失败在于项目缺乏独特性。从 20 世纪 80 年代初期到 90 年代初期，中山市长江乐园开业成功之后，广东各市建了 19 个游乐园，仅广州就建了 3 个，深圳建了 2 个，游乐园相互空间竞争的结果是，绝大部分游客量都不大，亏本经营；另一方面，选址在珠海，一级客源市场较差，到 1990 年珠海市总人口也只有 63.53 万人（含暂住人口），而深圳已达 166.73 万人，珠海与澳门相邻，澳门人口仅 60 万人，深圳与香港一河之隔，香港居民达 600 万人，二级客源市场也比不上深圳，交通条件也不能和深圳相提并论，所以游客量不大，1990～1993 年其每年游客量只有锦绣中华的 1/10～1/7。

3.8.3　珠海主题公园布局探讨与启示

影响大型主题公园布局的因素很多，具体到珠海，主要的影响因素是主题公园的空间竞争因素和生命周期。

首先看空间竞争因素。当多个主题公园同时同地出现时，它们各自的吸引力往往会出现此长彼缩或同步增长的动态变化和地域旅游市场结构的再组织。珠海游客停留的时间很短。珠海过夜游客以 1991 年计算，境外游客人均停留 1.29 天，其中，外国游客人均停留 1.76 天，我国台湾游客 1.86 天，港澳游客人均仅停留 1.25 天，华侨 1.2 天，内地游客人均停留 1.46 天。在这样短的停留时间内，游客要想游览多个主题公园是不可能的。当多个主题公园同时出现时，游客只能选择其中最有吸引力的去参观。因此，一定要考虑空间竞争因素。

其次看主题公园生命周期。主题公园由于投资大，为了还本付息，维持经营和赚钱，伴随着高投入的是高门票和景区内的高消费（相对于国内游客平均收入水平）。与之相比，如北京颐和园门票价格低很多。与自然遗产旅游资源（如泰山、黄山、武陵源和九寨沟）和文化遗产旅游资源如故宫、长城、兵马俑相比，主题公园由于旅客重游率低和可以模仿，其生命周期一般较短。当已有的主题公园生命周期进入停滞阶段，或衰落阶段时，适时开发新的主题公园，有机会重新启动市场，成功开发。

珠海大型主题公园建设与周边的深圳相比，整整慢了一个阶段。在深圳第二阶段仿古文化和传统文化主题公园取得巨大成功之后，珠海才开始兴建圆明新园和规划设想在白藤湖兴建世界名胜观光城。珠海的一级、二级客源市场比不上深圳，而主题公园的建设步伐又比深圳慢，待深圳建设成功后，游客的新奇感、新鲜感下降，珠海再建主题公园其轰动效应就会较差。以珠海现实的客源市场状况分析，珠海不宜像深圳华侨城那样兴建系列主题公园，否则难以维持。珠海主题公园的兴建，不能重复深圳的模式，要有独特性和垄断性。作为珠江口海港城市、百岛之市的珠海有多个岛屿，相比其他经济特区和沿海城市珠海具有得天独厚的优越条件。随着经济的发展，海洋文化会吸引越来越多旅游者。因此，突出海洋旅游文化才是珠海主题公园建设的方向。具体而言，可以兴建大型“海洋公园”，形成珠海长久不衰并且难以被替代的拳头产品。

深圳锦绣中华大型主题公园开发成功之后，广东各大城市都在筹备兴建主题公园。其中包括中山市建成占地 0.3 平方千米的宇游科幻城；广州建成世界大观园，规划占地 0.6 平方千米，当时总投资 3.841 亿元人民币；肇庆有号称投资 10 亿美元的梦幻世界乐园和投资 12 亿港元的电影娱乐城；南海西樵山规划建设的主题公园（民俗风情游览、太古探奇游览、时空未来游览、水上世界游览）占地 0.77 平方千米，当时号称投资 2.31 亿元人民币；珠海白藤湖建设世界名胜观光城；从化兴建我国北回归线现代化科学公园旅游区、风云岭现代化综合娱乐旅游区（也是主题公园）；上川岛兴建地方风土文化微缩景区，规划投资 2 亿元。然而，当时这么多大型主题公园的建设，并没有做深入细致的可行性研究，政府也没有做宏观控制，结果导致广东主题公园第一阶段兴建的 19 个游乐场个个亏本的历史又重演。从珠海大型主题公园的研究我们可以知道，主题公园的开发是一种完完全全的市场行为，开发不当，经济损失会很大。政府有关职能部门需要认真搞好宏观控制，以避免不必要的损失。

第4章　主题公园的生命周期律：特征与影响因素

作为一种旅游景区，主题公园也受到生命周期规律的影响。然而，与传统的喀斯特溶洞景区、山地景区等自然景区不同，主题公园的生命周期又有其特殊性。本章介绍生命周期律的一般形态，重点分析主题公园生命周期的影响因素及其特殊性，最后以锦绣中华和深圳欢乐谷为案例，分析其生命周期规律。

4.1　大型主题公园生命周期律

4.1.1　旅游地生命周期理论

加拿大学者巴特勒提出旅游地的生命周期包括六个阶段，即探查阶段、参与阶段、发展阶段、巩固阶段、停滞阶段、衰落或复苏阶段（Butler，1980）。这条类似S形的曲线被称作TALC（tourism srea life cycle）。此后由于应用于不同的地方，又衍生出了度假区生命周期（resort life cycle，RLC）、旅游产品生命周期（tourism product life cycle，TPLC）和目的地生命周期（destination life cycle，DLC）。当然，关于旅游地生命周期的争论一直存在，持赞同观点的学者也并非完全接受，他们也提出了修正和完善意见，持反对观点的学者认为模型过于简单，有许多因素并没有考虑进来，于是存在许多特例不能解释（李军和陈志钢，2014）。旅游地生命周期是一个根据实践经验，通过社会科学方法总结的规律，少数特例并不能否定旅游地生命周期的基本价值。

目前，被学者们公认并广泛应用的TALC理论是由巴特勒于1980年提出的。巴特勒根据产品周期的概念，提出了旅游地演化的六个阶段。如图4-1所示。

（1）探查阶段（exploration stage）。这是旅游地发展的初始阶段，特点是旅游地只有零散的游客，没有特别的设施，其自然和社会环境未因旅游的产生而发生变化。

（2）参与阶段（involvement stage）。随着旅游者人数的增多，旅游逐渐变得有规律，本地居民开始为旅游者提供一些简便的设施。随着这个阶段的到来，广告开始出现，旅游市场范围已基本可以被界定出来，旅游季节也逐渐形成，一些本地居民为适应旅游季节调整生活方式，有组织的旅游开始出现，迫使地方政府和旅游机构增加、改善旅游设施和交通状况。

（3）发展阶段（development stage）。在大量广告和旅游者的宣传下，一个

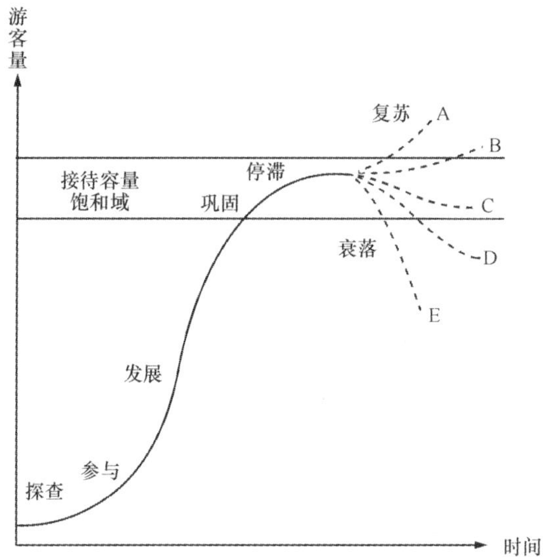

图 4-1　旅游地生命周期（Butler，1980）

成熟的旅游市场已经形成，外来投资骤增，本地居民提供的简陋膳宿设施逐渐被规模大、现代化的设施取代，旅游地自然面貌的改变已比较显著。

（4）巩固阶段（consolidation stage）。游客增长率将下降，但总游客量将继续增加并超过常住居民数量。旅游地大部分经济活动与旅游业紧密联系在一起，为了扩大市场范围和延长旅游季节，广告无所不在。常住居民，特别是那些没有参与旅游业的常住居民会对大量游客的到来和为游客服务而修建的设施产生反感和不满，因为这一切会限制他们的正常活动。旅游地在这一阶段有了界线分明的娱乐、商业区，以前的设施有可能成为二级设施而满足不了需要。

（5）停滞阶段（stagnation stage）。在这个阶段，游客量达到最大，旅游环境容量已趋饱和或被超过，环境、社会和经济问题随之而至。旅游地在游客中建立起的良好形象已不再，旅游市场很大程度上依赖于重游游客、会议游客等，接待设施过剩，保持游客规模需要付出大量的努力。自然和文化的吸引物或许被"人造"设施所取代。

（6）衰落或复苏阶段（decline or rejuvenation stage）。在衰落阶段，旅游地市场衰落，无论是吸引范围还是游客量，已不能和新的旅游地相竞争。随着旅游业的衰退，房地产转卖率很高，旅游设施逐渐被其他设施取代，更多的旅游设施因旅游地对游客的吸引力下降而消失，剩余设施的生存能力也将成问题。这个阶段，本地雇员和居民能以相当低的价格购买旅游设施，因此本地居民介入旅游业的程度大大增加。宾馆可能变为公寓、疗养院或退休住宅，因为旅游地的良好设施无疑对常住居民有吸引力，特别是对年老者。最终，原来的旅游地可能变为名符其实的“旅游贫民窟”或完全失去旅游功能。

旅游地也可能进入复苏阶段，要进入复苏阶段，旅游地吸引力必须发生根本的变化。达到这个目标有两种途径：一是增加人造景观吸引力，例如，美国大西洋城开放博彩业，但如果相邻有具有竞争力的旅游地也如法炮制，这种效果就会降低。二是发挥未开发的自然旅游资源的优势，重新启动市场。

在衰落或复苏阶段有可能发生 5 种情况（如图 4-1 曲线 A、B、C、D、E）：①深度开发卓有成效，可促使游客再增加和市场扩大，如曲线 A；②较小规模的改造和调整，持续对资源吸引力的保护，游客量可以较小幅度地增长，如曲线 B；③再调整满足各种容量水平，可遏制游客量下滑的趋势，使之保持在一个稳定的水平，如曲线 C；④过度利用资源导致的竞争能力降低会导致游客量显著下降，如曲线 D；⑤战争、瘟疫或其他灾难性事件的发生会导致游客量急剧下降，如曲线 E，这时要想游客量再恢复到原有水平极其困难。如果衰落时间持续太久，旅游地在难题解决之后对多数旅游者都不会再有吸引力了。

4.1.2　主题公园生命周期律

与自然遗产旅游资源（如泰山、黄山、张家界和九寨沟）和文化遗产旅游资源（如故宫、长城、兵马俑）相比，主题公园的生命周期具有特殊的影响因素。一般而言，主题公园的生命周期较短，需要不断更新改造以创造新的吸引力，从而获得新的生命规律，如图 4-2 所示。

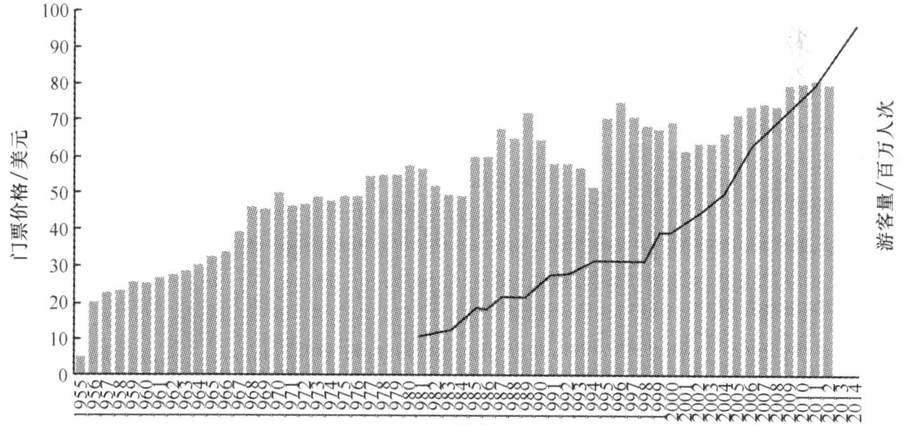

图 4-2　美国加利福尼亚州迪士尼乐园游客量与门票价格变化趋势（1955～2014 年）

资料来源：维基百科（en. wikipedia. org）

图 4-2 反映了 1955 年在美国开业的加利福尼亚州迪士尼乐园的游客量与门票变化趋势。迪士尼乐园的游客量总体上保持增长将近 60 年，而门票价格也从

1981 年的 10.75 美元上升到 2014 年的 96 美元。然而，这种增长并非直线的，其中包含了多个波峰、波谷的周期性波动。每一次重大的产品更新和吸引力重构，都会迎来新一次增长，当增长到一定时期后，有可能增长乏力甚至衰退；然后，新一轮更新改造开始，主题公园又进入一个新的生命周期。迪士尼乐园正是通过不断的更新改造，保持长盛不衰。总体上，主题公园的生命周期具有几个特征：

第一，一次生命周期的持续时间较短，少则三五年，多则八九年，这与主题公园潜在市场规模、产品本身的吸引力以及运营情况有关；

第二，主题公园的生命周期可以通过产品的更新、改造以实现新的轨迹。通过产品和服务的更新，主题公园可以拥有新的吸引力和新的生命周期，从而持续经营；

第三，主题公园的生命周期中通常没有探查和参与阶段。主题公园开业当年一般迎来首期效应。市场追新求奇的心理使得公园开业前两年面临一个游客量的高峰期。从这个角度说，一个主题公园开业前两年经营绩效较好，并不能完全说明这个公园未来的可持续经营。

4.1.3 主题公园生命周期律的影响因素

主题公园的生命周期律受到一系列因素的影响，从而产生大的波动。

1. 首期效应

主题公园开业前两年通常会迎来首期效应，即游客量有显著的快速增长。首期效应持续的时间取决于潜在市场规模及其流动性、主题公园产品的吸引力和纵深、主题公园的品质和口碑，以及主题公园更新改造的节奏。一般而言，潜在市场规模越大，流动性越强，主题公园的初次游市场较大，首期效应持续的时间就越长。主题公园的产品吸引力强，类型丰富，首期效应持续的时间也较长。同样，主题公园的口碑好，改造节奏快，符合市场需求，那么首期效应通常也较长。

2. 更新、扩建与改造

更新、扩建和改造是影响主题公园生命周期的重要因素。主题公园产品和服务的更新、扩建和改造意味着主题公园新的吸引力调整，可能迎来新的细分市场或增加游客的重游率，从而导致游客量的增长，并维持在一定的水平上。同时，也要注意，新的更新、扩建和改造，也可能因为决策失误、定位不准、开发不当，导致吸引力衰退，加速主题公园的衰亡。

3. 区域产品竞合

主题公园的空间竞争状况，即是否存在空间的替代性和互补性的情况。新的主题公园的出现，会从空间上分割主题公园的客源市场，而主题公园内部新景区的开发会从总体上提高主题公园的竞争力。根据以上分析，在科学选址和准确定位主题的基础之上，主题公园生命周期的演化将主要取决于其产品的吸引力和日常的经营管理，而主题公园的空间竞争状况只不过是加剧了这一情况。

4. 政治经济环境

政治经济环境对主题公园的总体生命周期律也会造成影响。一般而言，一个发展相对成熟的主题公园，市场增长缓慢，高度依赖于重游率，如美国的大多数主题公园。那么国家或地区政治经济的景气情况很容易表现在主题公园的接待量上，反应较为敏感。然而，一个发展不成熟、市场增长迅速或波动较大的主题公园，其受到自身因素或非常规因素影响的可能性较大，其游客量波动很难完全归咎于政治经济的波动。

5. 旅游市场环境

各个主题公园的市场结构并不相同。一般而言，一个区域级或城市级主题公园主要面向 2 小时车程范围内的市场，特别强调这部分市场的重游率。如果主题公园发展相对成熟，吸引力较为稳定，那么该公园的市场结构（初游规模和重游率）保持相对稳定。当潜在市场人口增长、消费水平增长时，主题公园将迎来新的增长。因此，一个成熟市场的主题公园，受到市场环境影响较大。

需要指出的是，由于各个主题公园自身情况不同，所面临的环境差异较大，影响主题公园生命周期律的因素远不止上述这些，在实际规模和管理中，仍然需要具体问题具体分析。与此同时，生命周期理论目前仍备受争议，单一的游客量指标并不能完全反映主题公园的周期。一些主题公园尽管游客量下降，但单位游客的会增长（可能是门票上升或园内二次消费增长），总体收益会增长。仅凭游客量不能完全说明主题公园的生命周期。

4.2　锦绣中华 · 民俗村的生命周期解释

锦绣中华 · 民俗村的生命周期特征说明了外部因素的影响，见图 4-3。

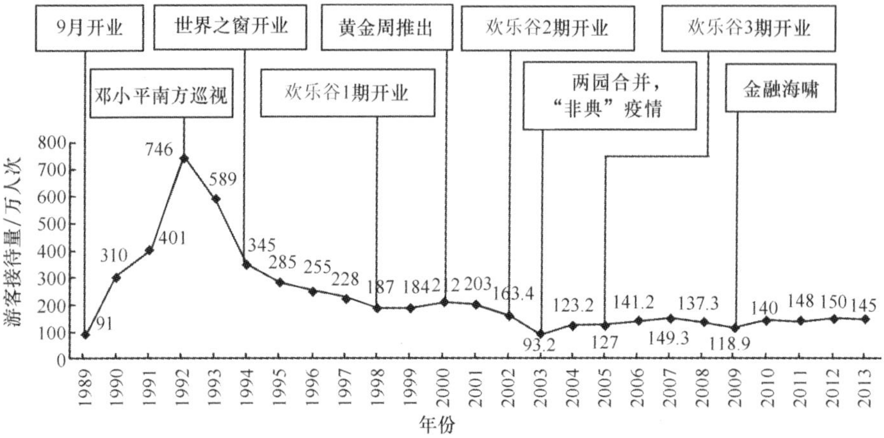

图 4-3　锦绣中华·民俗村接待量（1989～2013 年）

注：资料来源于深圳锦绣中华发展有限公司，此为两园合并后的游客量总和

锦绣中华于 1989 年 11 月 22 日正式开业，当年便接待游客 91 万人次，随后两年（1990～1991 年）迎来首期效应，1991 年中国民俗文化村开业，也迎来首期效应。1991 年，锦绣中华和中国民俗文化村两个景区游客量总和达到了 401 万人次。然而，从 1991 年开始，首期效应开始减弱，两个景区游客量增长相对放缓。1992 年，邓小平南方巡视，游览了锦绣中华，并在布达拉宫微缩景观前留影。随后，全国掀起了一波巨大的学习热潮，大量的政务、商务甚至境外游客争相到访锦绣中华和中国民俗文化村。1992 年当年，锦绣中华和中国民俗文化村两个景区创纪录地接待游客 746 万人次。在这一波游客量高峰后，锦绣中华和中国民俗文化村生命周期逐渐走向衰退。1997 年，两个景区的游客量维持在 228 万人次。

由于锦绣中华和中国民俗文化村后期缺乏有效的更新改造，原有产品和服务的品质下滑，吸引力减弱，加上周边世界之窗和深圳欢乐谷等主题公园的开业，锦绣中华面临激烈的市场竞争。1998 年深圳欢乐谷开业当年，锦绣中华和中国民俗文化村两个景区接待游客量跌破了 200 万人次，仅为 187 万人次。2003 年“非典”当年，游客量更是跌破了 100 万人次，仅为 93.2 万人次。也正是在 2003 年，锦绣中华和中国民俗文化村两个相继走向严重衰退的主题公园合并为一个景区①。合并后的锦绣中华·民俗村游客量一直稳定在 150 万人次以下，总体增长乏力。根据图 4-3 可知，由于缺乏有效的更新改造投入，锦绣中华·民俗村的旅游产品老化，吸引力大幅减弱，加上周边迅速崛起的主题公园，潜在市场有了更多的选择。根据主题公园生命周期规律，锦绣中华·民俗村发展必然走向停滞，

① 合并后的景区称为锦绣中华·民俗村。

如不抓紧更新改造，调整发展战略，将有可能进一步衰退。

4.3　深圳欢乐谷的生命周期解释

与锦绣中华不同，深圳欢乐谷则通过不断地更新、扩建和改造，适应新的市场需求，不断重构主题公园的吸引力，从而实现公园生命周期的延续，如图 4-4 所示。

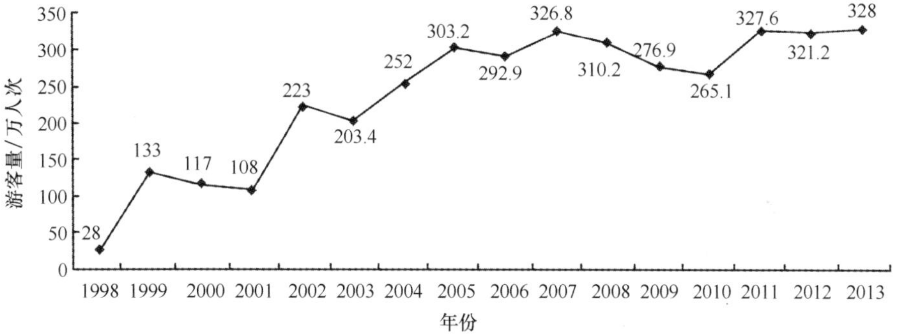

图 4-4　深圳欢乐谷游客量（1998～2013 年）

资料来源：深圳华侨城欢乐谷旅游公司

1998 年开业当年的深圳欢乐谷并不算成功。公园于 1998 年 10 月 1 日开业，当年接待游客仅为 28 万人次，远低于锦绣中华（11 月 22 日开业，当年接待 91 万人次）。1999 年深圳欢乐谷接待游客量为 133 万人次，远低于预期，首期效应并不显著。尽管在国内是一个新型主题公园，但其开发模式和理念尚不成熟，市场接受程度较低，加上产品定位不准确，产品纵深不足等原因，深圳欢乐谷一期开业后，迅速进入衰退，生命周期很短。2001 年，深圳欢乐谷一期接待游客量已经下降到 108 万人次。

2002 年 4 月 28 日，投资 8 亿元的深圳欢乐谷二期开业。园区在一期现有的五个主题分区（冒险山、玛雅水公园、欢乐岛、卡通城和欢乐广场）的基础上，增加了香格里拉森林、飓风湾、阳光海岸，加上季节性开放的玛雅水公园，园区游乐项目由 40 个增加到近百个。欢乐谷实现成功转型，由一个儿童游乐园转变为融参与性、观赏性、娱乐性、趣味性为一体的现代大型主题乐园。市场由面向 14 岁以下的青少年儿童群体，转为面向广大青年和家庭群体。2002 年当年，深圳欢乐谷接待游客量为 223 万人次，增长迅速，呈现显著的二期的“首期效应”。

从那一时期开始，深圳欢乐谷决定每年投入一定资金进行硬件设施、游乐项目更新、改造，保持景区常见常新。2003 年，投入近 5000 万元资金，建新改旧，成功推出国内首创的大型水上实景表演《欢乐水世界》，改造了西部影城，春节推出新版《地道战》，更换四维影片，新片《LEGO 赛车手》在亚洲首演。欢乐谷先后对入口平台、停车场、异度空间出口、金矿听音室环境、水公园整改工程等 22 个项目的改造，提升了景区环境品质。2004 年，投资 2000 万元，收购城市高架单轨列车项目欢乐干线，欢乐谷成为集海、陆、空三栖游乐于一身的现代大型主题乐园。2005 年，投资 5000 万元建设的欢乐谷三期，于 5 月 1 日推向市场，同时，玛雅水公园免费对外开放。园内主题区增加至 9 个，再加上高空单轨列车“欢乐干线”，游乐项目和各类表演项目达到 100 多个。增加夜场，欢乐谷由日间经营的主题乐园变为集日、夜两重娱乐于一体。2006 年，耗资 2000 万元打造、历经 2 年创作排练的大型当代都市剧《欢乐无极》于 10 月 1 日正式上演，该项目是继三期工程后的一项精品表演，项目把海派、京味与深圳特色高浓度地融合为一体，让人们体验在不同时空、不同历史中重叠的都市欢乐。同时，投资 1000 万元，以原“异度空间”为基础，引进了先进的声、光、电、影四维特效技术，将整个古海沟区域的项目进行整合，形成“灵异归来、考古营地、魔兽探密、异度空间”四大谜情组合项目，于 10 月 1 日正式对外开放。该项目填补了古海沟区域四年来的项目空白，为游客提供超值的游乐体验。

2005 年，深圳欢乐谷的接待量突破 300 万人次，达到 303.2 万人次，2007 年更是达到了 326.8 万人次的历史高位。限于发展用地和原有项目折旧周期的问题，深圳欢乐谷进一步更新改造难度加大。与此同时，香港迪士尼乐园、长隆欢乐世界等周边区域主题公园的开业，使得深圳欢乐谷的香港、广州等地市场进一步减少。深圳欢乐谷则主要依赖于深圳及周边地区市场，且重视重游率。在经历 2008～2010 年的衰退后，2011 年深圳欢乐谷五期开业，公园迎来新一轮增长。深圳欢乐谷五期是一个综合性的大型娱乐项目，集全新香格里拉雪域主题区、全新规划建设的玛雅水公园及全新创编大型都市综艺秀——《炫艺@天空》于一体，从美国、意大利等国家引进 10 余项世界最先进的游乐项目，更加适合年轻游客及合家欢市场的需求。从 2011 年到 2013 年，深圳欢乐谷的游客量基本稳定在 320 万人次以上，增长相对缓慢，市场较为成熟。

第5章 主题公园游客流：季节性特征

季节性（seasonality）是旅游活动的普遍特征，几乎所有景区和旅游目的地都面临旅游季节性的问题。大多数学者将旅游季节性波动看成是景区需要克服的一种障碍和困难（Lundtorp，2001；Butler，2001；陆林等，2002）。他们特别关注旅游季节性对旅游地的负面影响，且侧重于探讨淡季特征（McEniff，1992；Lockwood and Guerrier，1990；Snepenger et al.，1990），而不是旺季特征。由于主题公园多位于城市边缘区，投资规模大、更新费用高（保继刚，1994a），面临高门槛容量和设施容量的双重制约（梁增贤和董观志，2011），旅游季节性确实是主题公园经营需要面临的一个难题。主题公园可以通过关闭部分景点和设施、减少临时员工来应对淡季，却不太可能通过拒绝游客进入应对旺季暴涨的需求[①]。因此，研究主题公园旺季游客流规律，分析旺季的影响因素，对预测主题公园旺季需求和指导主题公园管理实践具有更为重要的意义。

5.1 研究进展

学术界普遍接受Butler（1994）的观点，将旅游季节性定义为旅游活动的暂时性波动，通过旅游吸引物的游客量、旅游花费、交通流量和就业量等进行衡量。在实际研究中，尽管有部分学者仍认为季节性并不一定是规律性的波动（Hylleberg，1992），但大多数学者赞同季节性（特别是自然因素影响下的）是一种规律性的波动（Butler，1994；Allcock，1989；Jang，2004）。

旅游季节性是各种因素在不同作用方式和强度下的综合表现。宏观层面，旅游季节性主要受到自然因素和制度因素的影响（Baron，1975；Hartmann，1986）。后来，Butler（1994）增加了社会压力或时尚、体育季节等影响因素；行业层面，主要受周边旅游目的地和景区的开发或更新的影响（Baron，1975）；企业层面，主要受周期性节庆活动和价格变化的影响。然而，学界仍不断提出各种影响因素，而原有的影响因素过于笼统，受到越来越多新的实证研究的挑战。如陆林等（2002）的研究认为，自然因素是造成以自然吸引物或自然-文化吸引物为特征的旅游地客流季节变化的主导因素，社会因素只是在自然因素形成的旅游季节变化的基础上产生叠加作用。而钟静等（2007）则通过对西递、周庄等历史文化村镇

① 2006年春节黄金周期间，香港迪士尼拒客风波给景区形象造成较大影响。

的研究，认为文化型旅游资源本身一般不会受到自然季节性影响，自然因素并不是其旅游季节性的主导因素。

类似影响因素类型的争议仍在继续，而各种影响因素的作用机制和效果也根据旅游地的类型和尺度的变化而变化。陆林等（2002）的研究表明了不同类型（海滨型和山岳型）的旅游地季节性影响因素存在差异。从空间上看，存在国家尺度（Koc and Altinay，2007）、省市尺度（陆林等，2002；李亚，2009）、目的地尺度（Jolliffe and Farnsworth，2006）、景区尺度（钟静等，2007；张朝枝和保继刚，2007；黄成林和周能敏，1997）的差异。从时间上看，大多数学者在探讨季节性时多采用月际数据（Koc and Altinay，2007），而年际规律性波动通常采用旅游生命周期理论阐释（保继刚和彭华，1995）；周际和日际波动规律往往采用游客流波动或游客流时间分异来解读（董观志和刘芳，2005；张朝枝和保继刚，2007），不同时间尺度的研究结论存在较大差异。

综上所述，一方面，旅游季节性的研究仍处于争论阶段，试图通过借鉴其他类型景区的研究结论指导主题公园旅游季节性的问题恐怕收效甚微。另一方面，由于主题公园研究的进入性较差，数据获取困难，很少有学者探讨主题公园季节性规律，而针对旺季这类周际和日际尺度的季节性研究更少，仅有保继刚（1996）、董观志和刘芳（2005）讨论过主题公园季节性的问题。本研究试图通过深圳华侨城案例，探索主题公园旺季游客流规律。

5.2 案例地说明和研究方法

5.2.1 案例地说明

深圳华侨城在1989年和1991年分别建成锦绣中华和中国民俗文化村，两个景区于1992年达到716万人次的接待高峰，随后又相继建成世界之窗和深圳欢乐谷。2005～2008年，三个景区[①]游客量规模相对稳定，基本维持在700万～800万人次（2007年为786.2万人次，2008年为694.5万人次），三个景区的发展进入了成熟阶段。

2010年，深圳欢乐谷和世界之窗游客接待量列亚太地区第11名和第13名，游客量分别增长8.9%和12.8%。深圳华侨城集团也因其旗下的主题公园2010年接待超过1930万人次，增长率高达22.2%，名列全球主题公园连锁集团的第8位[②]。因此，选择深圳华侨城主题公园景区，可以有效减少其他因素的干扰，

① 2003年元旦始，锦绣中华与中国民俗文化村合并为一个景区，后文统称锦绣中华。

② TEA/AECOM. The Global Attractions Attendance Report for 2010, Themed Entertainment Association (TEA), 2011.

具有典型性。

5.2.2 研究方法

笔者最早于 2009 年针对华侨城游客心理容量进行了游客问卷调查（调查结果并未用于本研究），并访谈了深圳华侨城股份有限公司和深圳华侨城欢乐谷旅游公司相关负责人，掌握了翔实的二手数据，如三个主题公园黄金周游客日流量、月流量、年流量报表和市场客源结构调查，若无特殊说明，本章所使用的数据均来自以上两家公司的相关统计①。为了遵守与企业达成的数据使用约定，本章仅直接展示游客年流量和黄金周周流量，其他数据的使用在不影响本章研究的情况下都进行了比例化处理或使用日际变动指数计算后展示。

本章用于测量主题公园三类黄金周内每天游客量变动规律的日际变动指数由张朝枝和保继刚（2007）通过借用马耀峰等（2001）月际变动指数修正而来。该指数的数学表达式如下：

$$W_v=\frac{\frac{1}{n}\sum_{j=1}^{n}x_{ji}}{\frac{1}{7}\sum_{i=1}^{7}\frac{1}{n}\sum_{j=1}^{n}x_{ji}}\times 100\%(j=1,\ 2,\ 3,\ \cdots,\ n)$$

式中，W_v 为黄金周内各天游客量的日际变动指数；X_{ji} 为黄金周内某日的游客量；j 为年度序数；n 为年度数(本研究抽取连续三年的数据)。以 100%作为基准值，连续多年黄金周内各日指数值愈趋向于基准值，说明黄金周内游客流日际分异较小；反之，则说明游客流日际分异较大。此外，本章还通过天气记录网(www.tqjlw.cn) 获取研究时段内各天的天气情况。

5.2.3 数据筛选

与国内很多景区旅游统计数据偏大的情况不同，深圳华侨城的各个景区分别采用一票制，数据基本反映实际情况。三个景区尽管相邻，但没有采用联票或通票，因而各景区旅游统计数据是相对独立的。此外，三个景区具有基本相同的区位条件。

为了更好地排除其他因素的影响，本章在研究黄金周游客流时间集中性时选取 2002～2007 年的数据；而在研究主题公园类型对黄金周游客流的影响以及黄金周周内游客流季节性特征时，较为谨慎地选取了 2005 年春节黄金周到 2007 年“十一”黄金周之间的数据。原因如下：第一，数据选取 2008 年 1 月 1 日新修改

① 书中所指的黄金周均为 7 天黄金周，其中“五一”黄金周为 5 月 1～7 日，“十一黄金周”为 10 月 1～7 日，春节黄金周为初一到初七（农历）。

后的《全国年节及纪念日放假办法》以及新出台的《职工带薪年休假条例》之前的数据，减少制度因素对历年数据可比性的影响；第二，从 2005 年开始，三个景区的游客量相对数和绝对数都保持稳定（图 5-1），避免了个别景区不规律波动影响到可比性。

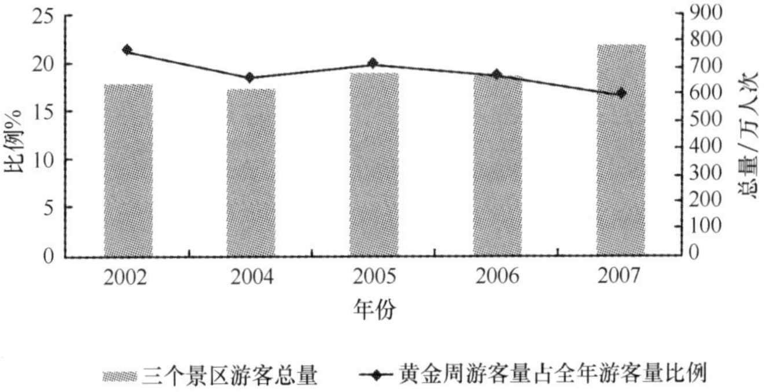

图 5-1　三个景区三类黄金周游客总量变化趋势图（2002～2007 年）

注：由于受到“非典”疫情影响，2003 年数据可比性较弱，故剔除，图 5-2、图 5-3 同

资料来源：华侨城集团旅游事业部

5.3　结果分析

5.3.1　黄金周游客流时间集中性

黄金周游客流的时间集中性通常以黄金周游客量占全年游客量的比例来衡量，比例越大，说明黄金周游客流集中性越大，淡旺季越分明，给主题公园经营带来的不利影响越大。学术界采用季节性强度指数来测度这种波动大小（张朝枝和保继刚，2007）。保继刚（1996）最早以锦绣中华和中国民俗文化村为例，指出两个主题公园淡旺季明显，但季节性强度指数比北京颐和园小，国内市场与境外市场季节性波动存在显著差异。实际上，主题公园游客流的时间集中性不仅小于园林景区，还小于黄山、衡山等山岳景区（陆林，1994），也小于西递、周庄等古村落（钟静等，2007）。原因主要有以下两个方面：

第一，主题公园多位于城市边缘区，主要面向 2 小时车程范围内的市场，经营上强调重游率。国外的经验表明，一个优秀的主题公园的重游率应高达 80%，一个成熟的主题公园至少要保持 40%的重游率（Wanhill，2005），而国内主题公园的重游率要低很多。目前，我国大陆入园人数最高的深圳欢乐谷也不过 40%左右的重游率。由于近程市场和重游客出游较为灵活，可以不选择黄金周出游。因此，主题公园黄金周游客流集中性较小。

第二，主题公园多选址在气候温暖的阳光地带，如美国奥兰多，澳大利亚的黄金海岸。深圳华侨城主题公园也位于气候适宜的华南地区，尽管部分水上项目受到冬季寒冷天气的影响，但基本一年四季皆可游玩。与此同时，三大景区都已进入相对成熟期，市场较为稳定，景区之间集聚开发客观上形成互补效应，增加了市场选择，扩大了主题公园市场。

本章的研究还进一步发现不同主题公园在不同黄金周的游客流时间集中性具有一定的差异和规律，见图 5-1～图 5-3。

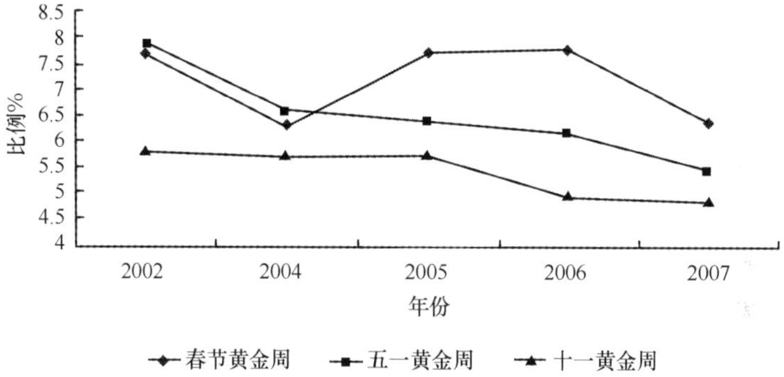

图 5-2　三个景区不同黄金周游客量占全年比例变化趋势图（2002～2007 年）

资料来源：华侨城集团旅游事业部

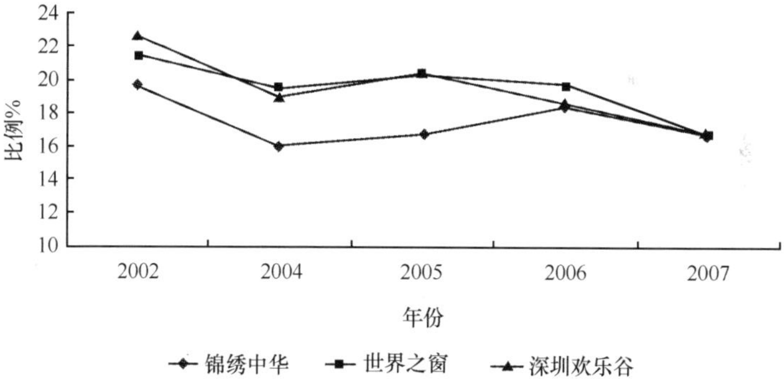

图 5-3　不同景区三类黄金周游客总量占全年比例变化趋势图（2002～2007 年）

资料来源：华侨城集团旅游事业部

1. 黄金周游客流总体时间集中性逐年降低

由图 5-1 可知，尽管深圳华侨城三个景区游客总量呈现逐年上升态势，从 2002 年的 640 万人次上升到 2007 年的 786 万人次，但黄金周游客总量占全年游客总量的比重却不断下降，从 2002 年的 21.4％下降到 2007 年的 16.7％，三个景区黄金周效应逐年减弱。这种下降趋势可以理解为三个景区中需求较为稳定、出游集中性较小、出游较为灵活的近程市场比例不断增加，重游率有所提升所致。与此同时，三个成熟景区的集聚效应逐渐释放，进入以市场结构调整为主的稳定发展期。这一现象说明，主题公园近程市场和重游市场比例增加，则黄金周游客流集中性降低。

2. 游客流时间集中性存在黄金周间差异

从不同黄金周看（图 5-2），三个景区总体游客流时间集中性存在显著差异。尽管有一定的小幅波动，但五一黄金周和十一黄金周游客量占三个景区年游客总量的比例呈现逐年下降趋势，分别从 2002 年 7.87％和 5.82％下降到 2007 年的 5.43％和 4.86％。相较之下，春节黄金周时间集中性表现出较大的波动。2004 年的春节仍受到“非典”疫情的影响，整体游客流较小；而其他年份春节黄金周所表现出较高的集中性是因为春节期间以短距离旅游为主，市民往往选择一些举办节庆活动、具有节日氛围的人文景区游览，而主题公园正好符合这一市场需求。

3. 游客流时间集中性存在景区间差异

从景区类型看（图 5-3），不同景区总体游客流时间集中性也存在显著差异。锦绣中华游客流的时间集中性最小，波动较大；世界之窗和深圳欢乐谷游客流的时间集中性基本相当，波动较小。这与主题公园的类型紧密相关。

5.3.2　主题公园类型对黄金周游客流的影响

主题公园根据不同属性可划分为不同的类型（保继刚，1997b)。如根据规模和市场吸引范围，将主题公园划分为目的地级、区域级、城市级和社区级(Clave，2007)；按内容划分，大致可以分为主题游乐类、影视娱乐类、海洋类(包括水公园)、动植物类、微缩景观和民俗文化类。当然，某些主题公园可能同时具有以上几种类型的特征。锦绣中华和世界之窗以微缩景观和演艺活动为内容，基本属于同类主题公园，但展示的文化有所差异；深圳欢乐谷属于主题游乐类，是目前主题公园发展的主流。三个景区不同黄金周游客量存在差异，见图 5-4。

在三个黄金周中，欢乐谷五一黄金周的游客量高于其他两个黄金周[①]，其中十一黄金周游客量最少。锦绣中华和世界之窗通常是在春节黄金周的游客量最大，十一黄金周的游客量最少。从绝对量看，世界之窗和深圳欢乐谷在春节黄金周的游客量相当，部分年份世界之窗还高于欢乐谷；锦绣中华的春节黄金周的游

① 2006 年除外，2006 年从 5 月 3 日开始降雨，严重影响了深圳欢乐谷室外项目的运营。

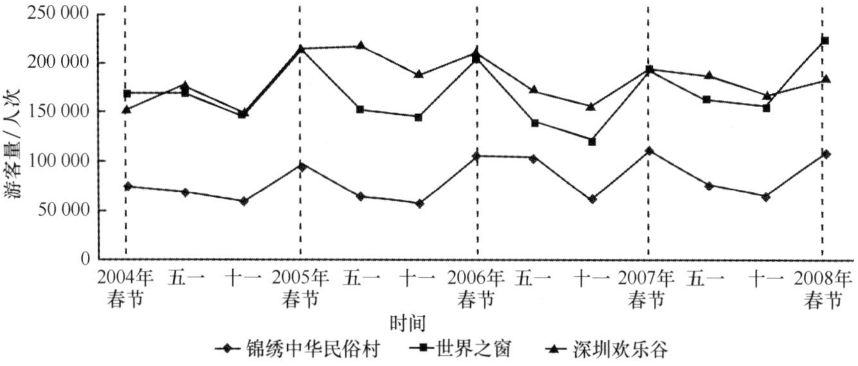

图 5-4　三个景区不同黄金周游客总量变化趋势（2004～2008 年）

资料来源：华侨城集团旅游事业部

客量相比于其他两个黄金周有较大幅度的增长；三个景区十一黄金周的游客量明显小于其他两个黄金周。

从市场结构看，保继刚（1996）比较了早期锦绣中华、中国民俗文化村和世界之窗的游客结构。1989～1994 年，锦绣中华、中国民俗文化村和世界之窗三大主题公园都以国内游客为主，国内游客比例一直保持在 80%以上，其中国内游客又以广东本省为主，而广东游客又以珠江三角洲地区为主。锦绣中华开业 5 年（1989～1994 年），国内游客占 83.6%，境外游客占 16.4%。中国民俗文化村开业 3 年多，国内游客占 83.59%，境外游客占 16.41%。世界之窗 1994 年开业 7 个月累计，国内游客占 89.94%，境外游客占 10.06%。十几年来，深圳华侨城主题公园已经进入成熟阶段，市场结构发生了较大变化。根据 2009 年由华侨城集团统一进行的三个景区游客抽样调查发现，深圳欢乐谷省内市场（主要为 2 小时车程范围内）占 97.5%，省外和境外市场所占比例极小；锦绣中华所展现的中国文化对传统节日市场和境外市场具有很强的吸引力，其省外和境内市场占到 43.2%，波动性较大，而省内市场主要是以深圳市及周边市场为主，占 56.8%，集中在传统节日出游；世界之窗以演艺活动和异国风情见长，其省内市场占 78.4%，主要为大城市及周边地区的外来务工者市场和企业团队，而境外市场也有 17.85%。

锦绣中华和世界之窗的主题文化价值较高，游乐节奏较慢，特别符合春节安定祥和的氛围，加上这两个景区在节日期间增加了节庆活动，形成浓厚的节日氛围，客观上促进了黄金周高游客量的形成。相较之下，欢乐谷在春节期间的吸引力相对下降，但仍保持较高的游客量。

不同类型主题公园黄金周周际游客流差异还受到气候因素的影响。影响主题公园的气候因素主要是气温、水温和雨天数，一般要求不少于 140 天的适宜天气

(Foden，1992)。气候因素对室外器械项目和水上项目影响比较大，我国北方大多数城市从 10 月中旬开始到 3 月初，气温较低，因此北方地区建设主题公园通常减少室外项目，增加室内项目。南方地区雨天数较多的城市也会减少室外项目。水上项目的设置比较谨慎，全国除了三亚以外，我国大多数城市只有五一到十一黄金周期间适宜开展水上活动。因此，包含水上项目的深圳欢乐谷在五一黄金周期间会吸引更多游客，而春节黄金周则相对冷淡。

十一黄金周游客量低于其他两个黄金周是三个景区的共同特征。一方面，十一并非传统节日，且社会活动较多，降低了锦绣中华和世界之窗的吸引力；另一方面，十一黄金周紧邻暑假和中秋，学生市场有所减少，而一些市民选择通过调休的方式增加中秋假期，减少十一假期，客观上降低了十一出游的集中性。

5.3.3　黄金周周内游客流季节性特征

张朝枝和保继刚（2007）以武陵源遗产旅游地为例，指出三类“黄金周”的游客流峰值日基本上都出现在假期中间时段。董观志和刘芳（2005）以深圳欢乐谷为例，研究非黄金周主题公园的周内变化，发现游客流峰值日是周六，谷值日是周二。本章选取 2005～2007 连续三年的黄金周数据计算各个黄金周平均日际变动指数（图 5-5），发现主题公园黄金周内季节性特征不同于上述研究结果。

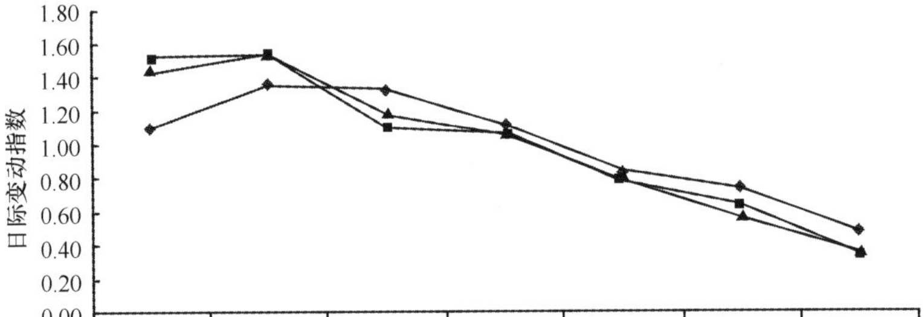

	第一天	第二天	第三天	第四天	第五天	第六天	第七天
春节黄金周	1.12	1.36	1.33	1.14	0.81	0.75	0.50
五一黄金周	1.53	1.54	1.12	1.04	0.79	0.63	0.35
十一黄金周	1.46	1.54	1.18	1.09	0.82	0.58	0.34

时间

图 5-5　华侨城景区三类黄金周总体日际变动指数

(1) 春节黄金周的峰值日出现在第二天或第三天，五一和十一黄金周的峰值日出现在第一或第二天，总体上看，黄金周的峰值日出现在假期的前半段，后半段游客量逐日递减，第七天最少，而且游客流高峰持续时间较短。春节黄金周峰值日稍晚一天归因于居民春节的休假习惯，大年初一（农历）或家人团聚或走亲会友，推迟了出游时间。主题公园紧邻市区，侧重于本地及周边近程市场（保继刚，1997b），深圳华侨城景区的主要市场一日便可往返，导致黄金周峰值集中在假期前半段。而张朝枝等人研究的武陵源，中远程游客比例较大，属于多日游目的地，游客从客源地到武陵源需要准备一两天时间，使得游客集中在黄金周中段出现。

（2）三个景区中，世界之窗的日际变动指数波动最大，见表 5-1。从三类黄金周看，世界之窗波动值分别为 1.03、1.37、1.32，分别高于锦绣中华的 0.86、1.05、1.21 和深圳欢乐谷的 0.73、1.16、1.10。因此，世界之窗较其他景区黄金周周内游客流更为集中。深圳欢乐谷春节黄金周和十一黄金周的日际变动指数波动最小，锦绣中华五一黄金周日际波动指数最小。这与各个景区的游客构成有关。通常，中远程市场波动较大，近程市场较为稳定。世界之窗对珠江三角洲周边地区市场具有较大吸引力，这部分市场属于中程市场，波动较大；深圳欢乐谷高度依赖于 2 小时车程范围内的市场，特别是深圳市场，波动较小；锦绣中华市场结构介于两者之间，境外市场也主要是以港澳等近程市场为主。不同的是，传统节日（如春节）期间，锦绣中华本地市场比重上升，因而波动较小。

表 5-1　三个景区三类黄金周总体日际变动指数波动值比较

类别	锦绣中华民俗村			世界之窗			深圳欢乐谷		
	最大	最小	波动值	最大	最小	波动值	最大	最小	波动值
春节黄金周	1.34	0.48	0.86	1.47	0.44	1.03	1.29	0.56	0.73
五一黄金周	1.57	0.52	1.05	1.62	0.25	1.37	1.52	0.36	1.16
十一黄金周	1.59	0.38	1.21	1.60	0.28	1.32	1.47	0.37	1.10

注：波动值＝最大日际变动指数－最小日际变动指数

（3）三个景区黄金周日际变动指数的曲线形态基本相似。因此，不同类型主题公园黄金周周内游客流波动趋势基本一致，主题公园周内游客流波动趋势与公园类型无关，可能与宏观假日制度和国民休假习惯有关，这是值得进一步研究的问题。

5.4　结论与讨论

关于深圳华侨城三大主题公园景区游客流的季节性研究可以得到以下几点结论：

（1）主题公园游客流的时间集中性较低，这主要归因于主题公园高度依赖于近程市场和重游客，而案例地深圳华侨城四季适宜的气候和集聚效应也对此造成一定影响；与此同时，深圳华侨城三个景区的黄金周市场整体集中性逐年下降，且存在不同黄金周间和景区间差异。近程市场和重游市场比例增加的主题公园的黄金周游客流集中性逐年降低。

（2）不同类型主题公园具有不同的市场结构和气候要求，其黄金周游客流波动存在明显差异。中远程市场比例大的主题公园旺季游客流波动大；人文氛围较高的主题公园受到传统节庆市场青睐，如锦绣中华和世界之窗；而拥有较多室外项目和水上项目的主题公园容易受到天气的影响，如欢乐谷。

（3）主题公园黄金周的峰值日出现在假期的前半段，后半段游客量逐日递减，第七天最少，且游客流高峰持续时间短。不同类型主题公园黄金周周内游客流波动趋势基本一致，主题公园周内游客流波动趋势与公园类型无关。总体上，不同类型主题公园黄金周周际游客流季节性差异较大，而黄金周周内游客流波动差异较小。

从旅游季节性的理论上看，本研究的结论提出两点值得探讨的问题。第一，主题公园属于人文景区，接近钟静等研究的“文化型旅游景区”（钟静等，2007），但主题公园季节性仍受到气候等自然因素的较大影响。这为旅游季节性影响因素的作用机制和效果提出了新的证据。第二，关于周内（主要指黄金周）峰值日研究目前可能呈现一定的规律，与旅游地的主要市场结构密切相关（表 5-2）。

表 5-2 黄金周内峰值日一般规律

类型	近程一日游旅游地	近程多日游旅游地	远程一日游旅游地	远程多日游旅游地
规律	峰值日出现在前半段，峰值时段较短	峰值日出现在前半段，峰值时段较长	峰值日出现在中间，峰值时段较短	峰值日出现在中间，峰值时段较长

第一，主要面向近程一日游游客的旅游地，其黄金周的峰值日主要集中在假期的前半段，且游客流高峰持续的时间比较短，一般为 1～2 天，如深圳欢乐谷。

第二，主要面向近程多日游客的旅游地多为城市周边的山地、温泉或综合度假区。这类度假区通常有丰富多样的旅游活动和设施，酒店种类多样，其黄金周峰值日出现在假期的前半段，且游客流高峰持续的时间比较长，一般为 2～3 天。

第三，主要面向远程一日游游客的旅游地，由于主要市场人群到达旅游地需要准备 1～2 天的时间，因而黄金周的峰值日出现在假期的中间阶段，且游客流高峰持续的时间比较短。

第四，主要面向远程多日游客的旅游地，通常是一些知名度较高、景观和活动内容丰富、旅游线路成熟、设施容量较大的旅游目的地。这类旅游地的黄金周峰值日出现在假期中段，游客流高峰持续时间比较长，通常为 2～3 天，如湖南张家界（张朝枝和保继刚，2007）。

上述一般规律的总结仅限于一般情况，不排除由旅游地节庆活动的安排、突发事件的发生、宗教活动的举行、天气变化以及其他人为因素导致的黄金周峰值日不规律现象。

对深圳华侨城主题公园季节性研究结论的一般性宜保持较为谨慎的态度。一方面，旅游季节性的研究尚处于争论阶段，一两个实证研究恐怕难以获得普适性规律；另一方面，深圳华侨城是一个发展相对成熟的主题公园景区，而在实践中，我国大多数主题公园都存在较为严重的经营问题，游客流变化大，很难发现较为规律的季节性特征，因而理论在指导实践时仍需因地制宜。

第6章　主题公园市场评估：收入达标市场模型

6.1　引　　言

主题公园市场评估是旅游市场研究的一个重点，而游客流的稳定持续是主题公园获得良好经营收益的保障，周边人口规模与时间距离是主题公园选址的重要尺度。与其他许多类型景区不同，主题公园高度依赖于周边市场，且十分强调周边市场的重游率。因此，在主题公园旅游者行为研究中，重游旅游者是最有价值的细分市场。吸引重游旅游者成为主题公园市场运营的关键所在，能有效地减少旅游营销费用。这些都为主题公园整合创新、挖掘潜力、保持主题公园持续稳定的游客流提供了新思路。

然而，上述主题公园市场研究的关键议题并未得到学界和业界的广泛关注，甚至被业界普遍误用，生搬硬套国外现成参数。还有一部分学者直接借用其他领域或其他景区的市场规律来解释主题公园市场，缺乏主题公园行业内的案例研究，更缺乏对中国主题公园市场基本参数和评估方法的认识。由此产生的一系列判断和评估结论是存在严重问题的。

在中国，主题公园市场研究必须放置在一个宏观的消费转型背景之下探讨，用消费转型的视角来回应主题公园市场的大起大落。“八项规定”出台以来，中国旅游市场和旅游消费面临重大转型。以城市中产阶层为核心的家庭消费逐渐成为中国主题公园市场中稳定且逐步增长的一部分。中国主题公园的总体消费特征向大众化、日常化转变，主题公园消费逐渐成为许多居民日常生活的一部分。然而，现有的研究对这部分的大众化消费人群的特征了解不多，同时，对促使这种大众化消费形成的消费工具了解也较少。要在实际经营中运用或者是理论提升到可供推广借鉴，依然存在一些问题需要解决，主要表现在：

第一，通过人口数量来预测主题公园的市场规模是不全面的。大部分市场需求预测都从一个国家、一个地区的人口总量规模来进行，或是以客源地常住人口作为旅游需求市场预测的基数是不够确切的，将周边人口都同等看待，将导致预测存在很多偏差的因素。既然研究表明游客和区域经济水平是影响主题公园发展最重要的两个因素，本章探讨将人口因素结合经济水平，试图找出主题公园的合格市场人群，并发现其市场特征。

第二，城市居住人口或者主题公园市场范围内的人口并不都是主题公园的潜在市场，简单通过常住人口规模测算主题公园的潜在市场规模是不合理的。与此同时，业界普遍借用的美国合格市场标准并不符合中国情境。合格市场并不都是主题公园的潜在客源，两者之间应该有一个渗透率的指标。由于中国和美国主题公园市场渗透率不同，直接应用合格市场测算必然导致错误。

第三，现有的旅游需求预测多侧重于国家或者区域层面，利用庞大的统计数据和复杂的经济模型对未来需求进行预测。而在景区层面，如主题公园的预测研究相当少见。对主题公园的一、二、三级市场拥有多少合格人群，合格人群中会有多少转化为主题公园的入园人数的案例研究，将会对主题公园的旅游需求和市场规模预测提供有益的方法和理论补充。

从世界主题公园市场总体情况来看，可以总结几点与旅游市场相关的特征，同时印证保继刚（1995）和 Milman（2001）先后提出的影响主题公园发展最重要的因素是游客以及地区经济发展水平的研究结论。

首先，成功主题公园拥有的布局共性，要么地处巨大的本地居民市场，如东京、汉城的公园，以本地客源市场为主导；要么拥有巨大的旅游市场，如新加坡，我国香港、台湾等旅游目的地，主题公园的主题定位刚好与旅游地形象匹配，便可获得集聚效应；或两者兼而有之，如南加利福尼亚州和佛罗里达州。总之，主题公园要成功，必须依赖一定的市场规模，即稳定的游客流。

其次，市场区域内的收入达标市场规模可用来衡量主题公园发展的水平。主题公园所处地区的经济发展动力和水平，决定了该区域收入达标人群的规模。拉美主题公园市场的欠发达就是由于收入达标人群不足。而亚洲市场的兴起，特别是中国大陆成为主题公园增长的亮点，则是因为经济的持续高速发展，使得收入达标人群呈现中长期的增长态势。

最后，北美主题公园市场多依赖本地游客，因为北美的主题公园分布较为均匀；而亚洲的主题公园目前还没有普及，所以除了城市本地市场，还会有乡村进入城市的部分市场。随着主题公园在亚洲的布点和建设，可以预测主题公园市场的区域性会越来越显著。

因此，本章提出收入达标市场的概念，以替代美国主题公园潜在市场测算中普遍使用的合格市场概念，以更加符合中国实际情况的标准测算主题公园潜在市场规模及其消费能力。

6.2　主题公园的收入达标市场评估方法

6.2.1　收入达标市场的解释和识别方法

本章提出的主题公园的收入达标市场，是用以评估在一定市场范围内有能力承受某一主题公园消费水平的人口规模，这一市场规模决定了主题公园的市场接受能力、消费水平。对某一市场范围内收入达标市场的识别，能够更准确地预测主题公园在这一市场范围的潜在市场规模和消费能力，从而为主题公园的布局、投资规模、设计容量、经营管理等工作提供更合理的安排。

当前，识别收入达标市场的方法主要有两种。

方法一，按照美国经济事务研究所（ERA）为我国某大城市建设主题公园的可行性研究报告[①]中提供的方法：以主题公园人均消费水平，按家庭人口，换算为每一个家庭到访一次主题公园的开支，然后依据主题公园消费所占家庭年收入的比例参数，计算出一个家庭一年游览主题公园至少一次所要求具备的最低家庭年收入标准。如以人均每日在主题公园消费 40 美元的消费水平为例计算，得到家庭年收入达标的最低要求，如表 6-1。

表 6-1　家庭年收入达标要求的计算

人均每日在主题公园消费/美元	三口之家每日开销/美元	占全年收入的最大比例/%	最低家庭年收入达标要求/美元
40	120	1.2	10 000
40	120	1.4	8 571

注：根据该报告中美国经济事务研究所的测算方法和设定的比例参数推算

这里有一个重要的参数设定，即人们通常会将家庭年可支配收入的一定比例用于举家游玩主题公园的消费。表 6-1 中给出了两个值，这两个值的设定是 ERA 根据欧美主题公园行业多年的调研数据统计分析后得到的，在欧美使用时通常取值 1.2%～1.4%，实际运用时会根据具体市场条件进行适当的修正。这个假设参数值的合理性，直接影响收入达标标准的设定。然而，根据对中国主题公园发展的观察，这个值本身具有复杂性，对于部分群体而言，这个值可以非常高，但不可持续和重复出游。

方法二，根据居民的人均可支配收入和人均消费开支中休闲娱乐消费比例，得到休闲娱乐花费，再与主题公园的消费水平比对，推测出主题公园收入达标人群的人均可支配收入要求。由此产生两个问题：一是主题公园可能只是居民休闲娱乐消费中的一部分，用此比例来推算，比例偏大，会导致收入达标线被低估；二是居民也可能减少别的消费，来支付主题公园的开支，这意味着收入未达标的人群也有可能到访主题公园。同时，我们也应该看到，主题公园内部消费及其关联消费很多，一次出游可能同时产生多种类型消费，难以简单化约为主题公园消费。

在使用收入达标市场用以测算主题公园潜在市场规模时，需要谨慎对待地方的消费文化差异和地区经济发展差异。收入达标市场受主题公园的消费变化、不同的市场区间的差异影响，将会呈现如下特征：

第一，主题公园的消费水平在评估市场的经济承受力及预测主题公园客流量

① 为保护企业隐私，故匿名。

方面是一个极为重要的因素。主题公园的消费水平是指到一个主题公园内的必须开支，包括门票和园内消费，是进入门槛。消费水平变化，市场收入达标的标准就会变化；消费水平越高，收入达标的标准要求就越高，能够识别到的收入达标人群就越少。

第二，旅游市场是分区间的，在不同的市场区间里人们的收入有城乡差异、地区差异，对主题公园的经济承受能力也不尽相同。因此，在主题公园消费水平设定的前提下，虽然收入达标的标准要求是固定的，但不同的市场区间达到收入达标的市场规模是不一样的，即不同的市场区域会有不同的市场收入达标率。经济发达地区的市场收入达标率会高于欠发达地区。

6.2.2　美国主题公园收入达标市场评估方法

国际旅游景区和主题公园协会（International Association of Amusement Parks and Attractions，IAAPA）曾做过一项关于美国主题公园游客的消费调查。调查结果表明：1999 年，在过去的一年中平均有 33%的美国家庭曾游览一家主题公园。其中，家庭年收入水平在 15 000 美元以上的占了市场的 82%，他们曾经游览过一座主题公园的比例超过平均值，对主题公园具有经济承受能力。数据统计显示，主题公园的访问率随着收入的提高而大幅增加，然而，当收入增长到一定阶段后，主题公园到访率又将趋于稳定，增长放缓。在美国只有 6%的家庭年收入在 7500 美元或以下，属极低收入阶层（以 40 美元的消费标准，三口之家的主题公园游览费用已经超过他们家庭收入的 1.6%以上，被认为非收入达标市场），见表 6-2。然而，即使这部分所谓非收入达标市场，仍有 14%的家庭曾经到访过主题公园，说明即使收入未达标的人群也会去主题公园。主题公园的客流量与家庭年收入相关，但也会有特例。在收入达标的市场中，影响主题公园访问量的就是其他别的因素，例如公园游乐方式的吸引力、游客的偏好、天气条件等。

表 6-2　美国主题公园游客收入分布

美国家庭年收入水平（占美国家庭数比例）	曾游览过一座主题公园比例/%
少于 7 500 美元（6%）	14
7 500～15 000 美元（13%）	22
15 000～30 000 美元（22%）	34
30 000～50 000 美元（23%）	37
50 000～75 000 美元（18%）	35
75 000 美元以上（19%）	35
总体平均	33

资料来源：国际旅游景区和主题公园协会《美国主题公园游客的消费调查》（2000）

6.2.3 中国主题公园收入达标市场评估方法

美国主题公园的成人票价为42～45美元[①]，而美国2001年平均家庭收入在55 000～65 000美元[②]，考虑家庭的规模，人均收入也达到21 000～25 000美元，主题公园的消费占年均人均收入的0.73%。而在中国，深圳欢乐谷2001年票价为90元，而当年的深圳居民家庭人均可支配收入为21 577.24元，欢乐谷的消费占日均人均收入的1.52%；到了2011年，深圳居民人均可支配收入为36 505.04元,深圳欢乐谷的门票为180元，欢乐谷的消费占日均人均收入的1.8%。由此可见，相对于国外的主题公园，我国主题公园属于高门票、高消费。此外，因为主题公园的成功要依赖稳定的游客量，其中80%的客源来自本地市场，所以主题公园希望获得客流量，其客源市场上是否拥有足够规模的对公园有消费承受力的收入合格人群是必要的前提条件。

中国主题公园人口基数大、地区发展不均衡。在对主题公园进行经济收益可行性分析时，如果只是基于自然人口来预测游客流量，会出现预测结果过于乐观情况，从而对政府和投资者造成误导，在公园选址、建设规模上都会出现错误判断，导致公园开业后的经营不善和失败。而布局在北京（京津地区）、上海（长江三角洲）、深圳、广州（珠江三角洲）的主题公园相对比较成功，也与这三个区域的经济发展活力较高、收入达标人群基数相对较大有关。保继刚的研究将地区的经济发展水平作为影响主题公园发展的第一位因素，从而推论出影响中国主题公园成功的第一障碍是收入水平（保继刚，1997b）。

为了避免主题公园游客量预测基数的偏大问题，使用收入达标市场和市场收入达标率等概念来进行修正，以更合理地评估主题公园的市场需求和客源市场的规模，使得主题公园的投资决策更为科学。

与此同时，在使用收入达标市场这一指标时仍需要注意：第一，并不是全部收入达标人群都是主题公园的目标客户，满足收入达标标准，这只是一个必要非充分条件。两者的转化还与主题公园的吸引类型、吸引力，以及旅游者的旅游动机、偏好等相关。具体的转化，还涉及市场渗透率的研究。市场渗透率要保持一定水平，就需要市场的重复旅游者来补充。第二，跟美国的情况一样，国内收入未达标人群也并非完全不是主题公园的客源，他们占多大的比例，在什么情况下会转化，有什么样的特殊背景或特征，这都是对主题公园市场规模研究有益的深化。

---

① 此为2001年时的价格水平。

② ERA《北方某大城市影视主题公园的可行性研究》（2002）。

6.3　中国主题公园的收入达标市场评估

主题公园的客源市场，按照市场区间划分可分为本地居民市场和旅游市场；按照客源地到达目的地的距离和时间可分为一、二、三级市场；也可以按照社会人口特征，划分年龄、学历、职业、收入等。为了数据的可获取性，这里以主题公园所处的城市为基准将客源市场区间划分为四个层级：市内市场（以本地居民为主，到达主题公园的车程在 1 小时以内）、省内市外市场（以周边短途旅游者为主，到达主题公园的车程在 3 小时以内）、省外市场和境外市场。

本节以深圳华侨城的主题公园为案例进行讨论。以其早期开发的锦绣中华、民俗文化村及世界之窗来考察 20 世纪 90 年代的情况，以欢乐谷系列公园考察 2000 年以后的情况，并进行对比，尝试找出中国主题公园收入达标市场年代变化的差异和发展趋势。

6.3.1　深圳华侨城游客量的年际波动特征

香港中旅集团和华侨城集团在 20 世纪 90 年代前后，分别投资兴建了锦绣中华、民俗文化村和世界之窗，在深圳湾畔构建起一个主题公园群落，主题涉及中国和世界的自然景观、文化风俗等。锦绣中华是国内第一家现代主题公园，于 1989 年 9 月建成开业。开业当年 4 个月就接待了 91.26 万人次，第一个完整的经营年度接待了 310.24 万人次，在 1990 年有 6.01％的下滑后，1992 年创造了 314.69 万人次的记录，这是锦绣中华开业 20 多年来的最高记录。民俗文化村和世界之窗分别于 1991 年 10 月和 1994 年 6 月开业。从三家公园开业各年份的入园接待量的变化曲线，可发现一个共同的特点是，各家公园开业后第一个完整的经营年度都是该公园历史上入园量最高的年份，之后 3～5 年人数逐年下降，然后到达一个相对稳定的接待水平，如图 6-1。这里的曲线变化情况，要排除 2003 年“非典”和 2009 年全球经济危机对旅游业的影响；世界之窗在 2011 年前后较大幅度的提升则是由于有“世界大学生运动会”的带动。入园人数变化趋势的惊人相似是 20 世纪 90 年代的一个特点。

深圳欢乐谷在 1998 年 10 月开业，随后北京欢乐谷、成都欢乐谷、上海欢乐谷分别在 2006 年 6 月、2009 年 1 月、2009 年 8 月开业。图 6-2 表明，四地欢乐谷开业各年份入园人数的变化曲线，与 20 世纪 90 年代初期开业的主题公园呈现了不同的变化趋势。第一个完整经营年度不再出现峰值，开业的火爆效应减弱，表明市场对主题公园的态度更趋于理性。从曲线的变化看，主题公园的市场导入期、成长期、稳定发展期区分得更为明显。

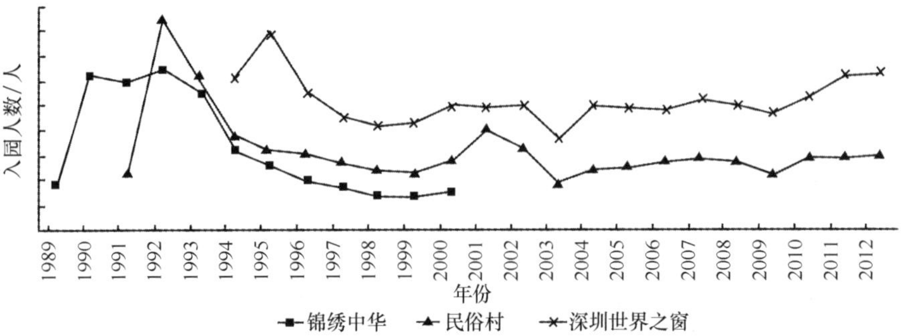

图 6-1　华侨城主题公园开业各年份入园人数的变化曲线（1989～2012 年）

注：这里隐去具体的入园人数，仅从年变化趋势来分析。锦绣中华与中国民俗文化村在 2000 年后合并为一个公园运营，经营数据不再分开

资料来源：华侨城集团旅游事业部

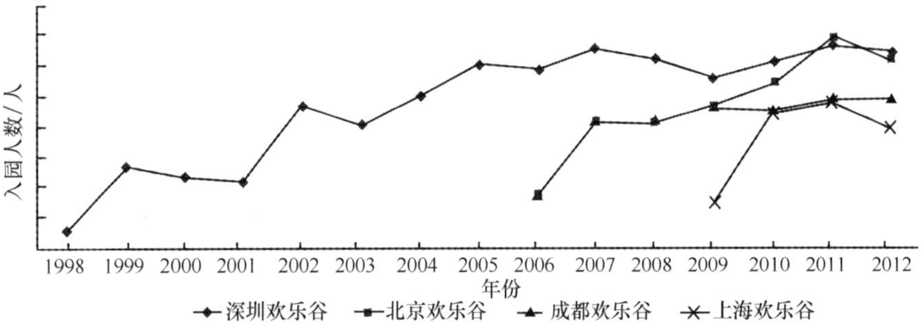

图 6-2　四地欢乐谷开业各年份入园人数的变化曲线（1998～2012 年）

注：这里隐去具体的入园人数，仅从年变化趋势来分析

资料来源：华侨城集团欢乐谷事业部

尽管其他欢乐谷开业时间尚短，但是其入园人数的年变化趋势也与深圳欢乐谷类似，并有别于其他早期开业的主题公园。进入 21 世纪后，主题公园的发展都经历了在区域市场中的导入期、培育期，再逐步提升，到达一个相对高的水平再稳定维持。主题公园短期内达到较高的接待水平并短期回收投资成本的奇迹，几乎很难再现。同时，由于竞争的存在，要保持公园的持续经营，还必须保证不断再投入更新改造，以保持公园的市场吸引力和竞争力。两个年代主题公园不同生命周期的入园人数呈现不同的变化规律，一定程度上反映了主题公园在不同年代有不同的市场特征。这种差异可从收入达标市场规模年代变化来解读。

6.3.2　华侨城主题公园收入达标市场的年际变化

20 世纪 90 年代的情况，本章以 1992 年为例来考察。这一年是锦绣中华开业后游客量最多的一年，达到 314.69 万人次。游客构成以国内旅游市场为主，1992 年的国内游客占总数的 86.29%，境外游客占 13.71%。当时门票为国内游客平日 20 元、节假日 25 元（保继刚，1994a）。

按照深圳统计部门发布的数据，1992 年深圳城镇居民常住人口为 260.9 万人，其中户籍人口占 30.7%，80.22 万人；暂住人口占 69.3%，180.68 万人。年人均可支配收入（税后）为 5783.28 元，年人均消费性支出为 5034.48 元，其中用于"旅游"的开支仅有 2.25%。换句话说，1992 年深圳城镇居民每月用于"旅游"的人均消费为 9.46 元。

由 1992 年对不同收入水平家庭人均年消费情况的调研（表 6-3）可知，低收入户和最低收入户两档家庭年人均旅游消费都没有达到 20 元。如果仅以门票作为锦绣中华的进入门槛消费，则这两档家庭（占总抽样家庭的 20%）属于主题公园的收入未达标人群。尽管不同收入水平的家庭消费性支出差异大，考虑到常住人口中 69.3%为暂住人口，他们以外来务工者为主，从事建筑、服务等较为基础的行业，收入普遍偏低。由此推断，1992 年深圳本地市场对门票为 20～25 元的锦绣中华不具备经济承受能力的常住居民应该远远高于总人数的 20%。

表 6-3　深圳不同收入水平家庭年人均旅游消费的支出比例（1992 年）

项目	总平均	最低收入户 10%	低收入户 10%	中等收入偏下户 20%	中等收入户 20%	中等收入偏上户 20%	高收入户 10%	最高收入户 10%
年人均消费性支出/元	5034.49	2559.46	3304.03	4351.70	4673.08	6188.31	7682.14	7878.52
年人均旅游消费支出/元	113.49	19.20	10.42	43.42	62.04	201.99	394.14	157.83
旅游支出占比/%	2.25	0.75	0.32	1.00	1.33	3.26	5.13	2.00

注：其中统计局抽样 600 户家庭，按相对收入不等距七组分组统计
资料来源：《深圳统计年鉴（1993）》

再考察不同收入人群旅游消费占总体消费性支出的比例，从 0.32 到 5.13% 不等，总体呈现收入越高，旅游消费支出就会越高的规律；但也有特例，最低收入户在旅游娱乐支出上反而比低收入户要高，低收入则把开支投入到家庭设备、医疗保健和教育上①。同时，最高收入户的消费性支出并不比高收入户高很多，旅游的消费也较少。

进一步比较同期北京和上海的数据，1992 年，北京城镇居民年人均可支配

① 根据 1993 年深圳统计年鉴中居民消费性支出构成明细表。

收入为 2363.68 元，人均消费性支出是 2134.65 元，其中人均旅游消费支出为 22.32 元，分别占人均可支配收入和人均消费性支出的 0.94%、1.05%。根据表 6-4，对于 20 元的主题公园消费，只有到达“中等收入”家庭的收入水平才具有公园消费承受力；若按 25 元的消费标准，则要“中等偏上”层级及以上的家庭才能承担。同期的北京世界公园门票为 40 元，则与“高收入户”在旅游消费的年人均开支 37.92 元都存在距离。

表 6-4　北京不同收入水平家庭年人均旅游消费的支出比例（1992 年）

项目	总平均	低收入户 20%	中等收入偏下户 20%	中等收入户 20%	中等收入偏上户 20%	高收入户 20%
年人均消费性支出/元	2 134.65	1 520.60	1 899.82	2 096.26	2 423.36	2 863.27
年人均旅游消费支出/元	22.32	10.44	16.32	23.64	25.32	37.94
旅游支出占比/%	1.05	0.69	0.86	1.13	1.04	1.33

注：统计局抽样 1000 户家庭，按相对收入等距五组分组统计

资料来源：《北京统计年鉴（1993）》

上海城镇居民年人均可支配收入为 3009.12 元（图 6-3），人均消费性支出为 2509.44 元，其中人均文化娱乐支出为 17.88 元，分别占人均可支配收入和人均消费性支出的 0.59%、0.71%。按照 20 元消费算，根据表 6-5，只有从“中等偏上收入”的家庭开始才算主题公园的收入达标人群。

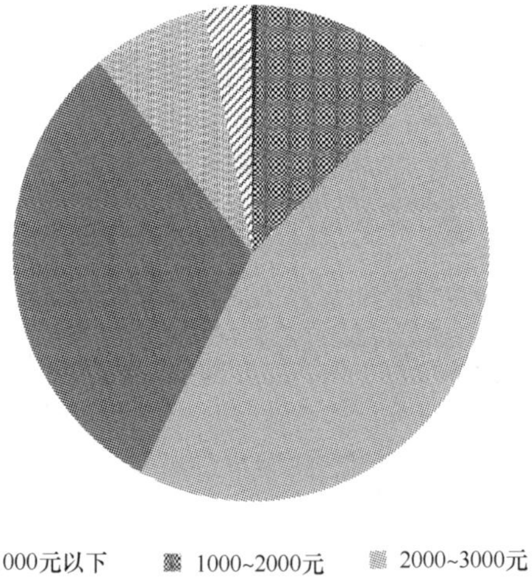

图 6-3　上海城市居民家庭不同人均收入的分布（1992 年）

资料来源：《上海统计年鉴（1993）》

表 6-5　上海不同收入水平家庭年人均文化娱乐支出比例（1992 年）

项目	总平均	最低收入户 10%	低收入户 10%	中等收入偏下户 20%	中等收入户 20%	中等收入偏上户 20%	高收入户 10%	最高收入户 10%
年人均消费性支出/元	2 509.44	1 617.24	1 942.92	2 184.72	2 508.84	2 915.04	3 226.68	3 416.52
年人均文化娱乐支出/元	17.88	7.44	12.48	13.09	19.08	21.96	25.92	29.52
文化娱乐支出占比/%	0.71	0.46	0.64	0.60	0.76	0.75	0.80	0.86

注：统计局抽样 500 户家庭，按相对收入不等距七组分组统计

资料来源：《上海统计年鉴（1993）》

据上海当年公布的不同收入阶层分布数据，中等偏上收入家庭的年人均消费性支出接近 3000 元，占总人口的 42.2%，即可推算出上海 1992 年对于 20 元门票消费的主题公园，市场收入达标率为 42.2%。

从三地的人民生活统计数据分析（表 6-6），20 世纪 90 年代初，市场对主题公园的消费承受力是不足的。收入达标的标准要达到各地的中等收入水平以上。而锦绣中华 1992 年要获得 271.54 万人次的国内游客，游客中一定既有收入达标人群，也有相当规模的收入未达标人群。

表 6-6　三地年人均旅游消费支出的情况（1992 年）

城市	年人均可支配收入/元	年人均消费性支出/元	年人均旅游消费支出/元	旅游消费占人均可支配收入比/%	旅游消费占人均消费比/%
深圳	5 783.28	5 034.48	113.49	1.96	2.25
北京	2 363.68	2 134.65	22.32	0.94	1.05
上海	3 009.12	2 509.44	17.88	0.59	0.71

资料来源：根据《深圳统计年鉴（1993）》、《北京统计年鉴（1993）》、《上海统计年鉴（1993）》整理计算

收入未达标市场也会成为主题公园的游客，而且数量还不少，这是与之前分析过的欧美市场所不同的。原因之一，保继刚就曾提出过解答，他认为锦绣中华 1992 年游客的增长，得益于紧邻的民俗村开业带来正的集聚效应，以及邓小平南方视察带动的全国各省市学习考察的公务游（保继刚，1994a）。这个观点恰好解释了在收入达标人群不足的条件下，为何还有大量的游客到来，部分游客并非

自己出资也是原因之一。

据与锦绣中华当年市场部负责人的访谈，他认为：“锦绣中华开业后，深圳作为改革开放的前沿和示范区，在特殊的历史条件下，锦绣中华的国内游客中有20％～30％的游客为非自费的旅游行为。”（原锦绣中华市场部负责人，现为上海欢乐谷市场总监）

另外一位长期在华侨城从事旅游管理的中层管理人员也回忆说：“当时锦绣中华一天就会用掉20～30本发票，平均每隔10天，就会有一位党和国家领导人、国外政要或名流到访锦绣中华。”（曾任90年代华侨城旅游部副总，锦绣中华总经理，现为旅游事业部副总经理）

这些信息从一个侧面反映当时锦绣中华的公务消费情况。这个比例到1992年达到高峰，随后有所回落，直到2000年才比较符合市场规律。

由此可见，20世纪90年代是一个特殊的市场时期，一方面是各地主题公园收入达标市场规模都很小，另一方面又存在大量的非自发的但消费能力较高的公务考察行为。虽然锦绣中华取得开业一年多就收回投资、创造了50％以上的利润率等骄人业绩，但是其成功是特殊案例（保继刚，2005）。就游客流而言，锦绣中华以特殊的区位、特殊的时代背景，为它带来比别的主题公园更多的公务考察团，即使当时的收入达标人群规模小，但大量的来自三级市场的公务消费人群对其游客流和消费力给予有力的补充，使之得以成功。而反观其他区域，因都不具备锦绣中华所拥有的外部条件，在缺乏公务消费补充，同时在市场的收入达标率又低的情况下，大量希望仿效锦绣中华奇迹的主题公园投资失败。

再回头去看20世纪90年代初期主题公园入园人数的年变化曲线特征，可用收入达标市场这一关键参数来解释，即当收入达标市场规模不足时，主题公园要依赖公务消费的支撑和补充，形象较好的新主题公园容易受到公务消费的追捧，从而很快带来入园量的峰值；而对于大部分的游客而言，主题公园属于一项奢侈消费，几乎没有重游，于是开业火过一阵后，游客量便开始逐年回落。

20年之后的收入达标市场情况如何？本章以能获得最新相关统计数据的2010年来考察。2010年深圳市城镇居民年人均可支配收入为32 391.34元，人均消费性支出是22 806.54元，其中人均文化娱乐支出为916.68元，分别占人均可支配收入和人均消费性支出的2.83％、4％，见表6-7。深圳市统计局对600户居民家庭进行抽样调查，并依据相对收入不等距七分组，最低收入户在文化娱乐服务上的人均花费也达到248.89元。按照160～200元的消费算（2010年锦绣中华门票140元、深圳欢乐谷门票180元），可视所有的深圳居民都是主题公园的收入达标人群。当然文化娱乐支出中不仅含有主题公园的消费，因此主题公园消费应占人均收入的比例这一比值还有待深入探讨。

表 6-7　深圳不同收入水平家庭年人均文化娱乐支出比例（2010 年）

项目	总平均	最低收入户 10%	低收入户 10%	中等收入偏下户 20%	中等收入户 20%	中等收入偏上户 20%	高收入户 10%	最高收入户 10%
年人均消费性支出/元	22 806.54	10 576.89	12 910.03	18 375.33	23 109.86	27 982.61	34 352.93	46 730.87
年人均文化娱乐支出/元	916.68	248.89	272.48	619.01	979.82	1 204.12	1 630.52	2 317.34
文化娱乐支出占比/%	4	2.4	2.1	3.4	4.2	4.3	4.7	5.0

注：统计局抽样 600 户家庭，按相对收入不等距七组分组统计

资料来源：《深圳统计年鉴（2011）》

从收入达标市场规模的年代变化，得出如下结论：随着经济的发展和收入水平的提高，主题公园的收入达标人群规模会逐步提升，主题公园的消费相对性降低，已逐渐成为一项大众消费。从深圳欢乐谷的票价变动与居民收入的变化对比，可以发现这一趋势。票价收入比描述了“一位深圳常住居民，需要几天的人均可支配收入，用以支付一次入园门票”。可以看到，深圳人均可支配收入逐渐增长，近 5 年复合增长率为 10.9%；尽管同期深圳欢乐谷的门票价格也在增长，从 2006 年的 140 元涨到 2012 年的 200 元，近 5 年复合增长率为 5.4%，见图 6-4；但门票的上涨速度并没有人均可支配收入增长的幅度大，“票价收入比”

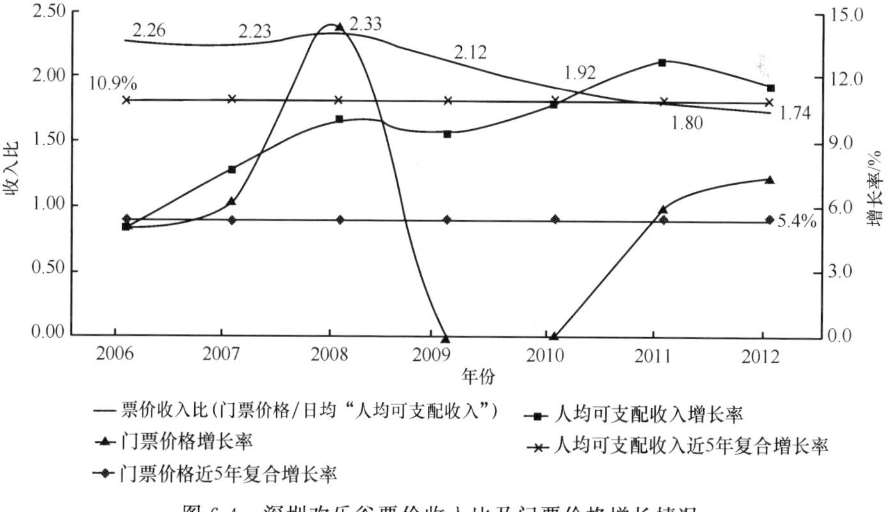

图 6-4　深圳欢乐谷票价收入比及门票价格增长情况

注：统计年鉴数据“从 2005 年开始为 600 户常住户（户籍＋非户籍）数据”，与之前统计方法不同，不具可比性；根据国家统计局住户调查方法制度，2007 年深圳市 600 户住户调查数据按可比口径重新计算；故人均可支配收入增长率采用近 5 年数据

资料来源：《深圳市统计年鉴（2011）》、《深圳市 2012 年国民经济与社会发展统计公报》

呈下降趋势，表明常住居民消费能力增强，主题公园的消费门槛相对性降低。依据供需理论，这一变化趋势将促进需求的持续增长，现实情况亦如是，票价收入比持续下降，为公园带来更多的入园量。

6.3.3　主题公园的客源市场构成

以下以深圳欢乐谷为例来详细解释主题公园的客源市场构成。

1. 客源市场的地域结构

深圳欢乐谷的客源市场，按照本章划分的市场区间，分为市内市场、市外省内市场、省外市场和境外市场。深圳欢乐谷的管理人员在访谈中指出：

“目前主题公园越建越多，光是欢乐谷自己就连锁发展了五家，武汉欢乐谷的开业，两湖的市场就分流到了武汉。主题公园的市场已趋于区域化，甚至是本市化，可覆盖的势力范围越来越小，所以还是要吸引回头客，做足本地市场。”(深圳欢乐谷市场部负责人)

市场调研数据也反映了深圳欢乐谷客源市场趋于本地化的特征，见图 6-5。随着时间的推进，市内游客的比例进一步提高，从 2006 年的 40%逐年提升到 2012 年的 70%。在这种情形下要想维持公园稳定的客源，研究本地市场的渗透率和重游率如何有效提升就变得很有现实和理论意义。

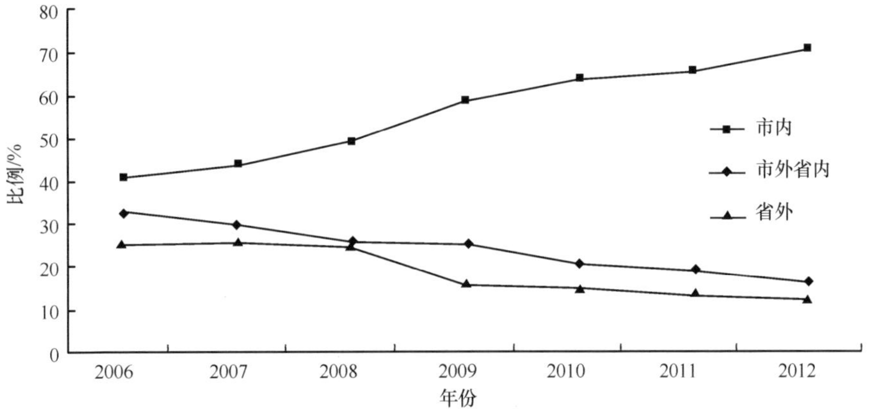

图 6-5　深圳欢乐谷客源结构变化情况（2006～2012 年）

资料来源：根据深圳欢乐谷每年的市场调研数据汇总计算而成

2. 客源市场的构成分析

深圳欢乐谷的入园游客构成，分为购票入园、免票入园和持年卡入园三类，具体的分类和占入园人数的比例详见表 6-8。按照是否自己支付费用来划分，自己付费游客占 85%，非自己付费游客占 4.37%，法定免票 10.63%。其中自己付费游客包括购票散客、持年卡入园的游客（因赠卡比例很小可忽略），团队购票中包括学生团和旅行社组团的游客（这类基本也属于个人付费）。

表 6-8　深圳欢乐谷入园人数构成分析（2012 年）

分类	购票入园（84.4%）			免票入园（12.4%）				持年卡入园
	散客购票	团队购票		合法免票（85.7%）	接待免票（14.3%）			
		学生团/旅行社组团	企业自组团		赠票	参观入园单	员工票	
比例	68.95%	12.85%	2.6%	10.63%	0.35%	0.58%	0.84%	3.2%

注：综合了入园数据、团队接待、政府接待、市场调研等数据，并访谈管理层验证与修正，整理而成。合法免票是 70 岁老人、1.1 米以下儿童、退伍军人残疾人等法定给予免票人

根据深圳欢乐谷调研结果，2012 年欢乐谷国庆黄金周期间，主要游客群体为 15～29 岁的青少年，总占比高达 81.8%。其中，20～24 岁的游客占比 52.8%，成为 2012 年黄金周最主要的游客年龄段，见图 6-6。交叉分析发现，这部分主要是来自深圳市宝安、龙岗及福田等区，且收入相对较低的企业职员和自由职业者。

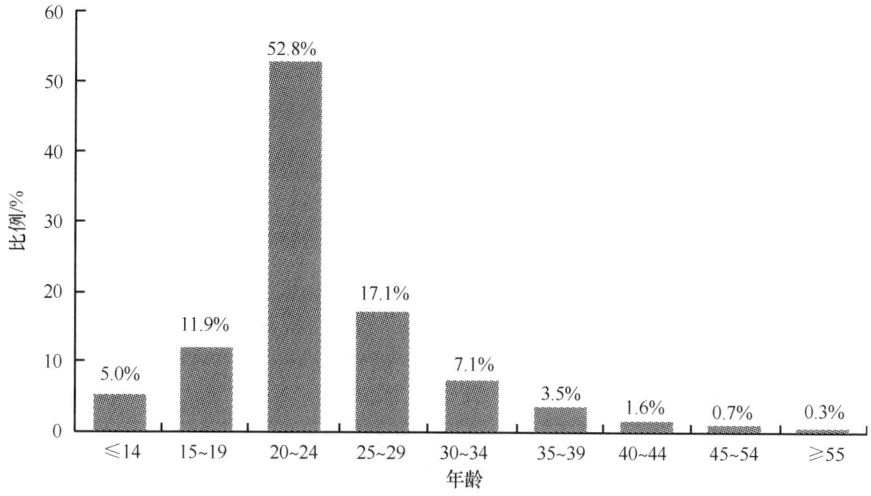

图 6-6　深圳欢乐谷入园人数年龄构成（2012 年）

资料来源：深圳华侨城欢乐谷旅游公司

通过 2012 年国庆黄金周对深圳欢乐谷入园游客进行抽样调查，分析自己购票游客的收入水平，数据表明：

其一，深圳欢乐谷的游客家庭年收入主要集中在 5 万以下，占 48.6%；5 万～7 万元占 22.7%。这是由于欢乐谷游客集中于 20～24 岁的企业员工，很多尚未成

家，5 万元以下实际上是个人年收入，而非家庭年收入。

其二，不同收入阶层的游客都会自己购票入园，说明入园人数由收入达标人群和收入未达标人群组成。

其三，在公司组织前来游玩的游客中，年家庭收入在“5 万元以下”的比例相比其他门票来源渠道要高，说明以公司组织形式前来游玩的游客收入水平较低。换句话说，公司组织的团队出游中，存在大量所谓收入未达标市场。

通过市场调研发现，收入未达标的自己付费游客中还有一部分是学生。他们没有收入，靠家庭收入支持；另一部分就是低收入的劳务工散客，但他们很喜欢欢乐谷这种时尚、刺激的游乐方式，愿意花钱进来体验和游玩。

非自己付费游客中，公司组团客户占到 2.6%，见图 6-7。不少企业和工厂把组织公园外出旅游作为一种奖励，这里面包含不少低收入的劳务工，属于收入未达标人群。还有一类公司会在特别的节日组织员工出游，例如三八节、教师节等，组织集体出游，则也会带来一些收入达标的游客。欢乐谷企业赠票，多是照顾相关的关系单位，带来的入园人数收入是否达标都有可能，但企业赠票的存在，也会一定程度上减少了收入达标人群到访的次数。

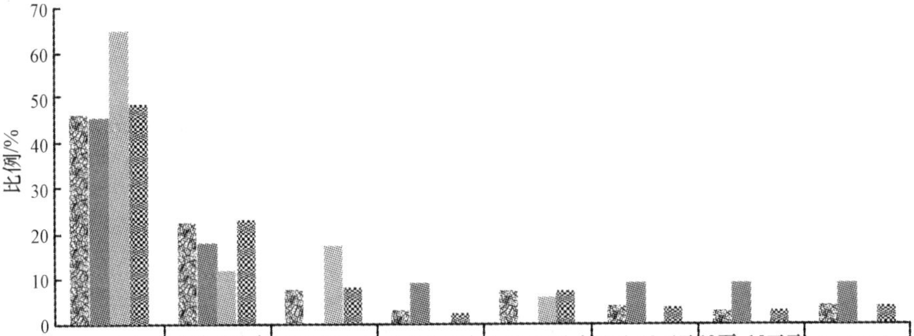

	≤5万元	5万~7万元	7万~8万元	8万~9万元	9万~10万元	10万~12万元	12万~15万元	>15万元
自己付费	46.2%	22.1%	7.9%	2.4%	7.1%	3.7%	2.7%	3.8%
朋友赠票	45.5%	18.2%	0.0%	9.1%	0.0%	9.1%	9.1%	9.1%
公司组织	64.7%	11.8%	17.6%	0.0%	5.9%	0.0%	0.0%	0.0%
平均	48.8%	22.8%	8.2%	2.5%	7.2%	3.8%	2.8%	3.9%

家庭收入

图 6-7　深圳欢乐谷游客门票来源与年家庭收入的相关性

注：自己付费含自行到售票处购票、网上订票、随旅行社购买、年卡用户

总而言之，深圳欢乐谷的客源市场有如下特点：

第一，高度依赖本地市场；

第二，既有自己付费游客，也有非自己付费游客；

第三，自己付费游客里，有收入达标人群，也有收入未达标人群；

第四，公司组团，以收入未达标人群为多；

第五，欢乐谷赠票或免票带来的游客有收入达标人群，也有收入未达标人群；

第六，与 20 世纪 90 年代锦绣中华的游客构成相比，公务消费、企业承担的消费明显减少。

根据上述分析，得到深圳欢乐谷入园游客市场结构示意图，见图 6-8。

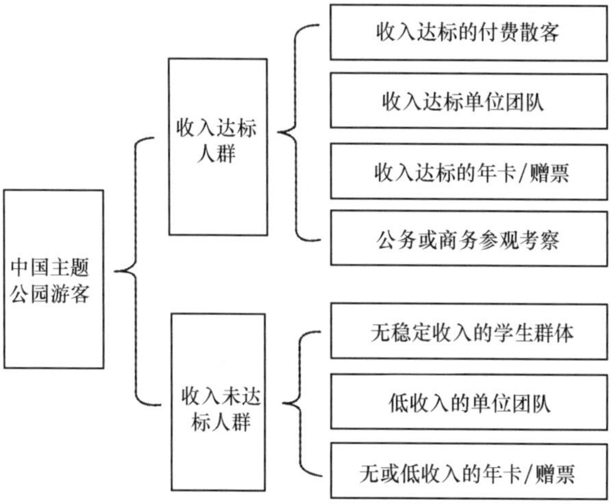

图 6-8　主题公园入园人数构成示意图

6.4　结论与讨论

6.4.1　中国主题公园市场收入达标线的讨论

由于主题公园购票入园的情况（票种）有多种，也有付费或非付费游客。最普遍的、对于公园运营方而言最理想的情况即为游客持正价门票入园。“门票正价”即为公园运营方认为合理的、能为所在消费市场大多数人所接受的“门槛值”。以“该门槛值和人均园内消费之和”作为游客游玩一次公园（从购票入园到离开公园的这段时间）的“人均主题公园消费额”。以“人均主题公园消费额”除以“人均主题公园消费额占人均可支配收入的最大比例”得到“最低人均可支配收入要求”，即家庭人均可支配收入达到这一要求之上，就是公园的收入达标人群。中国的“人均主题公园消费额占人均可支配收入的最大比例”是多少呢？

若以 ERA 的行业经验值 1.2%～1.4%来测算，2011 年深圳欢乐谷的正价门票为 180 元，若以此作为进入主题公园的门槛，其客源市场中达到收入达标人群的标准为家庭人均可支配收入 15 000 元以上；若按照 ERA 的标准将入园后的二次消费也计入，人均消费为 214 元，则收入达标的家庭人均可支配收入为 17 833 元以上。

从公园视角，统计的购票人数除持正价门票入园外，还包括团队入园、年卡入园、国家规定特定人群优惠入园、公园各类优惠政策入园等折价门票入园。由此计算的购票游客人均票价为 137 元，加上园内人均消费 34 元，则合计人均消费为 171 元，进而计算出的最低人均可支配收入要求为 14 250 元，见表 6-9。

表 6-9 深圳欢乐谷 2011 年人均花费情况及要求的最低人均可支配收入

统计口径	人均门票消费/元	人均园内消费/元	人均消费/元	占人均可支配收入的最大比例/%	最低人均可支配收入要求/元
游客视角—散客持正价票入园	180	—	180	1.2	15 000
游客视角—散客持正价票入园（含园内消费）	180	34	214	1.2	17 833
公园视角—按购票入园人数统计	137	—	137	1.2	11 417
公园视角—按购票入园人数统计（含园内消费）	137	34	171	1.2	14 250

资料来源：根据深圳欢乐谷 2011 年的经营数据整理而成

对照表 6-10，“2011 年深圳城市家庭居民人均可支配收入情况”，“正价门票对应达标线”标示出的达标人群大致占到全市家庭人口的 80%。由于各类优惠政策的常规性存在，“折价门票对应达标线”标示出的达标人群几乎可覆盖全市家庭人口。当然，这里各收入阶层所占总人口的比例可能不够真实，但是目前统计局很大程度上出于社会和谐的考虑，并没有公布完整的数据。这部分数据的缺失导致无法准确得到城市人口中主题公园的收入达标率。

表 6-10 2011 年深圳城市家庭居民人均可支配收入情况

样本数据从低到高排序	家庭分类	家庭人均可支配收入/元	人均可支配收入中位数/元
排在前 20%的家庭	低收入组家庭	15 457	16 100
排在 20%～40%的家庭	较低收入组家庭	25 061	24 340
排在 40%～60%的家庭	中等收入组家庭	34 237	33 299
排在 60%～80%的家庭	较高收入组家庭	46 316	45 210
排在 80%～100%的家庭	高收入组家庭	74 943	67 128
总体样本	全体家庭	36 505	33 299

资料来源：《深圳统计年鉴（2012）》

但要注意，依据 2011 年 5 月深圳市统计局发布的《深圳市第六次全国人口普查主要数据公报》，全市常住人口中共有家庭户 3 503 201 户，家庭户人口为 7 402 412 人，平均每个家庭户的人口为 2.11 人；全市常住人口为 10 357 938 人，家庭户人口占全市常住人口的 71.5%。表 6-10 中提到的是全市家庭人口，另外 28.5%的常住人口并非家庭人口。这与市场调研结果，欢乐谷 48.6%的游客填写的年家庭收入为 5 万元以下，实际上有很大部分是这类单身人群。

关于收入达标线的进一步讨论如下：

（1）对于 ERA 测算标准值在中国的适用性。“主题公园消费占人均可支配收入的比值”是计算收入达标要求的关键标准值。欧美的计算方法是将门票和园内消费合并算作主题公园的总体消费。“人均园内消费”是游客的二次消费，或游客的非门票消费。在游客接待量一定的情况下，提高入园的二次消费，是增加公园销售收入的有效途径。从调研数据上看，欢乐谷的二次消费占到游客一次游玩总消费的比例不足 20%。这一比例虽然在过去几年持续增长，但与境外优秀主题公园仍有较大差距（如香港海洋公园 2011～2012 财年园内收入占比为 31%①）。造成这一差距的原因有几个方面：一是园内消费品吸引力不足；二是人均可支配收入仍不够高，游客“节省意识”仍较强；三是人均每次游玩时长约 6 小时，兼之公园周边交通便利、配套完善，相当比例游客认为可以出园后补充饮食；四是中国人的消费习惯问题，即使收入高了，也还是喜欢自己带吃的入园，纪念品倾向于买山寨货。

由于二次消费较低，且大大小于香港、北美等发达地区主题公园，按照“人均休闲娱乐消费边际值大于人均收入边际值”的一般理论，在选取“人均主题公园消费额占人均可支配收入的最大比例”这一经验值（1.2%～1.4%）时，选取较小值 1.2%，但这个比值极有可能还是被高估了，从而导致所推算的收入达标要求比实际低。

由表 6-9 可以看到，深圳“家庭年人均文化娱乐服务花费”可满足 4.3～5.4 次类似游玩欢乐谷这样的消费；即使是最低收入户，在文化娱乐服务上的花费也可满足 1.2～1.5 次类似游玩欢乐谷这样的消费；且收入水平越高的家庭，在文化娱乐服务花费上的比例越大。

当然，要注意“娱乐文化服务支出”事实上还涵盖其他非主题公园的娱乐文化服务，所以采用人均文化娱乐服务支出与年人均消费性支出的占比来测算，可能比例过大，主题公园实际消费的比例应该大幅调低，进而收入达标标准有可能提高。

（2）收入达标线是一根浮动的线，受公园票价、园内消费与人均可支配收入

---

① 香港海洋公园 2011～2012 业绩报告。

综合影响动态变化。因为标准线与国家消费政策、宏观经济环境和微观经济主体的互动关系，使得浮动变化成为合理的常态。

(3) 本章收入达标标准是按在主题公园的消费（门票和园内消费）来计算的，不包含游客到达主题公园前所发生的交通差旅费用。收入达标的标准是按公园消费计算的，不同区间的居民只要收入达到标准即可视为主题公园的收入达标人群。而远程游客因为交通住宿等费用的存在，不同区间的市场渗透率不同。

(4) 通过不同口径确定公园的收入达标线，便可据此绘制出类似地理学等高图的等值图；以达标线为基础，引入所在城市、周边城市各区域/各街道到公园的交通成本表，便可计算出以游客一次游玩消费（从离家到回家）为口径的达标线，进而绘制出对公园运营更具操作性的等值图。该等值图对公园制订阶梯型的票价策略、选择适用的分众媒体和区域媒体、实施严格预算下的营销策略组合、放大应景主题活动或优惠促销的实际效果，具有基础作用。

6.4.2 结论

本章对主题公园收入达标市场进行分析讨论，得到如下结论：

第一，中国主题公园收入达标市场随着经济的发展和国民收入的增加在不断扩大。在 20 世纪 90 年代，一级客源市场对主题公园的经济承受能力不足以支撑主题公园盈利，当能获得较大部分的二、三级市场的公务旅游补充才有可能获得足够的市场规模支撑。而随着消费转型和经济发展，尽管主题公园的消费也在提高，但是居民可支配的收入水平增长更快，使主题公园收入达标人群规模也在不断扩大，主题公园从一种奢侈型的消费，逐步发展成为一项大部分居民都具有消费承受能力的大众消费。拥有足够规模的收入达标人群，在中国一线城市已经不太成问题，但二、三线城市或者远离核心客源市场的地区若要建设主题公园，则依然需要重视对收入达标市场的评估。

第二，主题公园的客源市场区域性特征越来越明显。中国成熟的主题公园本地客源市场占比已经达到 70%，与国外成功主题公园的一级市场达到 80%的差距在不断缩小。这说明主题公园所在的一级市场的经济发展能力和居民收入水平决定了一级市场能拥有多少收入达标人群，这是公园能获得稳定客源的保证。

第三，在收入达标人群中，主题公园的目标游客群是中等收入的阶层。通过 2012 年的数据与 1992 年深圳城镇居民的数据对比，以及娱乐文化服务类消费占比的变化，发现国内至少是在深圳这样的经济较发达地区，市场发展的规律已经与国际市场开始接近。与欧美市场上不同收入阶层到访主题公园的规律相似，低收入家庭也会有少量到访欢乐谷，随着收入的增加，到访的比例增加，但到较高收入家庭，访问主题公园的机会趋于稳定，甚至会减少。因而，就经济收入这一个因子而言，中等收入人群应是主题公园的目标客户。

第四，主题公园的入园游客中既有收入达标人群，也有收入未达标人群，但随着年代的发展，两者比例会发生变化。收入未达标人群会成为入园游客，是因为中国政府和企业有公务接待消费和企业奖励旅游的存在。在收入达标人群不足的年代，需要靠更多的公务和企业组团来补充有效客源。到了收入达标人群规模扩大后，公务消费比例就会大幅度减少；这时收入未达标人群更多地通过企业的奖励旅游，或者借助公园的折价优惠、夜场活动获得游览主题公园的机会。

对主题公园收入达标市场研究的展望如下：

(1) 对收入达标市场的分析，可以从“市场合格”的角度来解读 20 世纪中国主题公园发展曲折性的原因。在现阶段，主题公园的消费已经逐渐大众化后，收入未达标人群会逐渐减少，并且不成为主题公园的主流客源。收入达标市场这一衡量主题公园市场规模的关键参数的重要性将逐渐减弱。

(2) 主题公园的入园人数以收入达标人群为主，主题公园在达标人群中的渗透情况，决定了会有多少达标人群转化为现实的主题公园入园者，这与旅游者的意愿和动机相关，当旅游者的旅游意愿和动机足够强烈时，收入未达标的人群也能转化为入园游客。因此，入园人数的测算公式如下：

入园人数＝收入达标人群×渗透率 1＋收入未达标人群×渗透率 2＋免票入园人数

这样在预测一个主题公园的入园人数时，就不能简单地用一个渗透率或者一个收入达标市场来测算，否则结果会发生偏差。免费入园人数，因为只会有园内消费，会拉低公园整体的人均消费，导致预测的收入不准确。

(3) 中国的市场成熟度依然不足，研究主题公园市场规模参数存在很多变数，并不像欧美市场成熟度高，一般参数和设定的比值都比较可信。由此，对主题公园消费占人均可支配收入的比例等类似的比例值的实证研究，将对后续收入达标市场、收入达标线、收入达标率等参数的研究有关键意义。

(4) 由于某一区域收入达标人群规模持续扩大，这将为票价的适度调整提高带来空间；同时，会促使票价收入比持续下降，为公园带来更多的入园量。对于公园运营方来讲，依据市场消费力的增长，把握好票价调整节奏，可收获票价提高和入园量增长带来的双重收入增长。

(5) 收入变化与游览意愿之间的关系还表明，当城市经济的发展造就更多的收入达标人群时，主题公园的市场渗透率却不一定同步提高，所以有进一步研究市场渗透率的必要。

第7章　主题公园市场评估：渗透率与重游率

渗透率（market penetration rate）和重游率是衡量主题公园市场的重要指标，也是指导主题公园规划布局的基本参数。国内外企业无不将渗透率和重游率作为投资开发的关键考量。

7.1　欧美主题公园的市场渗透率与重游率

7.1.1　欧美主题公园的市场渗透率

市场渗透率指的是在区域主题公园总体市场中，某个主题公园品牌（或者品类或者子品牌）的产品，使用（拥有）者的比例，也可以直接理解为用户渗透率或者消费者占有率，是一个品牌在市场中位置的总和，它是多年形成的结果。市场渗透率用以衡量现有市场区间群体访问一处景点的倾向性，一般表示为总客流量在相关市场总体规模中的比例。市场渗透率乘以每个现有市场范围内的收入达标人口数，即为预测的潜在客流量。渗透率与一个主题公园所在市场的规模和吸引力相关，与主题投资额度、形象与品牌、认知度、同类景点的渗透、竞争环境，以及其他外部变量，如天气等因素相关。

美国经济事务研究所（ERA）依据他们长期积累的国际同业参照数据库和模型（模型涉及主题公园的规模、主题、管理者意见、区位、其他因素因子），通过按需选择不同的因子计算推测出某一吸引物在特定市场区间中的市场渗透率。他们将市场渗透率区分为主要本地居民市场（1小时车程以内）、次级居民市场（2小时车程以内）、旅游市场（非商务游客）的市场渗透率，表7-1是参考值。各级市场的渗透率数值显示，主要本地居民市场的渗透率明显高于次级本地居民市场渗透率。居民居住地与主题公园的距离越远，游客的游览意愿越低，诸如旅行时间、交通条件、中途竞争对手的拦截等因素都会降低主题公园的渗透力。韩国的爱宝乐园（Everland）就是一个很好的例子，在1小时车程的居民市场（大首尔区域）的市场渗透率为47%；而除首尔以外的其他国内旅游市场则仅为18%。

美国主题公园高度依赖一级市场，一级市场客源占到公园游客量的80%左右，见表7-2。各主题公园在当地市场的渗透能力存在差异，市场渗透率从13.4%到接近60%变化，基本与ERA提出的参数吻合（王刚，2009）。

表 7-1　主题公园-市场渗透率比较概述

主题公园地区	客流量/百万人	估计的市场渗透率/%		
		主要市场	次级市场	旅游市场
日本的公园	1.0～17.7	15～46	5～30	1～25
亚洲的公园	1.1～9.1	4～47	1～15	2～32
澳大利亚的公园	1.0～1.4	5～20	5～15	5～28
欧洲的公园	1.1～12.2	7～33	1～18	<1～30
北美洲的公园	1.3～14.8	14～45	7～25	1～30

资料来源：ERA《北方某大城市影视主题公园可行性研究》(2002)

表 7-2　美国主题公园一级市场渗透率（2004 年）

主题公园	所在区位	年游客量/百万人	一级市场比率/%	一级市场人口量/百万人	一级市场家庭年收入/美元	一级市场渗透率/%
America	华盛顿特区	1.15	80.4	6.9	77 840	13.4
Great Adventure	新泽西州杰克森市	2.80	80.1	12.6	67 127	17.8
Marine World	加州瓦里豪市	1.45	79.8	5.9	84 056	19.6
Magic Mountain	加州瓦伦西亚市	2.70	80.1	10.4	65 587	20.8
Great America	伊利诺伊州格尼市	2.30	80.4	8.6	71 373	21.5
Astroworld	田纳西州休斯顿	1.4	80.5	4.9	64 814	23.0
Elitch Garden	科罗拉多州丹佛市	1.15	79.4	2.8	71 776	32.6
Texas	田纳西州阿斯顿	2.20	80.3	5.4	68 794	32.7
Georgia	佐治亚州奥斯特尔	1.85	85.0	4.6	70 405	34.2
New England	马萨诸塞州麻省	1.50	78.7	3.2	62 676	36.9
ST. Louis	密苏里州圣路易斯	1.35	80.2	2.7	60 102	40.1
Darien Lake	纽约达连湾	1.25	80.4	2.2	54 219	45.7
Fiesta Texas	田纳西州圣安东尼奥	1.40	81.3	1.9	54 540	59.9

资料来源：转引自王刚．2009

7.1.2　欧美主题公园的市场重游率

市场重游率，是一个与市场渗透率相关的概念，重游率是市场调研数据统计而来，通过抽样调研，到访主题公园两次或两次以上的算重复旅游者，重复旅游者的数量与总客流量的比值得出重游率。一般来说，重游率越高，渗透率越高。因为重游率高会增加入园总量，从而提升渗透率。在某一市场区间，市场达标人群相对稳定时，要提高渗透率，就要努力提高重游率。优秀成熟的主题公园，重游率都比较高。国外研究表明，一个优秀的主题公园的重游率应高达 80%，一个成熟的主题公园至少要保持 40% 的重游率。因而，重游市场的研究对主题公园至关重要。尽管国内主题公园维持 40%的重游率即可实现很好的绩效（梁增贤和保继刚，2012a），但追求本地市场的高重游率仍是主题公园市场营销的重要目标。

7.2　中国主题公园的市场渗透率

7.2.1　深圳欢乐谷市场渗透率的考察

随着人们收入水平的提高、小长假的拉动、市场供应的增加及主题公园经营的逐渐成熟，中国的主题公园越来越依赖本地客源市场（2 个小时车程以内）。

本节以深圳欢乐谷历年的入园人数与区域内各年的人口规模来考察欢乐谷的市场渗透率，说明如下：

第一，不同的市场区间，市场渗透率不同。深圳欢乐谷的“市内市场”，从 2007 年的 44.3%逐年上升，到 2012 年达到 71.1%；在客源地域结构上，表现为“市内游客”比例增长，“市外省内”、“省外游客”下降的特征。所以，为了便于计算和相应数据的可达性，这里以“市内市场”为本地居民市场，作为一级市场进行研究，计算欢乐谷的一级市场渗透率；以“市外省内”市场来计算二级市场渗透率。

第二，根据对收入达标人群的理解，深圳最近五年的城镇居民人均可支配收入均已达标。为简化计算，这里计算的市场渗透率，以深圳的城镇居民人口为基数。二级市场的达标市场没有讨论，二级市场的渗透率以常住人口推算，结果仅作讨论的参考。

第三，这里计算的渗透率使用公园的总接待人次来推算，并没有剔除重游者的比例。由于重游者重复旅游不只一次，所以较难剔除重游对渗透率的影响，理论上，这样推算出的渗透率可能比实际的值高。

（1）深圳欢乐谷的一级市场渗透率的计算公式为

深圳欢乐谷某年一级市场渗透率＝深圳欢乐谷该年入园游客总量×一级市场游客比例/深圳该年年末常住人口数[①]

（2）深圳欢乐谷的二级市场渗透率的计算公式为

深圳欢乐谷某年二级市场渗透率＝深圳欢乐谷该年入园游客总量×二级市场游客比例/深圳以外广东省该年年末常住人口数（表 7-3）。

表 7-3　深圳欢乐谷一、二级市场的渗透率（2009～2012 年）

项目	2009 年	2010 年	2011 年	2012 年
深圳年末常住人口数/万人	891.23	1 037.2	1 046.74	1 054.74
一级市场渗透率/%	13.9	15.9	18.2	19.1
二级市场渗透率/%	0.66	0.59	0.60	0.51
深圳居民人均可支配收入/元	29 245	32 381	36 505	40 742

注：一级市场人口规模以深圳年末常住人口来计算；二级市场人口规模以广东省扣除深圳常住人口之后的数据来计算。因为涉及商业数据，这里将具体的入园人数和一级市场所占比例等敏感数据隐去。深圳统计数据引用《深圳统计年鉴（2011）》、《深圳市 2011～2012 年国民经济和社会发展统计公报》

资料来源：深圳华侨城欢乐谷旅游公司

从深圳欢乐谷的一、二级市场渗透率数据看，一级市场的渗透率已达到北美和日本主题公园渗透率的最低水平，并呈现逐年上升的趋势，然而，距离优秀的主题公园还有较大的差距，未来在本地市场的渗透能力还有待加强。二级市场的渗透率表现为大幅度降低，符合本地市场渗透率高于次级市场渗透率的欧美市场规律。可见，立足本地市场，努力提高本地市场的渗透率是保持公园稳定客流的关键。与此同时，简单照搬照套美国各级市场的渗透率来测算中国主题公园市场的渗透率和潜在市场规模是不符合实际情况的。

根据对四地欢乐谷管理层的访谈，关于如何提高主题公园的市场渗透率的问题，公园的管理者普遍认为渗透率更多使用在新公园规划时对客源市场规模的预判。同类的主题公园，例如欢乐谷系列公园，在一线城市布局，在收入达标市场足够支撑的前提下，可以参考欢乐谷各级市场的渗透率，预测公园可能的入园量。这给企业提供了预测和评估主题公园市场规模有参考价值的参数。

至于对市场渗透率的影响，有管理者认为：

“主题公园本身的吸引力是影响渗透率的关键，包括适时推出新项目、新的主题活动、提供良好的服务等方面，所以一个公园要获得良性发展，除了通过有效的宣传保持稳定的本地客源外，还要拿出相应的预算每三年进行项目改造，不

① 根据对收入达标人群的理解，深圳最近五年的城镇居民人均可支配收入均已达标。为简化计算，以深圳的城镇居民人口为基数。二级市场情况相同。

断求新求变，以吸引回头客。”（北京欢乐谷负责人）

“深圳早十几年是一个平均年龄只有23岁的城市，城市中的儿童很少，如果建一个低龄化的主题公园恐怕渗透率就不高。深圳欢乐谷二期项目扭转了一期低龄化的问题，增加了成年人的游乐项目，市场就被带动起来了。另外，有研究表明影响家庭出游的人是家庭中的女性，所以产品的设计导向、色彩的运用，乃至洗手间等配套设施，都可以稍微多考虑女性消费者的认知，有可能会获得更高的市场渗透率。”（深圳欢乐谷负责人）

总而言之，越是成熟和受欢迎的主题公园，开业时间越长，在一个城市中的市场渗透率就越高。一旦对主题公园拥有美好的记忆，到主题公园就是一项情感的消费，他们儿时随父母来过，长大后会带自己的下一代来往日重温。

7.2.2 深圳欢乐谷市场渗透率的预测

通过居民人均可支配收入与深圳欢乐谷入园游客量的关系模拟函数，对未来的渗透率进行预测，说明在模拟函数时，采用了过去4年的数据，而未来采用更多年的数据。这是因为2008年下半年经济危机发生前后数年不是同一个经济周期。虽然经济危机不会对人均可支配收入的增长产生影响，但会对企业团队的出游决策造成影响，进而影响到收入与入园量之间的变动关系。因此，这里选择同一经济周期的数据，作为模拟函数的初值。

运用SPSS统计软件对上表数据进行曲线测试（curve estimation），得到表7-4。综合比较各方程“R^2”、“F值”、“Sig值”，以及实际研究问题，选择倒数方程（inverse）模型进行拟合，见表7-4。

表7-4 模型汇总和参数估计值

方程	模型汇总					参数估计值			
	R^2	F	df1	df2	Sig.	常数	b1	b2	b3
线性	0.963	52.653	1	2	0.018	0.004	4.725E-6		
对数	0.978	88.677	1	2	0.011	−1.550	0.164		
倒数	0.988	166.013	1	2	0.006	0.333	−5 656.028		
二次	0.998	219.042	2	1	0.048	−0.331	2.421E-5	−2.795E-10	
三次	0.998	271.006	2	1	0.043	−0.221	1.461E-5	0.000	−2.691E-15
复合	0.950	37.875	1	2	0.025	0.062	1.000		
幂	0.968	59.922	1	2	0.016	4.855E-6	1.000		
S	0.981	105.171	1	2	0.009	−0.784	−34 441.073		
增长	0.950	37.875	1	2	0.025	−2.786	2.867E-5		
指数	0.950	37.875	1	2	0.025	0.062	2.867E-5		
Logistic	0.950	37.875	1	2	0.025	16.212	1.000		

注：自变量为深圳城市居民可支配收入，因变量为全市人口到访深圳欢乐谷的次数

深圳欢乐谷到访次数（y）与深圳城市居民可支配收入（x）的函数关系和曲线如下。

函数关系为 $y=0.333-5656.028/x$，曲线图见图 7-1。

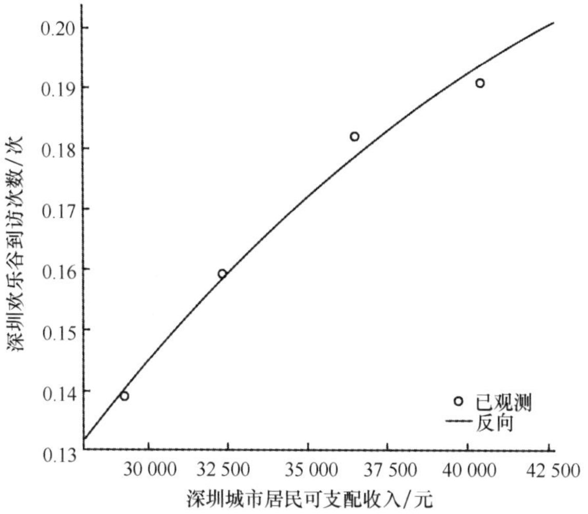

图 7-1　居民年人均可支配收入与欢乐谷人均到访次数的函数关系

按照《深圳市“十二五”总体规划》对人均可支配收入的预测值为“到 2020 年，居民人均可支配收入达到 8 万元”。以 2011 年人均可支配收入 36 505 元为基数，计算得到 2020 年，人均可支配收入的年复合增长率为 9.1%。结合近年增长率，给出至 2020 年人均可支配收入的增长率及对应值。将人均可支配收入（x）代入函数，得到今后数年的深圳欢乐谷到访次数。如表 7-5 所示。

表 7-5　深圳欢乐谷人均到访次数/渗透率预测

年份	人均可支配收入增长率/%	人均可支配收入/元	深圳欢乐谷到访次数/次
2009	9.4	29 245	0.14
2010	10.7	32 381	0.16
2011	12.7	36 505	0.18
2012	11.0	40 417	0.19
2013	10.0	44 573	0.21
2014	10.0	49 030	0.22
2015	9.0	53 443	0.23
2016	9.0	58 252	0.24
2017	9.0	63 495	0.24
2018	8.0	68 575	0.25
2019	8.0	74 061	0.26
2020	8.0	79 986	0.26

以上模型可以预测深圳欢乐谷 2013～2020 年的人均到访次数，也即欢乐谷在本地市场的渗透情况。如果代入深圳 2013～2020 年的年末常住人口规模，便可预测欢乐谷未来几年来自本级市场的游客量。要注意的是，这种预测仅仅考虑了收入水平对渗透率的影响，现实中会有更多的因素相互关联和影响一个公园的渗透能力。由于能更为准确地预测公园的入园人数对公园的运营和资源合理配置有积极意义，这又是一个值得深入研究的课题。

7.2.3　中国主题公园市场渗透率的讨论

本研究对中外主题公园渗透率进行对比分析后，通过对深圳欢乐谷一、二级市场渗透率的考察，对中国主题公园的市场渗透率得到以下结论：

第一，对于同一个主题公园，不同的市场区间市场渗透率不同。深圳欢乐谷的市场渗透率，一级市场的渗透率远高于次级市场的渗透率，与欧美主题公园的市场渗透率的变化规律吻合。

第二，随着人均可支配收入的增长，公园的人均到访次数会逐步提高，即渗透率会逐步提升。人均到访次数提高，表示人群收入增长，收入达标人群增多，带给公园的潜在游客增量的机会，但潜在增量能否最终转化为公园的入园量，还需公园运营方在园区容量、项目更新投入、活动策划、市场营销与沟通等方面做出持续努力。主题公园生命周期中的市场培育导入成功，公园的吸引力和知名度提高，有利于吸引更多的游客。

第三，公园的人均到访次数提高，不一定全是初次到访的游客，还会带来公园重复到访人次的增加，即重复旅游者的增多。从实际的经营情况看，由于中国主题公园的潜在市场规模较大，且收入达标市场增加迅速，初次游客仍然占主要比例。然而，可以预见，在经过一段时期的发展后，市场将趋于成熟，重游市场比例将成为主题公园市场的主体。

第四，渗透率受距离和交通便利性影响很大。收入达标人群与主题公园的距离会影响市场渗透率。假如主题公园可以通过便宜的公共交通抵达，会大大提高主题公园的到访人数和在公共交通覆盖范围内的渗透率；如果交通成本较高，包括出行费用和时间成本，例如，公园位置偏远、交通距离长、公共交通欠缺，须采用自驾车、出租车等出行成本较高的方式，交通换乘多、最后 1 千米衔接不便等交通便利性上的问题，便限制了主题公园的渗透率，虽然客源市场有很大部分人口可负担公园本身的消费。如此，恰当地解释了虽然上海的人均可支配收入同样在全国大中城市位居前列，但因为上海欢乐谷的区位较偏，导致出现“深圳欢乐谷有着较高的本地市场渗透率，而上海欢乐谷的本地市场渗透率却较低”的现象。此外，上海地方消费文化、消费偏好以及人口年龄结构等特征的差异也导致了上海欢乐谷的较低的渗透率。

对于市场渗透率，值得进一步讨论的有如下方面：

首先，渗透率若以市场区间内的收入达标人群来推算，将会更加合理。这里根据深圳统计局 2011 年公布的人均可支配收入为 36 505.04 元，认为深圳常住居民都是收入达标人群。但比对 2012 年国庆节对深圳欢乐谷入园游客的抽样调研，填写家庭年收入 5 万元以下的有 48.6%，5 万～7 万元的有 22.7%，共计 71.3%的入园游客家庭年收入在 7 万元以内。按深圳市统计局数据，2011 年深圳平均每个家庭户人口为 2.11 人算，人均收入在 33 175 元以内。也就是说，有超过七成的游客收入未达到人均收入水平。尽管深圳常住人口中有相当比例的非家庭人口，他们所填的家庭年收入实质上是个人年收入，但收入未达到平均值的比例仍然不小。因此，若以城市中的收入达标人群来计算渗透率，会比现在计算的数值要高一些。但由于目前统计数据的精度不足暂时难以完成，未来有可能通过进一步的研究，将城市的收入达标市场更准确地界定出来，以便计算更为准确的市场渗透率。

其次，若能剔除入园人数中重复旅游次数，则推算出来的渗透率会比现在使用入园人次来推算的数值要低一些，这样似乎更接近严格意义上的市场渗透率的概念。但是由于重复旅游次数很难从入园人次中剔除，除非重游者都是会员，每次入园都有相应的身份识别，通过技术手段来进行统计，这也是未来发展会员制度及加强会员管理的意义之一。

最后，相比欧美主题公园的市场渗透率，中国主题公园的市场渗透能力依然较小。深圳欢乐谷 2011 年共接待游客 327.5 万人次，处于亚洲主题公园接待游客排行榜的第 15 位[①]，可算是中国主题公园游客量的第一集团军，而且经过 15 年的品牌培育和市场耕耘，才拥有接近 20%的市场渗透率。可以推断中国大部分主题公园的市场渗透能力远低于 20%。

7.3　中国主题公园的市场重游率

主题公园多位于城市边缘区，投资规模大，更新费用高（保继刚，1997b；梁增贤和保继刚，2012a），需要维持较高的门槛游客量，因而注重重游率对公园稳定客流和良好经营意义重大。由于门票价格相对稳定，越是人均可支配收入高的城市，一张门票价格相当于居民日均可支配收入的比例就越低，见表 7-6。

① TEA/AECOM. The Global Attractions Attendance Report for 2011，Themed Entertainment Association（TEA），2012.

表 7-6 国内知名公园票价收入比

城市	(1) 2011 年人均可支配收入/元	(2) 折算为每人每天可支配收入金额/元	(3) 2011 年门票正价/元	(4) 票价收入比
深圳欢乐谷	36 505	100	180	1.8
北京欢乐谷	32 903	90	180	2.0
成都欢乐谷	23 932	66	150	2.3
上海欢乐谷	36 230	99	200	2.0
广州长隆欢乐世界	34 438	94	180	1.9
香港海洋公园	约 180 000	493	280	0.6
香港迪士尼乐园	约 180 000	493	350	0.7

注：(2) = (1) /365，(4) = (3) / (2)；票价收入比可理解为“公园所在城市居民需要几天的人均可支配收入以支付一次该公园门票”

资料来源：各市 2011 年国民经济与社会发展统计公报

关于公园门票价格相对于人均可支配收入，可以得到以下实践启示：

第一，随着人均可支配收入的增长，收入达标人群增多，“前往公园游玩一次”已经从 10 年前的奢侈性消费、偶然性消费，过渡到目前的大众化消费、常规性消费；变得和做一次美发、享受一顿美食相当；收入水平将逐渐不构成“前往公园游玩一次”的门槛。

第二，正因为收入水平逐渐失去门槛意义，收入高低的差别在于“一年可以去几次”；这对于公园运营方来说，经营的重点即转为“如何争取更多的重复入园”。

第三，在此种背景下，公园不仅是“提供刺激游乐体验和新奇事物的场所”，更是要成为“朋友、家庭、情侣共度欢乐时光的情境之地”；要更加关注项目之外的餐饮、购物、游戏等需求的满足，以及特定气氛的营造和人性化、沟通式服务的提供。正如欢乐谷总经理所言：“要重视情感消费，给游客提供超值的满意度，便可吸引回头客或者培育良好的口碑。”

7.3.1 主题公园市场重游率的变化特征

与国外相比，中国的主题公园一般重游率偏低，原因是多方面的：第一，中国主题公园的潜在市场规模较大，由于经济持续增长，收入不断增加，收入达标市场一直在增长，初次游比例较大；第二，很多主题公园的产品和服务一般，但门票较高，整体游玩的性价比并不高，很难吸引重游游客。保继刚认为，门票高加上主题公园属于缺乏深刻文化历史内涵和艺术价值的旅游资源，与颐和园这类有深刻文化内涵和艺术价值以及门票又不高的景区相比，游客重游率要低很多（保继刚，1994a）。除了高门票，国内很多公园的建设品质不高、游览质量一般、维护水平不足、翻新改造再投入低，造成游客体验性和满意度不高，无法激发重复旅游的意愿。另外，重游率与主题公园开业时间长短密切相关（保继刚，1996）；交通不便利，主题公园处于远离核心客源市场，也是影响重游率的原因之一。本章从三个不同的角度来考察华侨城主题公园市场重游率的变化特征。

1. 主题公园不同生命周期的市场重游率差异

多年的调研数据显示，华侨城旗下主题公园的重游率随着公园的市场培育逐步提高，平均达到接近 40％的水平[①]。2006 年，深圳欢乐谷借助香港迪士尼开业的宣传联动效应完成了其生命周期中的成长期，进入成熟发展期，表现为本地市场比例不断加大，重游率也稳步提升，并且成为华侨城重游率最高的主题公园之一。2007 年，深圳欢乐谷的重游率为 34％，而到了 2011 年，重游率已经高达 41.9％。从图 7-2 中可发现深圳欢乐谷市场重游率的总体变化趋势是上升的。其中具体年份的波动受诸多因素的影响，有 2009 年全球经济危机的大环境的影响，也有 2012 年门票价格向上调整的影响，还会有市场调研抽样样本的影响（例如 2011 年增加深圳欢乐谷水公园的调研，在某种程度上拉高了重游率）。

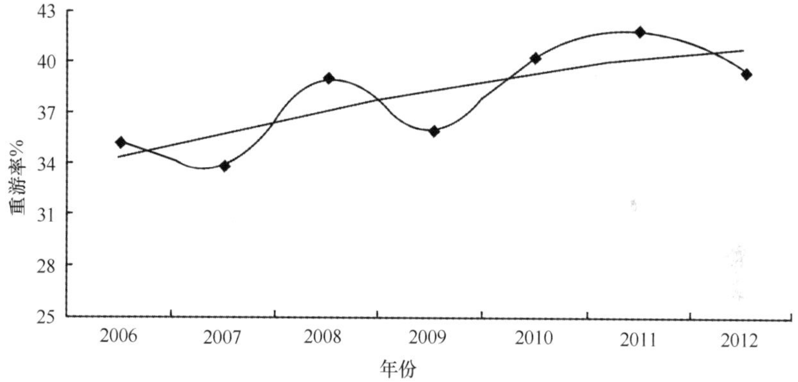

图 7-2　深圳欢乐谷重游率年变化图

注：年重游率为全年抽样受访游客中的重游者占全年抽样受访游客的比重。图中直线为趋势线

资料来源：根据深圳欢乐谷市场部 2006～2012 年对深圳欢乐谷游客市场调研数据整理计算得到

北京欢乐谷的重游率从开业后的 23.3％稳步提升到 2011 年 36.9％[②]。由此可见，随着主题公园生命周期的变化，市场重游率也会相应发生改变，若能经过一个比较顺利的市场导入期，市场重游率会逐步提高。欢乐谷这类主题公园，重游率总体趋势是呈现逐渐增长的态势。这证明，欢乐谷这样的游乐形式逐渐被市场认可，并且随着公园品牌的培育和市场经营，回头客逐渐增多。欢乐谷连锁主

---

① 华侨城股份公司旅游事业部《华侨城旅游度假区市场调研报告（2005～2007）》。

② 深圳欢乐谷市场部和北京欢乐谷市场部提供的 2011 年欢乐谷常规游客调研报告。

题公园也开始步入成熟主题公园行列。如果重游率没有设定多长时间内的重游，一般而言，一个公园的开业时间越长，重游的游客比例就会越大。

就黄金周而言（图 7-3），分析深圳欢乐谷国庆黄金周三年的重游率情况，重游率都比各年年平均的重游率要低。这说明黄金周长假人多拥挤，以及本地人更倾向选择长途旅行，降低了重复旅游意愿和行为。2012 年的重游率比 2011 年降低，原因可能有多种，但是 2012 年 5 月深圳欢乐谷门票价格从 180 元涨到 200 元[1]，但并未伴随新项目的推出，是导致重游率降低的原因之一。黄金周游客抱怨最多的问题是“人太多”、“排队时间长”，其次就是门票太贵。这说明平日和节假日游客重游行为是不一致的；同时价格对重游行为会产生现实的影响。

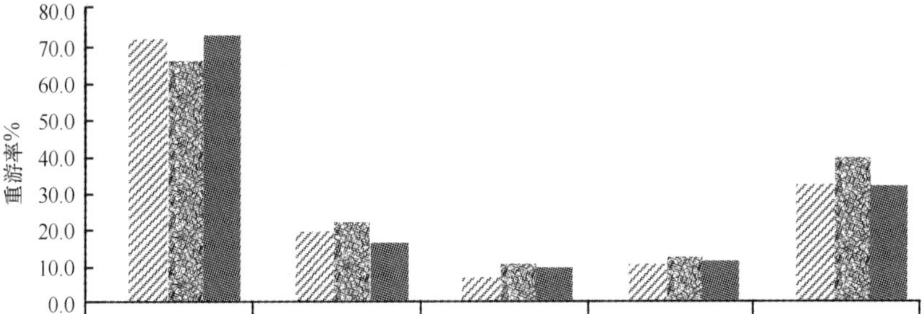

	第1次	第2次	第3次	3次以上	重游率
2012年	69.8	17.4	4.5	8.3	30.2
2011年	63.4	19.7	7.4	9.5	36.6
2010年	70.4	14.0	7.2	8.4	29.6

次数情况

图 7-3　深圳欢乐谷国庆黄金周游客重游情况（2010～2012 年）

资料来源：深圳欢乐谷国庆黄金周市场调研，2010～2012

就重游间隔的时间来看，40％的游客半年内重游欢乐谷，34％的游客一年内重游欢乐谷，见图 7-4。

重游游客与欢乐谷整体游客社会人口结构基本一致。“14 岁以下”的“中小学生”与“30 岁以上”的“企业管理人员”的亲子游游客的重游率高于其他群体。

2. 不同主题的主题公园市场重游率差异

锦绣中华是观光型的主题公园，尽管近年来也举办了不少互动性较强的主题

① 欢乐谷网站：www. happyvalley. com. cn。

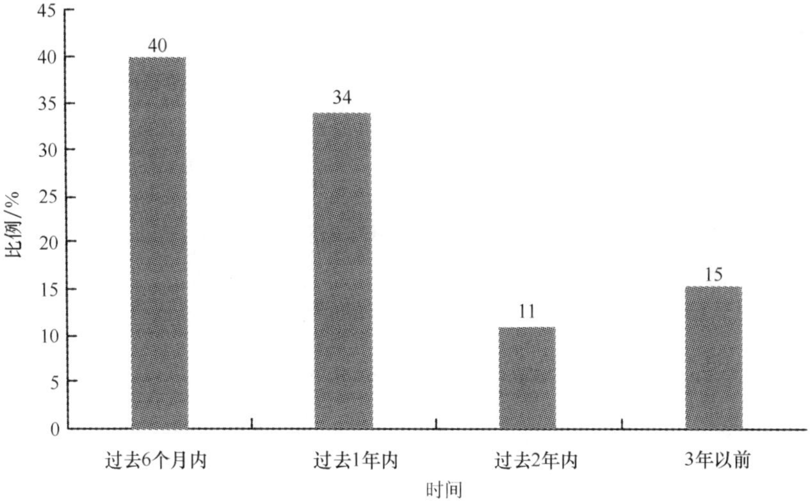

图 7-4　游客游玩欢乐谷的时间间隔

资料来源：深圳欢乐谷国庆黄金周市场调研，2012

活动，提高游客的参与性，但与欢乐谷以乘骑游乐为主的高参与性主题公园还是有很大的差异。根据锦绣中华在 2010 年五一小黄金周的抽样调查，景区 3 天假期到访游客中深圳本地客源占 46.7%，市外省内游客占 38.2%，省外游客为 7.4%，境外游客有 7.7%；其中重游游客为 26.2%，比 2009 年五一小黄金周的重游率 27.6%还降低了 1.4 个百分点①。锦绣中华的市场重游率与欢乐谷系列主题公园相比，说明不同的主题导致公园的重游率存在差异，参与互动型的主题公园更适合多次游玩，所以重游率更高；观光型主题公园缺少互动体验，则重游率偏低。

3. 主题公园不同参观人群的市场重游率差异

这里对主题公园不同参观人群的重游行为进行讨论。以 2012 年黄金周的调研数据来分析，年卡持有人重游率最高，95%的年卡会员是重游的；而非会员的重游率为 29%，略低于总体的重游率 30.2%，可见年卡会员虽然总量不多，但对提高公园的重游率有贡献。自己付费人群的重游率 28.42%，远比别人付费的重游率 42.86%要低，见图 7-5。这从一个侧面说明消费支出对重游行为有影响。

① 《锦绣中华 2010 年五一市场调研》，华侨城旅游事业部。调研时间为 2010 年 5 月 1～3 日，共发放 300 份问卷，回收 289 份，有效问卷为 271 份，有效回收率为 93.8%。

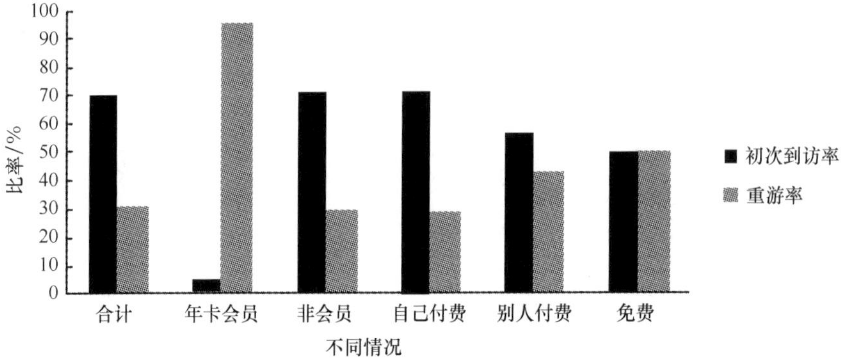

图 7-5 深圳欢乐谷不同人群的重游率情况

资料来源：深圳华侨城欢乐谷旅游公司

注：非会员指除了年卡会员外的所有受访者；在本次调研中，持年卡入园的会员受访者占总受访者的 2.28%；自己付费人群包括自行到售票处购买门票的、从网上订购门票的、随旅行社购买门票的和选择“其他”的受访者；别人付费人群包括朋友赠票和公司组织，占总受访者的 3.07%

资料来源：根据 2012 年国庆黄金周对深圳欢乐谷的市场调研数据整理而成

7.3.2 重游意愿与实际重游的比较

2012 年国庆黄金周的市场调研，在问到游客“是否考虑再次游玩欢乐谷”时，高达 91%的游客表示愿意再次游玩欢乐谷。游客重游的意愿远远高于实际重游率，见图 7-6。

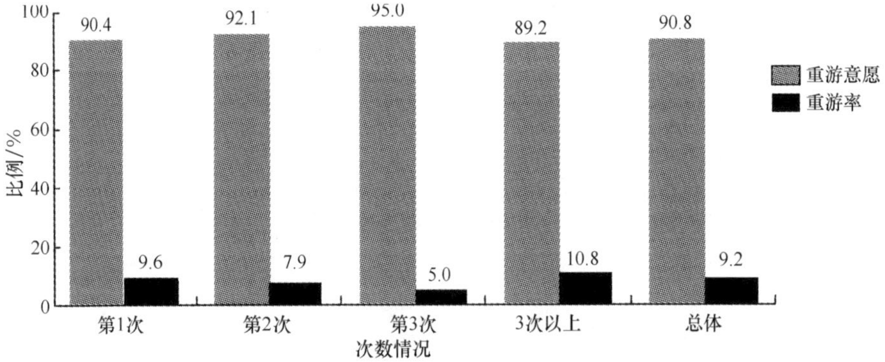

图 7-6 深圳欢乐谷不同来访次数游客的重游意愿

资料来源：深圳欢乐谷国庆黄金周市场调研，2012

关于重游意愿如何转变为实际重游，通过对问卷的交叉分析，找寻满意度、消费负担这两个因素的影响。

首先，考察满意度对重游意愿、实际重游率的影响，见图 7-7。重游意愿与满意度相关，满意度越高，重游意愿越高。重游越多的游客，满意度越高；满意度越高的游客，重游的次数越多。满意度促成了重游意愿变为实际重游行为。

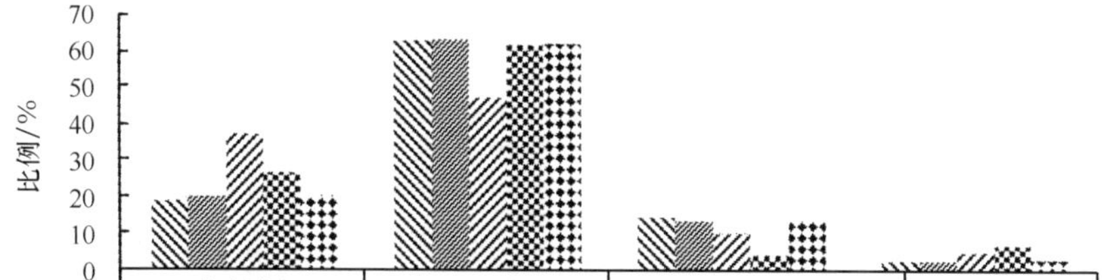

	非常满意	比较满意	不太满意	很不满意
第1次	19	63.2	15	2.7
第2次	20	63.9	13.5	2.6
第3次	37.5	47.5	10	5
3次以上	27	62.2	4.1	6.8
总体	20.7	62.5	13.6	3.1

图 7-7　深圳欢乐谷不同到访次数游客的满意度

资料来源：深圳欢乐谷国庆黄金周市场调研，2012

其次，考察收入对重游意愿、实际重游的影响。收入越高的人群，重游率越高；但收入与重游意愿之间则看不出很规则的关系。年收入在 15 万元以上的阶层，表现出的重游意愿最低，远低于平均水平。这大概跟他们有更多的娱乐消费选择有关，或者是园区的拥挤喧闹降低了他们的满意度。

值得注意的是收入在 5 万元以下的游客，有 73.6%是初次旅游；年收入在 5 万～7 万元的游客，有 71.2%为初次到来，这两个收入段的重游率都低于公园的平均重游率。然而，他们的重游意愿却不低，分别为 91.6%和 89.7%，在平均值 90.8%上下。这是值得下一步解释的问题。

从访谈了解对上述数据进行补充解释：其一，低收入人群的重游率，有部分是学生，虽然他们没有工作，但是有家庭的经济支持，事实上是有消费能力的；而且也会带高重游意愿。将职业与收入关联分析发现填写家庭年收入 5 万元以下的有 24.48%是中小学生和在校大学生，证实了访谈的结果。其二，低收入人群中，来自龙岗的“企业职员”最多；“企业职员”收入在 5 万元以下的占 48%。尽管欢乐谷的消费对他们而言算是比较奢侈的开支，但他们的消费行为易受群体参照的影响，口碑的传递及攀比或炫耀性消费多。他们或者属于收入达标或未达标人群，但是他们喜欢欢乐谷这样的游乐方式，游玩的意愿很高，一年来一次，或者两年来一次。

最后，考察距离对重游率的影响。居住在离公园越近地区的居民，重游率越高。调研发现，南山区居民的重游率为 67.9%，为市内各区最高；福田区次之，为 56.8%。距离对重游意愿和实际重游的影响差异不大，总体而言，实际重游和重游意愿都随距离的增加而降低。

距离还包括感知距离，在2006年华侨城曾进行过一次对入园游客满意度的调研①，结果发现，如果交通便利、交通费用便宜、有不用付费的停车场等，游客表示愿意重游欢乐谷。

7.3.3　重复旅游者与初次旅游者的特征比较

这里用2010年深圳欢乐谷暑期嬉水狂欢节期间的问卷调查②，比较重复旅游者与初次旅游者，发现如下不同。

1. 出游的动机不同

初次旅游者到欢乐谷动因前三位的是“玩刺激项目”、“慕名而来”、“参与狂欢活动”。其中“慕名而来”的比重复旅游者明显高不少，而“玩水”和“观看表演”则比重游者要低。

为了“陪伴亲友”是第二、第三次来的游客的第二大动因，而这一目的在重游者中明显高于初次游览者，说明欢乐谷是部分市民接待亲友的城市首选娱乐目的地。

重游者出于对公园的了解，游览的目的性更强，往往是冲着他们喜欢的项目而来，例如，参加各阶段的节庆活动、玩特定的项目、观看表演等，这些动因都比初游者高。重游者中表示“参与狂欢节活动”的比例就高于初游者；夏季嬉水是欢乐谷的招牌项目，而且也适合季节和暑期的特点，因此重游次数越多的游客选择“玩水”的比例越高。

有趣的一点，不管是初游者还是重游者，第一动因都选择了“玩刺激项目”。这与欢乐谷的市场定位及形象相关，大型的游乐乘骑一直是其重要的吸引力所在。当然，这也与欢乐谷游客群日益年轻化有关，见表7-7。

表7-7　深圳欢乐谷游客来访频次与来访动因的分析（2010年暑假）

来访频次	来访动因/%						
	玩刺激项目	慕名而来	参与狂欢节	陪伴亲友	玩水	观看表演	其他
第1次来	39.7	35.5	23.2	18.0	10.0	7.6	4.5
第2次来	49.4	10.2	27.3	38.6	10.2	7.4	4.5
第3次来	53.0	3.0	31.8	31.8	25.8	18.2	3
3次以上	37.0	1.7	31.1	32.8	33.6	13.4	5.9

资料来源：深圳欢乐谷2010年暑期嬉水狂欢节期间市场调研

① 2006年华侨城集团与暨南大学中旅学院、美国杨伯翰大学夏威夷学院联合组织的顾客满意度调研，分别在锦绣中华、世界之窗和深圳欢乐谷进行，共回收1617份有效问卷，可信度达0.92。

② 数据为深圳欢乐谷市场部于2010年暑假嬉水狂欢节期间，针对游客开展的暑期调研得到。

2. 对欢乐谷的消息新闻宣传的关注度不同

从游客对公园的活动的知晓度来看，重游者更加关注和熟悉公园各时期的活动，会按照自己的喜好专门为了主题活动前来。初游者则对欢乐谷了解较少，很多活动都是到了公园才知道。在获取信息的途径上，重游者主动查询欢乐谷网站推介的较多；而初游者的主动性有所降低，各种推送消息的渠道的作用都比较平均，以 QQ 消息推送、电视推介、公交地铁广告等为主，接受信息较为被动。

3. 在园内停留时间长短稍有不同

初次来访者，在公园里停留更长的时间，选择停留 7～9 个小时的有 32.6%，停留 5～7 个小时的有 31.5%。与此相比，重游者平均停留时间稍短，选择游玩时间控制在 7 个小时以内的占 53.2%。

4. 在公园里游玩感受区别不大

不管是对公园内的活动内容、表演水平还是节日气氛、互动效果等项目和服务的评价，初游者与重复旅游者在接受程度和评价上都没有太多的差别。

7.3.4　中国主题公园市场重游率的讨论

对中外主题公园的市场重游率进行分析研究，可以得到如下结论：

第一，中国主题公园也可获得较高的重游率。一般认为国外成熟的主题公园重游率都很高，而早期的中国许多主题公园一直门票高、体验差，导致游玩主题公园性价比不良而出现重游率低的局面，从而给业界和学者一个印象：中国大型主题公园的特点是重游率低（保继刚，1994a）。但深圳欢乐谷经过多年的市场导入和培育，同时不断地完善管理、提升服务和再投入更新改造，重游率逐年稳步上升，已经超过 40%，标志着欢乐谷已步入成熟主题公园行列。欢乐谷的实践说明中国主题公园只要生逢其时，并布局在经济活力区域，拥有足够的有经济承受力的市场需求，加上自身的努力，是可以获得较好的市场认可和市场重游率的。

第二，主题公园的重游率受到多种因素影响。调研发现，个体的重游率跟游客的满意度、收入水平、居住地与公园的距离、公园的票价和消费相关。总体的重游率则与公园的主题类型和生命周期相关：参与互动型的主题公园比观赏类的主题公园重游率高；重游率在公园不同生命周期也应存在差异，在公园的市场导入和培育期，重游率会低；导入期之后，重游率会逐渐增加；公园有新的项目或者举办有吸引力的活动，会提高重游率等。

第三，满意度影响重游意愿，重游意愿推动实际重游行为的发生，但主题公园的重游意愿并不一定能导致实际重游行为的产生。满意度与重游意愿两者互为正相关关系，满意度高，重游意愿高；反之亦然，重游意愿越高，满意度越高。而实际重游行为的产生则与收入呈正相关，收入越高，实际重游越高；但与重游意愿则没有这种强关系，收入越高，反而因为游乐选择多而使重游意愿偏低。低收入阶层，由于受群体参照的影响，重游意愿高，但受限于收入水平，实际重游次数较低。

第四，重游者在游览动机、获取公园信息、游玩时长方面有别于初次到访者。总体来说，重游者更看重公园每个时期的特色活动；同时“陪伴亲友”的陪游目的也比较突出，有一定的带动效应；比一般消费者更关注公园的活动推介；游玩时间因为目的性较明确而稍短些。但公园给两者在实际游玩时的感受差异不大。

还有几个问题可以进一步探讨：

(1) 市场重游率受多种因素影响，各种影响因素是如何相互作用的，在何种条件下，何种因素会占据主导，有怎样的相互作用机制，对解释和理解重游率有深远意义，可以深入研究。例如，时间距离、家庭生命周期等因素对重游率的影响十分重要。

(2) 一般而言，如果没有对多长时间重游进行约定，公园开业时间越长，重游率越高。据欢乐谷事业部副总经理的分析：“公园的重游率表面上看是在逐年提高，这是因为市场调研时只问游客是第几次到访，而没有关注他们是多长时间会到访一次。我估计一年内重游的游客大概在10%左右。”所以应该进一步对重游频次和重游频率进行配套研究，限定一定周期来分析重游的强度，这样的市场重游率参数才对主题公园市场规模有实质意义。

(3) 公园经营者应重视和关注重游市场。研究表明，重游游客更加关注主题公园的活动和信息，也是很好的口碑传播者。保持老顾客的成本比开发新顾客成本更低，所以在公园实践中，应该关注重游客，给予他们更多有针对性的营销方案，培育他们的忠诚度。然而，由于公园游客数量较大、而且较为分散的特点，对于重游游客难以辨认，未来可考虑两种途径获取重游游客的信息，建立并深入运用客户关系管理系统：首先，要充分利用会员管理的模式，吸引更多游客成为会员，留下他们的信息，对他们的行为偏好进行跟踪调研和研究，以便制定有针对性的客户关怀方案和营销策略。其次，可以利用越来越成熟的互联网技术，通过园内铺设供游客免费使用的Wifi，从而获取客户的信息，通过数字技术识别和收集重游客人的园内活动信息。

第 8 章　主题公园会员市场：特征与购买动机

会员市场是主题公园最重要，也是最稳定的重游市场。在欧美和日韩等国的主题公园产业中，重游市场当中会员市场占有较大比例。日本东京迪士尼乐园的游客重游率超过 90%，其关键是一方面在乐园中融入本土元素，得到城市居民高度认同，另一方面则是面向城市居民大力推广会员制，培养游客忠诚度，提高重游频次，带动园内的二次消费和商品销售。然而，诚如前文分析，中国主题公园市场与国外主题公园市场存在差异和不成熟的特性，会员制在中国主题公园中的应用也面临一些问题，会员市场特征及其购买动机存在较大差异。

会员制营销被广泛应用于旅游业的各个部门（Jang et al.，2007）。会员制通常以常游客计划（frequent-guest programmes）（Long et al.，2003）、忠诚顾客计划（loyalty programmes）（Palmer，2000）、旅行俱乐部（travel clubs）（Ferreira and Gustafson，2006）和目的地关系计划（destination relationship programmes）（Fyall et al.，2003）等形式出现。旅游企业应用会员制的目标从早期的鼓励会员多次消费演变为在旅游企业与游客之间建立一种长期的情感纽带，以实现共同价值（Olsson，2010），然而目前国内景区实行的会员制仅仅停留在刺激消费上，还难以做到构建会员情感价值。在我国，年卡是广泛采用的会员制方式，主要应用于主题公园、酒店、高尔夫俱乐部、健身中心、文化中心等旅游相关部门。许多旅游景区为会员游客提供各种优惠，如免费入园、VIP 服务、认同感和归属感等（Gruen，2000），而会员游客则为景区提供稳定的收入、游客量，提升品牌忠诚度。正是由于会员制在保持游客量、建立游客关系、平衡季节性、提升品牌价值方面的积极效用，会员制被许多旅游景区认为是一种提升品牌竞争力的营销手段（Olsson，2010）。由于不同的旅游景区面临不同的市场，影响游客购买年卡的因素各异（Slater，2003）。因此，对旅游景区而言，掌握会员规模参数、购买动机及市场规律则至关重要。

主题公园需要维持较高的门槛游客量，因而注重重游率。重游市场的研究对主题公园至关重要。尽管国内主题公园维持 40% 的重游率即可实现很好的绩效（梁增贤和保继刚，2012a），但追求本地市场的高重游率仍是主题公园的重要市场营销目标，而年卡会员制可帮助主题公园了解游客的重游行为偏好，进而探寻提高重游率和培养忠诚客户的有效途径。然而目前国内外学者对主题公园市场特征及规律的研究主要集中在总体市场的选址布局（保继刚，1994a）、客源结构（李舟，2001）、购买决策行为（Moutinho，1988）、满意度（董观志等，2010）、心理容量（梁增贤和董观志，2011）、游客选择行为（McClung，1991）、类型特征（Park et al.，2009）以及对潜在市场的识别等（Milman，1988），对会员市场缺乏了解。从国内外旅游市场研究来看，学界仍然缺乏对旅游景区年卡会员市场规模及其特征的基本认识。从市场营销的角度看，推行年卡会员制无疑是一项有效且可行的营销方案，但该方案的设计和实施则需要对年卡会员市场充分了解。遗憾的是，这恰恰是目前国内外研究中最薄弱的部分。事实上，年卡会员市场除了能够提高景区重游率外，还能够增强景区对市场的可预测性，能够有效地调整供给能力以应对年卡会员市场需求的变化。

对于单个景区（点），尤其是完全企业化管理、以经济利益最大化为根本目标的主题公园而言，旅游年票（卡）的发行则主要出于市场营销的目的，是一种会员制营销（membership marketing）。目前，全球几乎所有主题公园都以发行年卡的方式实行会员制，以提高主题公园的入园量，增加本地居民的重游率。如香港迪士尼实行“奇妙处处通”会员卡制，分为红卡、银卡、金卡及白金卡 4 种，除了享受全年免费多次入园外，还根据会员卡级别享受餐饮、购物等一系列优惠[①]。深圳欢乐谷则开设单人行、情侣卡、亲子游和合家欢 4 种年卡，购卡会员除享受全年无限次入园外，还可在指定餐厅消费时享受九折优惠，此外还不定期举办会员活动[②]。

华侨城欢乐谷系列主题公园年卡会员制应用的时间较长，是目前我国主题公园会员制较为成熟的企业。本章将以华侨城欢乐谷为例，具体分析主题公园年卡会员市场特征及规律。选择华侨城的欢乐谷主要出于如下三点考虑：第一，欢乐谷在深圳、北京、成都和上海连锁发展，全部以欢乐谷为例可以避免不同类型主题公园产品所产生的市场特征差异；第二，由于年卡会员市场存在地域差异，而深圳、北京、上海和成都能够代表中国四大区域市场的基本特征；第三，欢乐谷实行年卡会员制的时间较长，各地除了在价格上略有差异外，其他会员年卡设置、销售策略基本相似（表 8-1），避免不同形式的会员制所导致的市场差异。

本章的数据主要来源于三个方面：第一，通过查阅 4 地欢乐谷开业至今的年卡会员资料、年卡销售情况和使用抽样调查等报告获取相关数据；第二，与成都欢乐谷市场部合作，开展针对年卡会员的市场问卷调查[③]，与深圳欢乐谷市场部合作对“欢乐会”会员进行调查[④]；第三，通过对市场部负责人的深入访谈，了解策略的调整对市场的影响，印证相关分析的可信度。为了避免披露企业商业机

---

① 香港迪士尼官方网站，http：//www.hongkongdisneyland.com.cn。

② 深圳欢乐谷官方网站，http：//sz.happyvalley.cn。

③ 成都欢乐谷年卡会员调研，2012 年暑期，共发放 1200 份问卷，回收 1180 份，有效问卷为 1168 份；采用隔三抽一的方式抽样。

④ 深圳欢乐谷 2012 年推出“欢乐会”，即欢乐会会员再次入园给予购票优惠，吸引游客一年内二次游欢乐谷，提高重游率。2012 年暑期，调研共发放 809 份问卷，回收有效问卷 800 份，回收率为 98.9%。

表 8-1　2012 年深圳、北京、上海和成都欢乐谷年卡种类及价格一览表

主题公园	单人行	亲子卡	情侣卡	合家欢
深圳欢乐谷	628	880	1199	1380
北京欢乐谷	580	780	999	1280
上海欢乐谷	388	—	799	—
成都欢乐谷	458	658	858	988

注：其中，单人行适用于身高高于 1.4 米的儿童及成人，亲子游适用于一名成人和一名身高 1.4 米以下儿童，情侣卡适用于两名 18 周岁以上成人（一男一女），合家欢适用于两名成人（一男一女）和一名身高 1.4 米以下儿童。深圳欢乐谷年卡会员除了免门票外，还可享受园内指定餐厅九折优惠和华侨城高尔夫球场七折优惠，并有权参与会员活动

资料来源：深圳、北京、上海和成都欢乐谷的官方网站

密，在得到企业许可和不影响本章结论的情况下，本章将对相关统计数据进行图表化和比例化处理。

8.1　主题公园的会员规模参数特征

8.1.1　年卡会员规模

为了考察欢乐谷年卡会员的拥有量，先考察四地欢乐谷单人行年卡的销售数据，见图 8-1。

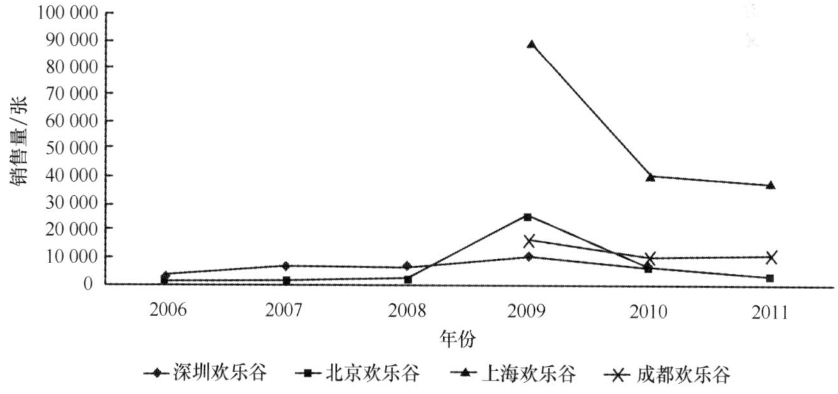

图 8-1　四地欢乐谷单人行年卡销售情况（2006～2011 年）

注：上海和成都欢乐谷 2009 年开业，之前并未销售年卡，故无统计数据

资料来源：深圳华侨城欢乐谷事业部

与各地欢乐谷每年接待游客都在 200 万人次以上的数据相比，各公园的年卡会员拥有量都似乎有点微不足道，从图 8-1 各地欢乐谷各年年卡会员拥有量的曲

线变化来看，上海欢乐谷的年卡会员拥有量最大，在 2009 年开业之年，会员拥有量几乎达到 9 万人，随后的两年也每年保持在 4 万名会员的规模；北京欢乐谷 2009 年在开业三周年做了一次年卡优惠促售的活动，所以当年会员拥有量上升至 2.5 万人；除此，深圳欢乐谷、北京欢乐谷和成都欢乐谷的年卡会员拥有量在其他年份都基本稳定在 1 万人上下。

总体而言，年卡会员拥有量并不算高，假设年卡的使用率为 5 次，也只是给公园贡献了 5 万～6 万人次的游客量。会员拥有量的多少，与公园经营者的态度密切相关。上海欢乐谷在开业前积极推动年卡的销售、北京欢乐谷主动降低年卡销售门槛，都使年卡会员拥有量得到明显的提升。究竟多大规模的会员拥有量是合适的，是一个很值得研究的课题。

8.1.2　年卡会员规模与年卡资费的关系

年卡会员费用过低或者过高都将可能降低购买率。Jang 等（2007）的研究表明，当其他竞争者提供超值服务且会员费用较低时，那么索要过高的会员费将可能引发会员游客的抱怨，而当会员费用过低时，游客亦可能放弃购买，选择其他价格与其心理价位相符的会员卡。显然，年卡价格需要同时考虑城市居民消费水平、景区产品和服务的效用以及竞争者的价格水平，同时也应兼顾公园的收益。为了便于比较，以成年单人卡进行对比分析，见表 8-2。

表 8-2　2012 年中国主要主题公园年卡会员费用比较

主题公园	成年单人卡	成人门票	成人门票：成年单人卡	所在城市月人均 GDP（2011）	门票占月人均 GDP 比例/%
深圳欢乐谷	628 元	200 元	1∶3.14	9 198.9 元	2.2
北京欢乐谷	580 元	200 元	1∶2.9	6 699.5 元	3.0
上海欢乐谷	388 元	200 元	1∶1.94	6 880 元	2.9
成都欢乐谷	458 元	170 元	1∶2.69	4 062.9 元	4.2
香港海洋公园	610 港币	280 港币	1∶2.18	22 351.1 港币	1.3
香港迪士尼乐园	650 港币	399 港币	1∶1.63	22 351.1 港币	1.8

注：成人门票皆为 1 日门票。香港迪士尼和香港海洋公园采取较为细分年卡会员制，其中香港迪士尼成年单人卡分为白金卡、金卡、银卡和红卡四种，成人价格分别为 2400 港币、1650 港币、850 港币和 650 港币，由此推算成人门票与成年单人卡的比值分别为 1∶6.02、1∶4.14、1∶2.13 和 1∶1.63；而香港海洋公园分为金卡和银卡，成人价格分别为 780 港币和 610 港币，由此推算成人门票与成年单人卡的比值分别为 1∶2.79 和 1∶2.18

资料来源：各个主题公园的官方网站和香港特别行政区政府统计处官方网站：http://www.censtatd.gov.hk

根据表 8-2 可以得到如下几点：

第一，经济越发达的城市，主题公园门票的相对价格越低，即成人门票价格占月人均 GDP 的比值越低，其中经济最发达的香港该比值均低于 2.0%，而经济最不发达的成都该比值则高达 4.2%。然而，比值越低是否意味着本地居民购买主题公园产品的可能性越高？

第二，从年卡费用与门票的比较来看，国内主题公园的成人门票与成年单人卡的比值普遍高于香港地区主题公园，只有上海欢乐谷例外。那么，年卡的定价不同对当地居民购买年卡的情况有什么影响？

从城市间比较看，深圳和北京欢乐谷单人行年卡销量与城市经济之间并非简单相关，而受到其他一系列因素的综合影响，如人口规模、景区推广、价格促销、市场特征等。其中上海欢乐谷的年卡销售量绝对值要高于其他地区，这与其年卡定价最低相关，仅为门票的 1.94 倍。而深圳欢乐谷的年卡销售为四地欢乐谷最低，年卡费用是门票的 3.14 倍。北京欢乐谷在积极推广的 2009 年和 2012 年，年卡定价一度达到门票的 1.5 倍，导致销售量激增。因此，年卡的定价存在一个合理的价格区间，可能根据城市经济水平和人口规模变化，欢乐谷的经验表明，定价在门票的 1.5～2 倍的年卡更受欢迎。

从年际变化看，单人行年卡销量波动很大，其中，2009 年中国面临严重的金融危机的冲击，经济发展面临巨大压力，然而即使在这样的情况下，年卡销售量反而暴涨。根据笔者访谈了解，各地欢乐谷都推出了年卡销售的优惠政策。北京欢乐谷 2009 年推出开业三周年的半价促销；2009 年是上海欢乐谷开业之年，对年卡的促销连同公园开业宣传同步进行，也取得不错的效果；深圳欢乐谷 2009 年对园内游客现场办年卡七折优惠。北京欢乐谷 2012 年的销量提升也是得益于暑期的“六折”推广，从而说明，年卡的销售受销售价格和推广方案影响较大，而受宏观经济影响较小，其中价格促销是年卡销量增长的主要原因。

将访谈中了解的各地欢乐谷重游率进行比较，深圳 35.86%、上海 34.62%、北京 32.2%、成都 31.96%，刚好跟表 8-2 中的门票与城市人均月 GDP 比值匹配，比值越低，重游率越高，反映出公园的门槛相对较低时，可以获得更多的重游率。

8.1.3　年卡会员的社会人口特征

通过对四地欢乐谷年卡会员的调查，发现四地欢乐谷年卡会员市场的社会人口特征基本类似，主要以本市居民为主。其中，成都欢乐谷购买年卡游客中，88%来自成都市，9%来自省内其他城市；3%来自省外。值得关注的是，在本市居民购买者中，主题公园所在金牛区居民约占 52.4%，远远高于其他城区居民[①]。因此，主题公园年卡会员主要集中在主题公园周边 1 小时车程范围内的市场，而年卡会员的社会人口特征如表 8-3 所示。

表 8-3 成都欢乐谷年卡会员社会人口特征（2011 年）

属性	比例/%	属性	比例/%
性别：		年龄：	
男	44.7	15 岁及以下	6.0
女	55.3	16～25 岁	28.4
客源地：		26～30 岁	17.4
成都市	88	31～35 岁	19.2
四川省内其他城市	9	36～45 岁	22.1
四川省外	3	46 岁及以上	6.9
收入：		学历：	
小于 1000 元	21	研究生及以上	7.14
1001～2000 元	7	本科	36.51
2001～3000 元	23	大专	27.78
3001～4000 元	14	高中	10.32
4001～5000 元	21	初中	11.11
5001 元及以上	14	小学及以下	7.14

注：会员的性别、年龄、客源地为成都欢乐谷提供的客户统计资料，为了避免暴露客户信息，本表仅展示相关比例。收入和学历为调研阶段购卡者问卷调查所得。年龄、性别、客源地为完整统计资料，如单人行则统计 1 人资料，情侣卡和亲子游则统计 2 人信息，合家欢则统计 3 人信息。截至 2011 年年底，成都欢乐谷销售的年卡中，单人行约占 65.1%

根据表 8-3 可知，年卡会员以女性居多，学历以本科和大专为主，约占 2/3。根据调查了解，15 岁以下和 36 岁以上的会员主要购买亲子卡和合家欢卡，约占 33%；其中 16～30 岁的年卡会员，是成都欢乐谷最高的会员比例，占 45.8%，该年龄比例中，主要是年轻的大学生及城市白领等，这部分人群的学习和工作压力较大，寻求刺激的愿望强烈，主要购买单人行，出游意向较为明显；31～35 岁的年卡会员占 19.2%，该年龄层段的会员主要以拥有婴幼儿的家庭、工作较为稳定的成年人为主，以购买合家欢为主。月收入在 1001～2000 元的人最少，2001～3000 元的人最多，低收入人群（月收入“小于 1000”元的）比例不小，这部分人大多数是“学生”。因此，成都欢乐谷的单人行和合家欢卡的销售比例较高。学生卡的销售在 2011 年占 15%，因价低和使用频次高，已经取消。总体

① 成都欢乐谷提供的成都欢乐谷 VIP 卡游客基本情况报告（截至 2012 年）。

上，主题公园年卡市场与总体客源市场在人口结构特征上差异不大，年卡会员市场更多地来源于近程市场，并呈现较高的重游次数。

8.1.4　年卡会员市场的带动性特征

年卡会员市场的一个显著特征是它具有市场带动性。成都欢乐谷的问卷调查表明，59.4%的年卡会员均是与会员结伴前行，18.88%的年卡会员独自出游，18.22%的年卡会员与非会员结伴出游，说明年卡会员具有一定的带动性。与此同时，年卡会员也表现出较高的推荐率。成都欢乐谷的问卷调查显示，愿意推荐成都欢乐谷的占 80.6%，其中，曾经成功推荐购买的占 47.76%，未成功推荐购买的仅为 22.39%，准备推荐的占 10.45%，当然也有 8.21%的会员将会告诫亲朋好友不要购买。总体上，年卡会员的推荐率较高，对游客量提升具有促进作用。

一般情况下，游客在园内的停留时间越长，消费的机会就会越多。通过对 4 地欢乐谷年卡会员的网络调研①，发现年卡会员在园内的游玩时间集中在 2～4 小时，占所有受访者的 39.1%；游玩 4～6 小时的占 35.5%。对照 2012 年国庆节对深圳欢乐谷的游客园内停留时间的调查，停留 5～7 个小时的游客最多，有 32.3%；7～9 个小时的有 30.9%；停留 9 个小时以上的还有 19%。年卡会员比普通的游客在园内停留时间要短一些。当然不排除国庆黄金周排队人多，游客需要停留更长时间以便参与更多项目的因素，但是并不影响持年卡会员因有再次免费入园的机会而缩短停留时间的判断。再看他们在园内的二次消费，消费在 100 元以内的会员有 52.2%，消费 101～300 元的有 35.3%，见图 8-2。可见会员在园内的二次消费并不高。主要的花费是在餐饮上，占 92.7%；其次是商品 31.1%和园内交通 25.9%。

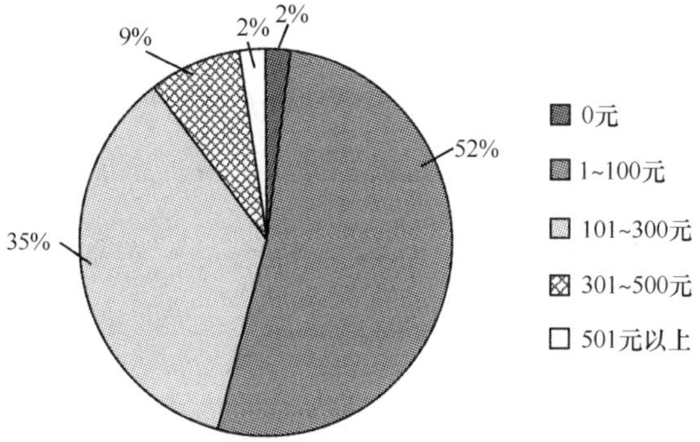

图 8-2　四地欢乐谷年卡会员园内评价花费（2012 年）

资料来源：欢乐谷年卡会员购买意愿调查，2012

① 数据来自欢乐谷年卡会员购买动机调研。

针对已入园的游客，深圳欢乐谷的“欢乐会”仅收取 10 元便可入会。会员在未来一年内再次入园可享受平日门票半价、暑期和黄金周门票八折的优惠，同时享有园内购物和餐饮的优惠。调研发现：近 90％的会员愿意在未来一年内来欢乐谷游玩 2 次或以上，45％的会员选择在平时重游欢乐谷，其中，“平时周末”位列第一，达 24.1％；其次，“平时周一至周五”为 20.9％；35％的会员选择在“暑期”、“春节、十一黄金周”重游欢乐谷，其中，暑期占比 19.2％，黄金周占比 15.9％；14.3％选择五一、端午、中秋等非黄金周的节假日；5.6％选择其他时间。有 21.07％的会员表示重游是受园区餐饮、购物折扣的吸引；30.98％的则是看重随行亲友的购票优惠。综上，调整年卡策略，降低会员的准入门槛，并以多样的价格优惠策略调节，可以促进公园的重游率，均衡淡旺季，促进园内消费及会员带动亲朋好友前来的比率。

8.2　年卡会员的重游频次与续卡率

8.2.1　重游频次

与普通游客行为的关注点不同，年卡会员市场的游客行为中最值得关注的是年卡的使用频次，即会员的重游频次，见表 8-4 和表 8-5。

表 8-4　2012 年深圳、北京欢乐谷年卡会员年卡使用次数比较

主题公园	单人行	亲子卡	情侣卡	合家欢	平均
深圳欢乐谷	8.38	5.10	5.84	3.14	5.62
北京欢乐谷	6.68	5.47	5.53	3.72	5.35
平均	7.53	5.29	5.69	3.43	5.48

注：年卡使用率＝刷卡次数/年卡销售量，由于入园时每进入 1 人刷 1 次卡，因而在统计时情侣卡按 2 人次计算，亲子游 2 人次计算，合家欢 3 人次计算，故在计算年卡使用率时要除以相应的次数

资料来源：深圳欢乐谷、北京欢乐谷提供的年卡使用统计报告

表 8-5　上海欢乐谷的重游情况（2012 年）

<table>
<tr><td colspan="2" rowspan="2">游客抽样</td><td colspan="4">到访上海欢乐谷的次数所占比例/％</td><td rowspan="2">合计/％</td></tr>
<tr><td>1 次</td><td>2 次</td><td>3 次</td><td>4 次及以上</td></tr>
<tr><td rowspan="2">是否年卡会员</td><td>否</td><td>73.30</td><td>16.30</td><td>6.90</td><td>3.50</td><td>100.00</td></tr>
<tr><td>是</td><td>11.40</td><td>13.60</td><td>12.50</td><td>62.50</td><td>100.00</td></tr>
<tr><td colspan="2">合计</td><td>65.38</td><td>15.95</td><td>7.62</td><td>11.05</td><td>100.00</td></tr>
</table>

注：发放 1000 份问卷，回收率是 92％。本次抽样中年卡游客占 25％

资料来源：上海欢乐谷 2012 年春节期间的市场调研

年卡会员使用年卡次数很高，具有较高的重复旅游行为，2 地欢乐谷年卡会员的重游次数高达 5.48 次，这意味着如果景区有 1 万名年卡会员，那么这些会员每年将贡献 54 800 人次的入园量。因此，景区的年卡会员比重越大，那么景区的年游客量就相对稳定，且可预测。单人行年卡会员的重游次数明显高于其他类型年卡游客，单人行年卡会员多为出游积极性较高的青少年和学生群体，同时，单人行年卡会员出游的自由度也较高。

根据表 8-5 的抽样调查数据可知，上海欢乐谷有 34.62%是重游客人，其中年卡会员约占 22.15%，且年卡会员的重游次数远远高于普通游客，年卡会员重游 4 次及以上约占 62.5%。由此判断，上海欢乐谷年卡会员对公园的重游提升有很大的贡献。

从 2012 年 12 月份的年卡会员购买动机网络调研的数据看，四地欢乐谷接受访问的会员使用年卡次数为：初次使用的占 13.4%，使用 2～3 次的占 22.9%，使用 4～6 次的占 27.9%，使用 7～10 次的占 16.6%，使用 11 次以上的占 19.2%，与上海欢乐谷的调研结果基本吻合，4 次以上重游频次的会员占了总数的 63.7%。

8.2.2　续卡率

从续卡率看，根据笔者对四地欢乐谷年卡会员购买动机的网络抽样调查发现，24%的会员表示肯定会续卡；47.7%的会员表示可能会续卡；需要考虑的有 24%；有 6.2%的会员表示可能不续卡；只有 0.8%的会员明确表示肯定不会再续卡。然而，实际续卡的情况并不那么乐观。以深圳欢乐谷 2010 年的续卡情况为例，单人行卡、亲子卡、情侣卡和合家欢卡的续卡率分别为 3.48%、10.09%、5.61%和 8.70%，平均续卡率仅为 5.10%。因此，主题公园要维系年卡会员是很难的，这与高尔夫俱乐部、健身中心等其他俱乐部会员的续卡率特征差异很大。根据对会员和公园经营层的访谈，影响会员续卡的因素主要有三点：

第一，主题公园的吸引力。如果主题公园不能持续更新产品和服务，那么其吸引力就会逐渐减弱，可能会丢失追求新奇和刺激的年卡会员。

第二，随着会员的家庭生命周期变化导致需求变化，这对情侣卡、亲子卡和合家欢卡影响较大。随着家长和孩子的年龄增长，对不同类型的主题公园兴趣可能发生变化。例如，成都欢乐谷的合家欢续卡较多，说明公园吸引了更多的家庭旅游市场，与成都人喜欢“耍”的特性也吻合；深圳欢乐谷的亲子游卡为各类卡中续卡最多的，与深圳是一座年轻的城市相关。

第三，公园经营者对推销年卡并不热心，因为年卡的使用频率高，远高于年卡定价可以游玩的次数，而年卡会员入园后的二次消费又很低，不能带来长远的效益，所以也没有制定积极的续卡优惠策略。而对于年卡会员在续卡上几乎没有什么优惠，园内会员的特权或者权益也体现不多，导致会员续卡激励不足。

综合年卡的使用次数和续卡率来看，单人行卡销量最大、使用次数最高，但续卡率最低；合家欢卡销量较小、使用次数最低，但续卡率较高；亲子卡的续卡率最高。对主题公园而言，争取亲子卡和合家欢卡会员的难度最大，但维系会员的难度又最小；争取单人行卡会员的难度最小，但维系会员的难度又最大。主题公园需要根据自身市场营销定位以确定不同的推广方案和营销重点。

8.3 主题公园的会员购买动机分析

8.3.1 研究方法、过程与数据说明

为了研究主题公园会员购买年卡的动机，在参考相关重游旅游市场与游客选择行为动机的研究，并对高层管理人员进行访谈的基础上，研究建立了主题公园会员购买动机的量表，包含了 37 个题项。为了进一步验证量表的有效性，笔者于 2012 年 12 月 10～19 日组织调研员在深圳欢乐谷游客服务中心对新入会会员进行调研，完成了 51 份问卷，在此基础上对量表进行了外部题项的调整，使之更具有操作性。

研究采取与华侨城集团合作的方式，根据华侨城集团下属四家欢乐谷公司提供的年卡会员资料，掌握会员的电话联系方式，设计通过短信发送问卷网址 URL 链接的方式进行问卷调查。受访者只需要点击收到短信的 URL 链接即可进入问卷调查网页。

基于配额抽样基础上的系统抽样原则，本研究计划在每家欢乐谷回收至少 250 份问卷，每家欢乐谷根据“每隔几个”会员号的方式抽取发放对象，总计回收要超过 1000 份问卷。为此，笔者进行了两轮问卷发放。第一轮发放共计向 3441 个会员游客发送 3 次短信，有效回收问卷为 346 份，距离目标样本量还有较大差距，因此进行了第二轮抽样。第二轮发放排除第一轮已抽样的电话号码，按照系统抽样的原则，缩小抽样间隔进行抽样。两轮发放问卷共收回有效问卷 1236 份，其中北京 375 份，深圳 360 份，上海 257 份，成都 220 份，其他 24 份，样本的社会人口结构特征如表 8-6 所示。

表 8-6 样本的社会人口结构特征一览表

类别	分类	样本数/份	比例/%
性别	男	557	45.1
	女	679	54.9
年龄	14 岁及以下	15	1.2
	15～19 岁	51	4.1
	20～24 岁	271	21.9
	25～29 岁	307	24.8
	30～34 岁	291	23.5
	35～39 岁	213	17.2
	40～44 岁	63	5.1
	45～54 岁	19	1.5
	55 岁及以上	6	0.5
学历	初中及以下	34	2.8
	高中/职高/中专	231	18.7
	本科/大专	852	68.9
	研究生及以上	108	8.7
	其他	11	0.9
职业	中小学生	31	2.5
	大学生	63	5.1
	教师/公务员	77	6.2
	军人/警察	7	0.6
	律师/医生等专业人士	72	5.8
	企事业管理人员	146	11.8
	企业职员	478	38.7
	私营业主/合伙人	88	7.1
	自由职业者	120	9.7
	待业/在家	53	4.3
	其他	101	8.2
收入	5 万元以下	196	15.9
	5 万～7 万元	154	12.5
	7 万～8 万元	90	7.3
	8 万～9 万元	55	4.4
	9 万～10 万元	165	13.3
	10 万～12 万元	139	11.2
	12 万～15 万元	91	7.4
	15 万元以上	346	28.0

续表

类别	分类	样本数/份	比例/%
性别	男	557	45.1
	女	679	54.9
所在城市	深圳	360	29.1
	北京	375	30.3
	上海	257	20.8
	成都	220	17.8
	其他城市	24	1.9

注：该数据表样本总额为 1236 个。调研组分别在深圳、北京、上海和成都针对会员游客发放问卷，除上述城市居民外，还包括四大城市周边地区的其他居民，共计 24 人

8.3.2 主成分分析

使用 SPSS17.0 对量表中关于动机的 37 个题项进行信度检验，计算出总 α 系数为 0.966（表 8-7），说明调查数据具有极高的信度。研究主要采用主成分分析法，首先需要完成 KMO（Kaiser-Meyer-Olkin）与巴特利特（Bartlett）球度系数检验。结果表明，KMO 值为 0.963，达到进行因子分析的标准，表明各个变量间具有共同因子存在，变量适合进行因子分析。此外，巴特利特球度系数为 35 827.624，自由度（666）达到 0.05 显著水平，可拒绝虚无假设，即拒绝变量间的净相关矩阵不是单元矩阵的假设。因此，调研结果符合进行主成分分析的要求。通过主成分分析，得到如表 8-7 所示的 5 个主成分，累积解释 65.437%。

表 8-7　因子分析结果表

因子	因子负荷量	特征值	解释方差（累积解释方差）	共同度
成分 1：基本功能		7.420	20.053%（20.053%）	
主题公园的游乐设备具有吸引力	0.738			0.839
主题公园的演艺活动具有吸引力	0.695			0.629
主题公园能够满足我的娱乐需求	0.693			0.648
主题公园的节庆主题活动具有吸引力	0.673			0.605
主题公园能够满足家庭娱乐需求	0.666			0.640
以往到访主题公园的满意度高	0.664			0.670
主题公园能够满足我与朋友交流和娱乐的需求	0.660			0.611
以往到访主题公园的体验好	0.659			0.653

续表

因子	因子负荷量	特征值	解释方差（累积解释方差）	共同度
主题公园的品牌知名度高	0.639			0.584
主题公园的服务质量较高	0.575			0.706
主题公园的营销宣传做得好	0.551			0.655
主题公园对孩子具有寓教于乐的功能	0.547			0.542
主题公园的餐饮健康卫生	0.522			0.664
到访主题公园的交通方便	0.446			0.596
成分 2：额外功能		5.830	15.757%（35.810%）	
主题公园周边有其他旅游景区选择	0.758			0.644
主题公园周边有丰富的休闲活动选择	0.745			0.699
主题公园周边有大型购物中心	0.721			0.620
主题公园周边社区环境良好	0.664			0.665
主题公园周边餐饮选择多样	0.633			0.605
年卡的设计精美	0.626			0.660
主题公园的主题商品具有吸引力	0.625			0.676
主题公园的影视娱乐具有吸引力	0.604			0.679
到访主题公园的时间安排灵活	0.529			0.617
成分 3：会员权益		5.757	15.561%（51.370%）	
年卡会员活动具有吸引力	0.818			0.839
年卡会员活动丰富	0.815			0.828
年卡会员活动安排合理	0.772			0.793
年卡会员权益较多	0.771			0.768
年卡会员权益具有吸引力	0.758			0.741
年卡的优惠活动具有吸引力	0.673			0.617
年卡的价格合理	0.614			0.595
成分 4：使用方式		2.731	7.380%（58.751%）	
年卡的办理简便	0.740			0.721
年卡的使用方便	0.714			0.690
年卡的赠送方便	0.556			0.588
年卡的期限较长	0.500			0.570
成分 5：保障功能		2.474	6.686%（65.437%）	
主题公园距离我的住所较近	0.555			0.561
主题公园的特色餐饮具有吸引力	0.477			0.553
主题公园的设施安全可靠	0.439			0.601

注：抽取方法为主成分分析法；旋转方法为最大正交旋转法

对 5 个主成分进行命名。其中：

成分 1 所解释的题项分别为“主题公园的游乐设备具有吸引力”、“主题公园的演艺活动具有吸引力”、“主题公园能够满足我的娱乐需求”、“主题公园的节庆主题活动具有吸引力”、“主题公园能够满足家庭娱乐需求”、“以往到访主题公园的满意度高”、“主题公园能够满足我与朋友交流和娱乐的需求”、“以往到访主题公园的体验好”、“主题公园的品牌知名度高”、“主题公园的服务质量较高”、“主题公园的营销宣传做得好”、“主题公园对孩子具有寓教于乐的功能”、“主题公园的餐饮健康卫生”、“到访主题公园的交通方便”，主要反映主题公园自身产品性质、功能及其对游客满意度体验的影响，是主题公园作为一种旅游产品所具备的基本功能，也是大多数游客关注主题公园的基本面，可以命名为“基本功能”。

成分 2 所解释的题项分别为“主题公园周边有其他旅游景区选择”、“主题公园周边有丰富的休闲活动选择”、“主题公园周边有大型购物中心”、“主题公园周边社区环境良好”、“主题公园周边餐饮选择多样”、“年卡的设计精美”、“主题公园的主题商品具有吸引力”、“主题公园的影视娱乐具有吸引力”、“到访主题公园的时间安排灵活”，主要反映主题公园的外部环境特征以及外部产品吸引力等，这些吸引力和外部特征并非主题公园本身所具有的功能和结构，而是主题公园额外的吸引力，可以命名为“辅助功能”或者“额外功能”。

成分 3 所解释的题项分别为“年卡会员活动具有吸引力”、“年卡会员活动丰富”、“年卡会员活动安排合理”、“年卡会员权益较多”、“年卡会员权益具有吸引力”、“年卡的优惠活动具有吸引力”和“年卡的价格合理”，主要反映主题公园会员权益和优惠活动的特征，可以命名为“会员权益”。

成分 4 所解释的题项分别为“年卡的办理简便”、“年卡的使用方便”、“年卡的赠送方便”和“年卡的期限较长”，主要反映主题公园会员年卡的使用特征，是会员游客使用年卡的方式，可以命名为“使用方式”。使用方式是中国主题公园年卡消费的一大特点。一部分人购买年卡主要出于送礼的需求，因而年卡的外在形式就十分重要。

成分 5 所解释的题项分别为“主题公园距离我的住所较近”、“主题公园的特色餐饮具有吸引力”和“主题公园的设施安全可靠”，主要反映会员游客选择购买年卡的其他需求，如餐饮需求、交通需求和安全需求，是游客选择的主题公园产品的基本保障，可以命名为“保障功能”。保障功能一般不会对购买年卡产生较大的正向作用，但是保障功能较弱，则会对购买年卡产生巨大的负向作用。

8.3.3　购买动机的社会人口结构特征差异

为了进一步分析社会人口特征（如性别、年龄、收入、职业等）在购买动机上的差异，研究基于主成分分析所得到的 5 个主成分因子，选择独立样本 t 检验或单因素方差分析等方法进行显著性差异检验，并根据检验结果进一步对有显著差异的各个变量进行事后多种比较分析（Post-Hoc test），以掌握社会人口结构特征的差异及其意义，其中事后多种比较分析主要采用 Tukey HSD 法。

从性别上看，5 个成分的购买动机在性别上均无显著差异，说明男性和女性在 5 类不同的购买动机中表现出相对一致的选择，无明显差异。因此，性别并非影响会员卡购买的主要因素。

1. 年龄差异

从年龄上看，年龄在 20～24 岁、25～29 岁以及 45～54 岁的会员在购买动机使用方式上的评价显著高于其他年龄段会员游客，说明这部分游客更在乎会员卡的使用年限、方便程度、是否适宜赠送情况，而其他年龄段会员并不很在意这些，其中年龄在 55 岁以上的游客基本不考虑使用方式的问题。从另一方面来看，年龄在 30～39 岁和 50 岁以上的游客比其他年龄段游客更关心主题公园的保障功能，关注公园的安全、距离等保障性因素，考虑公园的特色餐饮。

对于上述情况，可解释为：20～29 岁的游客是游玩公园的主体人群，期望能和情侣、好友共度开心时光，同时具有一定程度的经济自主性，此部分人群会较为关注年卡的有效期限、使用的方便程度和赠送后接受者使用的方便程度。45～54岁评价较高的原因一部分是反映实际购买动机的，一部分可能是由计量尺度造成的。该年龄段人群的孩子或朋友的孩子通常在 15～24 岁，正是对游乐型主题公园兴趣十足的阶段；出于购买年卡赠送好友孩子或自己孩子的动机，通常会了解年卡办理、使用的相关问题。计量尺度的原因是指 45～54 岁的年龄跨度为 10 岁，之前选择项的年龄跨度为 5 岁，这一定程度上造成这一年龄段人群选择比例的加大。

30～39 岁的人群更关心安全、距离等“保障功能”因素，一是这部分人群相对于 20～29 岁的人群，更加成熟稳重，多了考量；二是有了小孩（大约 9 岁以下），造成出行不便或更担心小孩的安全。50 岁以上人群的关心，多是由于身体机能退化，对机动项目承受力减弱，进而造成心理上的“敬而远之”。

2. 学历差异

从学历上看，初中及以下群体明显要比其他学历群体更在乎主题公园产品的额外功能，更多地考虑主题公园周边是否还有其他可以选择的景区、购物场所和娱乐餐饮，这类群体比较重视选择的多样性和组合性，相比之下，研究生及以上群体最不在乎主题公园的额外功能；研究生及以上学历的群体也不关心年卡的使用方式，而是高中/职高/中专人群最关心；研究生及以上学历人群最关心的是主题公园的保障功能，而初中及以下和其他学历人群最不关心保障功能，可以理解为学历越高的人群，对主题公园保障因素的重视程度越高。

不同学历人群关注点的不同，实则（或更多地）反映了不同年龄段人群对“玩”的态度。初中及以下群体，结合公园游客的年龄结构及城市人口的教育程度来看，实指初中生和小学生；此类人均选择“热闹”的地方，主要是因同学多人出行对公共交通的依赖和对良好治安环境的放心；他们对商品餐饮品质要求不高，偏好园外的各类街边小食或袋装食品，喜欢动漫影视类项目，也会购买价格不高的小玩意。高中/职高/中专人群（绝大多数为学生）最关心年卡使用方式，与期望能和情侣、好友共度开心时光有关。研究生及以上人群由于绝对数很少，年龄偏大，因此会显示最为注重安全、距离等心理感知的保障因素。

3. 职业差异

从职业上看，在校大学生明显要比其他职业群体更在乎主题公园的基本功能，而待业/在家、军人/警察以及其他职业群体则对此重视程度较低；然而待业/在家和其他职业人群对会员卡的使用方式比较关心，但军人/警察却对此不以为然；与此同时，军人/警察职业群体比任何一个职业群体都强调主题公园的保障因素，这可能跟他们的职业习惯有关。

大学生年龄多为 18～22 岁，更看重游乐设备的吸引力，以及相伴产生的与朋友交流的需求；正是对核心游玩内容（游乐设备）的投入，使得其他产品（演艺和主题活动）和服务对其来说更是锦上添花的内容，产生“一好俱好”的评价效果。待业/在家人群多以家庭主妇等为主，购买年卡可能并非个人使用。

4. 家庭年收入

从家庭年收入看，对会员权益的关注基本在家庭年收入水平上呈现 M 形结构，即最低收入阶层、最高收入阶层和处于中间收入 8 万～9 万元家庭年收入的阶层最不关心会员权益；而对保障功能的关注，基本上随着个体年收入的升高而升高。较高收入的阶层明显要比较低收入的阶层对主题公园的保障功能更为关心。

5. 家庭结构

从家庭结构上看，家庭结构的差异在使用方式和保障功能的重视上影响较大。夫妻二人或有 18 岁以下子女的家庭比其他任何群体都强调主题公园的保障功能，但也比其他任何群体都不重视会员卡的使用方式。与此同时，单身人群、与朋友合住人群以及有 18 岁以上孩子的人群在使用方式和保障功能的重视程度上表现出相对一致性，都比较重视使用方式，而忽视保障功能。

以上现象反映出，对于各类型家庭来说，如以“玩乐”和“交流”为首要且单一考虑因素的，则会倾向于忽视保障功能的属性，而倾向于年卡使用方式；如虽以“玩乐”为目的，但同时考虑孩子等其他因素的，则更重视心理感知的保障属性。以上描述适用于自己购买年卡的情形。对于为别人购买年卡的情形，则须关注年卡使用方式。

综上所述，影响会员游客购买主题公园年卡的因素主要分为五大类：一是基本功能，主要反映主题公园自身产品性质、功能及其对游客满意度体验的影响，是主题公园作为一种旅游产品所具备的功能；二是额外功能，反映主题公园的外部环境特征以及外部产品吸引力等，这些吸引力和外部特征并非主题公园本身所具有功能和结构，是主题公园额外的吸引力；三是会员权益，反映主题公园会员权益和优惠活动的特征；四是使用方式，反映主题公园会员年卡的使用特征，是会员游客使用年卡的方式；五是保障功能，反映会员游客选择购买年卡的其他需求，如餐饮需求、交通需求和安全需求，是游客选择的主题公园产品的基本保障。这些购买动机和主要考虑因素的分析，清晰地表明购买者动机的多样性和多层次性，由此形成 5 种类型的购买者，其社会人口结构特征也存在明显差异，见表 8-8。

表 8-8　5 种动机类型游客的社会人口结构特征差异

类型	基本功能型	额外功能型	会员权益型	使用方式型	保障功能型
性别	5 种不同类型游客中男性和女性比例差异很小				
年龄	无显著年龄差异	以 30～39 岁和 55 岁以上人群为主，年龄越小的群体，比例越少	无显著年龄差异	以 20～29 岁和 45～54 岁的人群为主，55 岁以上的人群极少	无显著年龄差异
学历	无显著学历差异	以低学历人群为主，学历越低的人群所占比例越大	无显著学历差异	以高中/职高/中转和其他学历人群为主，高学历人群比例较小	以高学历人群为主，学历越低的人群所占比例越小
职业	以在校学生（大、中、小学）为主	无显著职业差异	无显著职业差异	待业/在家人群较多，其他人群占有一定比例，军人/警察极小	军人/警察较多，其他人群占有较小比例

续表

类型	基本功能型	额外功能型	会员权益型	使用方式型	保障功能型
家庭年收入	无显著家庭年收入差异	无显著家庭年收入差异	5万～8万元和9万～12万元家庭年收入人群为主	无显著家庭年收入差异	一般家庭年收入越高的人群所占比例越大
家庭结构	无显著家庭结构差异	无显著家庭结构差异	无显著家庭结构差异	单身、与朋友合住、有18岁以上子女的家庭以及其他所占比例较大	夫妻二人或有18岁以下子女的家庭所占比例较大

根据上表可知5种类型购买者的特征如下：

基本功能型购买者主要是在校学生，包括大学生、中学生和小学生，这类群体购买会员资格主要考虑主题公园产品的内容和特性，即主题公园作为娱乐产品所提供的基本功能，强调主题公园在游乐设备、演艺活动、节庆主题等方面的吸引力，以及学生群体重交友学习的期待。与此同时，这类群体的机动性较差，通常依赖于城市交通体系，强调主题公园交通便利性，且对餐饮卫生等方面缺乏有效判断，因而习惯于选择品牌知名度好、服务好、口碑好和过往体验较好的主题公园。

额外功能型购买者主要是以30～39岁和55岁以上的较低学历人群为主，学历越低所占比例越大，这类人群在现实中主要是外来务工者（进城农民工）、个体经营业主和退休人士，这类人群通常没有较为固定的职业，工作时间不稳定，时间安排较为灵活，追求一次出游能够满足多种消费需求，特别重视所游之地的娱乐、购物、影视、餐饮和其他休闲项目的内容组合。

会员权益型购买者主要是以家庭年收入在5万～8万元和9万～12万元家庭年收入人群为主，特别重视年卡会员制本身的性价比。由于这部分人群多属于中等收入人群，对年卡会员制的价格较为敏感，精于计较购买年卡与不购买年卡所获收益差别，往往追求年卡会员制除门票优惠以外的更多特权和优惠，看重年卡本身。

使用方式型购买者是一类规模较小的特定人群，一般是年龄在20～29岁和45～54岁的高中/职高/中专和其他学历人群，这类人群通常无固定的职业，要么待业在家，要么是所谓自由职业者，在家庭结构上以单身、与朋友合住和有18岁以上子女的家庭为主。在现实生活中，他们主要是单身自由职业者、待业青年或无固定工作的青年，以及全职家庭主妇。这类型购买者的需求较为特殊，容易受朋友的带动和影响，与他人一同购买；也存在购买年卡用于赠送的目的。

保障功能型购买者也是一类相对特定的人群，以高学历、高收入人群为主，家庭结构为夫妻二人或有 18 岁以下子女的家庭所占比例较大。这类群体对主题公园年卡会员资格的价格不敏感，对产品的娱乐性、休闲性和吸引力不太关注，而是重视产品设施本身安全可靠，具有一定品味的特色餐饮，最好距离住所较近。这类人群通常将主题公园作为一种日常的、普通消费品，强调这种日常消费品本身的安全性和可达性。

第 9 章　主题公园就业：正规与非正规

9.1　引　　言

由于旅游在创造就业、增加外汇收入、提高地方税收、吸引外来投资和促进地方经济发展方面具有积极作用（Sharpley and Telfer，2002），发展旅游业成为许多民族和乡村地方减少贫困（alleviate poverty 或 poverty reduction）和反贫困（anti-poverty）的重要策略（Snyman，2012；Spenceley and Meyer，2012）。其中，创造就业被认为是对本地社区最为直接的旅游影响（Liu and Wall，2006；Ashley and Mitchell，2010），是能够为本地居民提供长期生活来源、改善生活境况的一种可持续旅游影响。在城市，旅游发展要么作为经济转型升级的策略，促进城市建立以消费为导向的经济发展方式，解决后工业时代城市经济发展和居民就业等问题；要么作为实现城市扩张的策略，通过大型旅游项目开发构筑增长极，建立消费空间，创造就业，其中，以城市大型主题公园开发最为典型。大型主题公园主要面向 2 小时车程范围内的游客，是土地集约型、资本和劳动力密集型的城市景区（保继刚，1997b；梁增贤和保继刚，2012a）。一个运营成功的主题公园能够提高地方经济收入，创造就业（卢松等，2011；张婷婷等，2010），刺激周边区域经济增长（董观志，2005）。例如，巴黎的迪士尼乐园（Disneyland Paris）开发的目的便是刺激马恩河谷镇（Marne-la-Vallée）的城镇化，创造地方就业（Clave，2007）。武汉欢乐谷一期也创造了超过 1000 个工作岗位，其所在的武汉华侨城 2013 年共提供 2000 多个就业岗位，武汉华侨城全面开业后，将创造超过 5000 个就业岗位，为武汉市拉动就业岗位将超过 25 000 个（梁增贤和保继刚，2014a）。

无论在乡村还是城市，创造就业、改善民生都是旅游发展的基本诉求，而旅游发展也确实能够创造就业。然而，旅游发展创造了谁的就业？这些就业能否改善就业者的生活境况？如果城市大型旅游项目开发所产生的就业岗位并不面向城市居民，那么提高城市居民就业、改善生活境况的基本诉求从何谈起？这些问题直指旅游就业研究的核心，奠定城市大型旅游项目开发的“合法性”。因此，本章试图以城市大型主题公园为例，研究其就业的分配方式及其对就业者生活境况的实际影响。本章将进一步重点研究主题公园非正规就业者的特征、形成机制和生活状况，揭示普遍存在于城市景区的非正规就业现象。

9.2　案例研究策略与数据说明

本章采取案例研究策略，强调案例本身反映城市大型主题公园就业基本面的情况，为城市旅游就业效应的评估提供新思路，新证据。故此，本章选取具有典型性的华侨城主题公园（包括深圳欢乐谷、锦绣中华民俗村、世界之窗、北京欢乐谷）为案例。华侨城集团在深圳、北京、上海、成都、武汉等大城市拥有多家运营良好的主题公园。2011年，集团共接待游客2173万人次，是全球第八大主题公园连锁企业集团①。华侨城集团主题公园成为行业标杆，当前许多城市大型主题公园开发都参照华侨城模式。华侨城集团主题公园的就业情况呈现了中国城市大型主题公园就业的重要特征。

笔者实地考察深圳华侨城主题公园群（两次共计39天）、北京欢乐谷（21天），详细记录非正规就业者的类型、数量、分布、人口特征、活动规律，跟踪走访部分就业者，了解其生活情况和商品来源及价格。访谈包括正式访谈和有目的的日常谈话，涉及82人次，包括主题公园的高管、公园员工、非正规部门就业者和社区居民，其中有录音的49人次（深圳38人次、北京11人次），共计录音约38小时；无录音的33人次（深圳11人，北京22人），分别做了访谈笔记。其中北京欢乐谷调查时间为2011年7月17日至2011年8月2日。田野调查获得了非正规就业的规模、类型、产业链和空间分布等情况，了解了从业者的生活情况和来源地。二手资料主要来源于华侨城集团及其下属主题公园企业，深圳、北京等地相关政府部门和事业单位。

9.3　主题公园的就业分配

旅游就业分为正规就业和非正规就业。非正规就业包括非正规部门就业和正规部门的非标准就业（张丽宾，2004）。主题公园正规就业主要指主题公园的标准就业，多为合同制的固定员工。非正规就业可以分为两类：一类是主题公园内部的临时工、季节工、实习生等非标准就业。值得注意的是，一些研究将非标准就业归为“正规就业”（郭为等，2009；冯学钢，2008）；另一类是主题公园外围绕主题公园游客经营，无固定场所、未经工商登记也无劳动合同的街头游贩（street vendors）（梁增贤和保继刚，2012b）。不同国家和地区主题公园就业的分配结构存在一定差异。

---

① 数据来源于美国主题娱乐行业协会（TEA，Themed Entertainment Association）和艾肯国际咨询公司（AECOM）联合发布的《2011年全球主题公园游客量报告》（*The Global Attractions Attendance Report* 2011）。

欧美主题公园基本属于正规部门就业。由于主题公园整体工资水平较其他行业低，加上发达国家内部大规模低层次劳动流动性和规模都不大，主题公园很难吸引外来务工者。公园为了降低人力成本，维持正常运营，不得不降低就业门槛，调整岗位结构，面向本地低收入者和初次就业的年轻人（实习生居多）提供大量季节性临时岗位，导致正规部门的非标准就业（季节性临时工为主）规模远远大于标准就业（固定员工）。欧洲主题公园1个固定岗位对应16个季节性临时岗位，美国主题公园1个固定岗位对应8～12个季节性临时岗位[①]。以美国佛罗里达州的坦帕湾布希公园（Busch Gardens Tampa Bay）为例，该公园占地135公顷，2011年接待游客428.4万人次，列全球第23位[②]，旺季提供3500个就业岗位，其中固定岗位约200个，其余皆为季节性临时岗位，1个固定岗位对应超过15个季节性临时岗位（Clave，2007）。根据国际旅游景区和主题公园协会（IAAPA）的调查，全球41.9%的主题公园员工年龄为19岁及以下，61.3%的员工是第一次就业者，而季节性临时员工达31.3%[③]。由于欧美国家对非正规部门管制严格，非正规部门就业极少。

中国香港主题公园固定员工要比季节性临时员工的规模大。2012年，香港迪士尼乐园雇佣员工超过6800名，其中固定员工为4600名左右，季节性临时员工最高可达到2200名[④]，基本上2个固定岗位对应1个临时岗位，而将近50%的固定员工为开园时的员工，人员流失率较低，员工构成较为稳定[⑤]。受到一系列行政干预和市场化机制的作用，加上外来务工人员在香港就业的限制，香港迪士尼乐园的就业岗位主要面向中低收入的香港居民，包括身心障碍人士（persons with disabilities）。从开业到2010年，香港迪士尼乐园累积为身心障碍人士提供300个就业岗位[⑥]。由于严格管制，非正规部门就业也很难存在。

中国内地的差异更大。内地主题公园雇员规模较小，各城市欢乐谷雇员在1000～1500人，世界之窗和锦绣中华民俗村则在700～800人，许多城市大型主题公园更是低于此规模。由于劳动力的市场化、经济结构的“非农化”以及快速城市化等因素（胡鞍钢和赵黎，2006），大规模低层次劳动力流向城市，主题公园所需低层次劳动力供给相对充足，人力成本较低，流动性较大。企业普遍采用一年制的合同工，而临时工、实习生等不到10%，员工流失率在年均20%左右，

---

① 转引自 Clave S A. The Global Theme Park Industry. Cambridge：CABI，2007：235。

② TEA/AECOM. The Global Attractions Attendance Report for 2011. Themed Entertainment Association (TEA)，2012。

③ 转引自 Clave S A. The Global Theme Park Industry. Cambridge：CABI，2007：235。

④ 季节性临时员工的雇佣主要用以应对万圣节、圣诞节、春节、暑假及其他特殊时节的旺季需求。

⑤ 数据来源于《香港迪士尼乐园2011财政年度业绩概要》和《香港迪士尼乐园2012财政年度业绩概要》。

⑥ 资料来源于 *Legislative Council Panel on Economic Development Update on Hong Kong Disneyland*。

其中服务岗位的流失率最大，技术岗位次之，管理岗位最小，见表 9-1。

表 9-1　2007 年深圳某著名主题公园员工构成情况表

类型	比例/%	形式	比例/%	学历	比例/%
管理干部类	5.74	一年制合同工	92.35	硕士	0.30
管理类	9.97	季节工	1.51	大学本科	8.06
技术类	16.82	实习生	5.64	大学专科	15.11
服务类	47.94	返聘	0.51	中专	30.11
其他	19.54			高中	39.68
				初中及以下	6.75
总计	100	总计	100	总计	100

注：资料来源于深圳某著名主题公园绩效自评报告，为保护企业隐私，隐去企业名称，由于数据资料使用期限的限制，仅能使用 2007 年的数据，近年的情况与之基本一致

根据表 9-1 可知，该公园 12 个固定岗位（一年制合同工）对应 1 个季节性临时岗位，但由于固定员工的流失率较大，实际长期"固定"下来的员工比例较小，企业并不担心固定员工过多"沉淀"的问题。从就业的群体分配看，以深圳华侨城三大主题公园[①]为例，员工大部分非深圳居民，多为外来务工者，主要来自珠江三角洲以外的广东其他地区，以及广西、湖南等周边经济落后省份。与此同时，由于管制宽松，公园普遍存在非正规部门就业，与欧美国家和香港地区主题公园形成鲜明对比，见表 9-2。

表 9-2　中外主题公园就业情况对比表

地区	正规就业	非正规就业	
	正规部门标准就业	正规部门非标准就业	非正规部门就业
欧美国家	比例小，一般不到 1/10，多为本地居民，多为管理和技术岗位	比例很大，主要是本地年轻人和低收入者，多为服务岗	不同国家存在差异，一般管制严格，很少出现
中国香港	比例较大，一般占 2/3，多为本港居民，部分是外来职业经理人，主要为管理和技术岗	比例较大，一般占 1/3，基本为本港居民，部分外来实习生和身心障碍人士，多为服务岗	管制非常严格，基本没有

① 包括深圳欢乐谷、世界之窗和锦绣中华民俗村。

续表

地区	正规就业 正规部门标准就业	非正规就业 正规部门非标准就业	非正规就业 非正规部门就业
中国内地	比例很大，多为外来务工者，本地居民只占小部分，流失率高	比例小，多为外来务工者、实习生，服务岗居多，基本是年轻、健全人士	总体管制宽松，在特定时间、特定地点管制严格，非正规部门就业规模较大

注：中国大陆情况主要反映一线大城市主题公园的情况

根据表 9-2 可知，中外主题公园就业分配存在明显差异。中国内地，受到低工资、弱非正规部门管制和低人力成本的约束，加上外来务工者的竞争和不断提高的城市居民就业薪酬期望，在就业分配的市场化作用下，本地居民很少选择主题公园正规部门就业。因此，华侨城主题公园正规部门就业主要面向年轻的外来务工者，呈现明显的“外向型”特征。更为重要的是，主题公园非正规部门就业在内地是一个重要的就业领域，需要特别关注。

9.4　就业者的生活境况

在中国内地大型主题公园“外向型”、高流动性、年轻化等就业特征影响下，就业者的实际生活境况如何？大型主题公园开发所宣称的创造就业、改善民生的诉求是否能够实现？本章重点分析主题公园不同就业分配人群的规模、工资水平、工作稳定性等影响其生活境况的关键指标。

9.4.1　正规部门的就业者

尽管管理和技术岗位的薪酬较高，但这些岗位数量较少，主题公园能够创造的大量就业岗位多是低层次、低工资、低技能（学历）的岗位。根据笔者对华侨城集团主题公园高管的访谈可知，2010 年，人工成本一般占到公园总成本的 40％～50％，分配下来，年人均人工成本仅有 6 万～8 万元，年人均工资在 5 万～6 万元，且随公园经营绩效浮动，即使是管理层工资也并不高①。这样的年人均工资水平在深圳、北京和上海等一线大城市是偏低的。据作者对深圳一家老牌主题公园的调查发现，2010 年，该公园有 57.37％的员工每月仅有 1501～3000 元的实际工资，更有 6.76％的员工每月实际工资不到 1500 元，大多数员工都属于低收入者②。这些员工难以支付较高的城市通勤费用和时间成本，只能聚居在公园周边，形成低收入

① 当然，一些管理层占有公司股票和其他奖励，工资并非主要收入来源。

② 笔者根据该主题公园《2010 年员工与薪酬信息统计表》计算，实际工资＝岗位工资＋误餐补助＋房补＋司龄补助＋基本月薪＋绩效工资，为保护企业隐私，此处匿名。

邻里。一部分员工居住在公园提供的集体宿舍，另一部分员工（主要是已婚，有家庭的）居住在公园周边的城中村，如深圳华侨城附近的白石洲。此外，许多固定员工利用闲暇时间从事兼职工作，有的就从事主题公园非正规部门就业，如倒卖门票，销售雨衣、矿泉水，从事黑出租生意等。正规就业者与非正规就业者之间存在某种角色转换关系。

9.4.2　非正规部门的就业者

在发展中国家的旅游业中，非正规就业占相当大的比例，以出售旅游商品的街头游贩为代表的非正规部门就业者并不会在旅游的现代化进程中消失（Timothy and Wall，1997）。由于拥有较低的受教育程度、职业技能和经济能力，就业者倾向于从事一些门槛低、投入少、需求大、时间灵活、随意性强且易于销售和移动的零售活动。根据笔者调研发现，主题公园非正规部门就业主要有 4 种类型：卖矿泉水的、卖雨衣的、倒卖门票的和开黑出租车的①，主要由周边社区低收入者、城乡结合部或城中村居民（或农民）以及外来务工者组成。以北京欢乐谷为例，非正规部门是游客与就业者双方利益权衡下市场的理性选择，既符合游客“求便宜”的需求，又满足就业者的利益（梁增贤和保继刚，2012b），使就业者也能从中获得可观的收入，见表 9-3。

表 9-3　北京欢乐谷 4 种非正规部门就业者数量和收入水平对比

类型	卖矿泉水的	卖雨衣的	倒卖门票的	开黑出租车的
就业人数	平季 20 人左右，旺季 30 人左右	平季 40 人左右，旺季 60 人左右	10～15 人，分为 2～3个团伙	平时 20～30 辆，高峰期超过 50 辆
单位利润	1.3 元/瓶	约 2.1 元/件	20～60 元/张	10～20 元/趟
日人均销量	2 箱（24 瓶装）左右，最好的卖 5～6 箱	50 件左右，最差 30 件，最好不过 100 件	保守估计 1%的游客购买黄牛票	流动性大难以估算
人均收益	个人差别大，人均约 3000 元/月	个人差别不大，人均 3000 元/月	收入价高，人均超过 4000 元/月	根据访谈，收入水平介乎卖雨衣和倒卖门票者之间
年提供总收入	约 90 万元	约 90 万元	超过 100 万元	

注：笔者根据调研情况分析估算，卖雨衣的按照一年经营 6 个月计算，其余按照一年 12 个月；在估算年提供总收入时，卖矿泉水的按照 25 人计算，卖雨衣的按照 50 人计算；倒卖门票的根据 2011 年北京欢乐谷 345 万人次的 1%计算，即为 3.45 万张，按较低的 30 元/张计算。黑出租车的服务差价较大，需求量大，从业人员较多，流动性强，且多处载客（不一定都在欢乐谷），很难剥离。根据访谈了解，他们一般的月均收入水平介乎卖雨衣和倒卖门票者之间，但大多人都是兼职

① 黑出租车指利用私家车无证从事出租车业务的非正规就业，包括黑出租汽车、三轮车、摩托车，为了便于与正规的出租车比较，本章仅关注黑出租汽车。

根据表9-3可知，北京欢乐谷非正规部门“提供”100～150人的就业岗位，且收入水平似乎略高于正规部门。然而，非正规部门受到一系列因素影响而呈现明显的脆弱性。例如，旅游地的历史沿革、管理制度、区位条件、社会经济、政治、法律、行政管制、外部事件和自然灾害等（厉新建，2009），以及主题公园周边商业空间的业态、价格水平及其与游客流线的空间关系等（梁增贤和保继刚，2012b）。因此，非正规部门就业并不稳定，收入不可靠，并不能保障就业者的长期生活。许多就业者将此作为兼职营生、补贴家用、消磨时间的活动，当然也有相当一部分人将其当作唯一的营生。

（1）非正规就业者主要来自周边社区，以中老年人为主。根据笔者调查和访谈的情况，非正规就业者主要来自周边的金蝉南里、翠城馨园、小武基村、垡头社区，少部分来自较远社区，由中老年剩余劳动力组成，妇女居多。4种非正规就业群体构成差异大：倒卖门票群体相互熟悉，多为亲朋好友，极力排挤新进入者；卖矿泉水和雨衣的群体构成多元，多为周边社区居民，内部存在自由竞争；黑出租车司机群体构成复杂，来源广，流动性强。

（2）非正规就业受游客流时间规律影响，总体工作时间较短。主题公园存在明显的淡旺季（梁增贤和保继刚，2012a）。旺季游客量大，非正规就业提供的产品和服务的规模也大，工作时间也相对延长；淡季则反之。从气候条件看，夏季天气炎热，水上项目受到青睐，矿泉水和雨衣的需求较大，天气转冷后水上项目关闭，雨衣销售停止。非正规就业的工作时间总体上较短，且多为兼职。4种非正规就业主要集中在上午8点到下午1点的入园时段，出园时段仅有出租车和矿泉水的需求，而矿泉水需求较少，部分卖矿泉水的游贩仅做入园时段的生意，黑出租车可以一直持续到闭园，但司机并不需要一直在欢乐谷守候。

（3）非正规就业受游客流空间规律影响，群体分布差异明显。非正规就业者的空间分布也与游客流的空间规律紧密相关。北京欢乐谷的游客主要通过公交车、自驾车和旅游大巴3种交通方式①到达和离开，最近的公交车站是厚俸桥南（北京欢乐谷）站，自驾车和旅游大巴都停在欢乐谷临时停车场，部分外地旅游大巴沿金蝉西路欢乐谷一侧停靠。因此，出售矿泉水和雨衣的游贩主要散布在金蝉西路欢乐谷一侧，尤其是公交车站和出入口区附近，需要不停地迎抢顾客；倒卖门票的游贩主要聚集在售票处附近和停车场出口附近，物色可能的购买者；黑出租车群体聚集在出口区招揽客人。

① 笔者调查时北京地铁7号线欢乐谷景区站正在施工，尚未投入使用，使用后将对非正规就业的具体分布产生影响。当时，工地占用了较大的广场空间，在一定程度上影响了游客流动的规律。

9.5　北京欢乐谷非正规就业的发生机制

非正规就业与全球化和城市化紧密关联（黄耿志和薛德升，2009）。我国主题公园的发展集中在沿海大城市，这些城市往往充当我国全球化和城市化的桥头堡，从福特主义生产体系向后福特主义生产体系转变的过程中，大量未能适应新工作要求的居民和外来务工者成为非正规就业的主体。其中，以主题公园开发为主导的地方经济转型和快速城市化往往形成新的经济秩序、空间秩序和社会秩序。非正规就业作为新经济秩序的重要部分，其发生机制主要由新秩序中的利益相关者，如游客、政府、正规部门和社区居民等共同决定。

1. 非正规就业者与游客双方利益权衡下市场的最优选择

非正规就业的形成受非正规就业者和游客双方选择的影响。对非正规就业者而言，利润的大小决定了他们是否从事该活动；对游客而言，差价的大小决定了他们是否购买其提供的产品或服务。从表 9-3 可知，北京欢乐谷 4 种非正规就业者提供的产品和服务中，矿泉水和雨衣的差价和利润较小，但需求量大。以卖雨衣的为例，2011 年暑假期间，每人每天能卖 50 件左右，最差也有 30 件，最多不超过 100 件，全职全勤者一个月能挣 2500～3000 元；倒卖门票和出租车服务的利润较大，需求量少，从业人员较少，收入颇丰，全年可从业。暑假期间欢乐谷每天游客量超过 1 万人次，据倒卖门票的受访者保守估计，如果仅有 1%的游客购买“黄牛票”，每天也有 100 张的销量，利润总额超过 3000 元，平均到每个人也有 200 元；出租车服务差价较大，需求量大，从业人员较多，平均收益较高。

2. 体制性默许为非正规就业者的投机行为留有足够空间

城中村和城乡结合部非正规就业的发展得到相对宽松的管制，处于管制之外的“特殊管制”之中（薛德升和黄耿志，2008）。在北京欢乐谷的案例中，社区自治组织和地痞组织尚未形成，非正规就业主要受到政府部门（包括社区政府、交警、城管等部门）的管制。政府对非正规就业的态度与其说是模糊（黄耿志和薛德升，2009），不如说是一种“体制性”默许。首先，非正规就业者规模大，流动性强，类型多样，涉及多个政府部门的协同管制，政府执法成本很高，不太可能长期专人专岗执法，只能是在“奥运会”等大型城市节事和庆典期间实行暂时性的严格管制；其次，非正规就业者属于弱势群体，而非正规就业也维持了相当一部分人的基本生计，涉及复杂的城市社会发展问题，如失地农民的就业安置问题等；最后，北京作为首善之区，和谐社会是社区政府重要的政治诉求，人情执法在社区层面上得到体现（执法者与一些非正规就业者熟悉，了解对方生活的困境，执法较为宽松）。政府对非正规就业清理和整顿的态度是明确的，但在执行时却要考虑上述情况，执法时松时紧，为非正规就业留有足够空间。政府部门对待非正规就业更侧重于维护社会和谐，寻求各方都能够容忍的平衡，形成“体制性”默许。

“我们整天躲躲藏藏的，赚钱不容易啊……一到搞什么奥运会那会，我们就不能摆了……你得上面有人（指城管队或社区街道办的人），没有人通知你，你就被没收了不是？有人的都不用躲，也不（被）抓……（60岁老太，垡头社区居民，长期在欢乐谷公交站附近卖矿泉水）

哎，保安我们也熟啊，大家都要吃饭的，他们也是做做样子，赶赶而已，真抓了回去还费事，就怕城管、警察——他们也不可能天天来，抓我们这种做小生意的干嘛呢？不到大活动（指大规模的城市整治运动）他们也不来的。（倒卖门票的小伙，有时在网上销售门票后到公园给游客送票）

那卖水的老婆老太都六七十岁了，经不起折腾啊，你把她们逮回去，要真出什么事，谁都担不起这个责任。咱执法也讲人性，也不往死路赶，说道说道，不太影响公共秩序就行了，咱也是保一方平安，这不是和谐社会嘛。（城管执法者，长期负责北京欢乐谷片区的游贩管制）

咱们抄过（黑出租车）不是一两回了。但是这样做有一个问题，成本太高了，交警不可能天天来抄车吧……交警还有别的任务……其实啊，这种现象别说在我们这里，在朝阳区，在整个北京市都是一个普遍的现象，全市都没有招儿。（欢乐谷社区负责人，长期负责北京欢乐谷社区管理）

3. 正规部门的容忍为非正规部门的发展留有暂时性的商业机会

正规部门是指北京欢乐谷和周边的固定商业店铺。正规部门享有“合法化”优势，在相同的商业空间里，非正规部门往往难以抗衡正规部门。因此，主题公园与周边商业设施的空间关系以及主题公园自身的商业策略影响非正规商业，从而影响非正规就业。笔者考察了四地欢乐谷与周边商业空间的关系，见表9-4。

表9-4　四地欢乐谷商业空间的关系与非正规就业情况

项目	深圳欢乐谷	北京欢乐谷	上海欢乐谷	成都欢乐谷
开业时间	1998年10月1日	2006年7月29日	2009年9月12日	2009年1月18日
欢乐谷与正规商业的空间关系	周边正规商业配套齐全、成熟，欢乐谷与正规商业空间联系紧密	周边有规模的正规商业配套，但不在游客流线上，联系不紧密	周边缺乏正规商业空间配套，主要依赖园内正规商业	周边配套完整商业，商业与公园紧密联系，正好处于游客流线上

续表

项目	深圳欢乐谷	北京欢乐谷	上海欢乐谷	成都欢乐谷
非正规就业情况	倒卖门票和黑出租服务较多，卖矿泉水和雨衣的游贩较少，受正规商业排挤，管控较为严格	4 种非正规商业都很发达，是 4 个公园中最多的，对非正规商业的管控不太严格	度假区对非正规商业管控严格，少量卖矿泉水和门票的非正规商业，黑出租服务仅在地铁口经营	鲜见卖矿泉水和雨衣的游贩，少量倒卖门票和提供黑出租服务的非正规商业，管控不太严格

注：根据调研分析整理

据表 9-4 可知，如果园外正规商业布局在游客流线上，卖矿泉水的非正规商业就会降低；如果园外正规商业发展成熟，多样化程度高，卖雨衣和矿泉水的非正规就业就缺乏竞争力；如果所处区域对园外非正规就业管控严格，非正规就业就会得到一定控制。因此，从主题公园经营者角度看，除黑出租车外，其他 3 种非正规就业是完全可以通过经营策略的调整来控制的。例如，公园提供免费的雨衣，园内矿泉水的价格与市场价相当或略高，优惠门票的规模和投放方式做一定的调整，购票服务和方式进行优化，这 3 种非正规就业就会得到控制。

然而，主题公园的经营方并未采取上述策略，对非正规就业有自己的考虑。一方面，企业不具有城市管理的执法权，对园区以外的非正规就业者并没有执法力；另一方面，作为连锁的国有企业，管理制度上缺乏弹性，价格调整和经营策略的变化并不像民营企业那样灵活。值得一提的是，华侨城集团作为国资委直属企业，社会影响较大，北京欢乐谷作为华侨城集团的子公司，经济效益和社会责任、社会影响都是重要的企业诉求。

4. 社区居民对北京欢乐谷非正规就业的复杂情感

北京欢乐谷非正规就业所提供的产品和服务基本上不针对社区居民。社区居民对非正规就业的复杂情感反映社区人口构成的复杂性。北京华侨城所处地块原属厚俸村和邱家庄两个农村。北京华侨城开发后，两个村子的农民 90％以上搬迁到现在的金蝉南里，另有从楼梓庄等较远社区过来的拆迁户，整个金蝉南里的居民大都是原南磨房乡农民，相互熟悉，关系较好，保存着农村的生活习惯。与开发前混乱的城乡结合部景观相比，今天北京华侨城的城市景观有很大改观。因此，金蝉南里居民对非正规就业带来的社区问题习以为常，保持较为宽容和理解的态度。然而，在两个村子原址上新建的金蝉欢乐园，为大户型的高尚社区，管理严格，小区配套较好，居民收入较高，大多非本地人，居住时间也不长，邻里间并无太多联系。因而，金蝉欢乐园的居民对非正规就业带来的社区问题较为反感，他们更期待有序、整洁和安静的社区氛围。

很混乱啊，我们开着车他们（卖雨衣的）都贴过来，把我们当成游客，很危险的，经常堵车，影响不好，都没人管不是？（林女士，35 岁左右，家住金蝉欢乐谷园 2 号院）

我们以前都是一个村的，经常在一起聊天，现在没地方聊天了，她们也是闲着无聊出来摆摊（卖矿泉水），我有时候也跟她那儿坐会，咱也没地方了。（60 多岁的老太，家住金蝉南里，以前是厚俸村村民）。

嗨，哪里有生意儿哪里就会有人啊，说不上谁影响谁，也没啥影响，你过你的日子，他过他的日子……我还看着热闹，哈哈……（60 岁左右的大伯，家住金蝉南里，以前是邱家庄村民）

我都投诉很多次了，没用，这地儿就那样，乱。唉哟，每天上下班堵的慌，你碰上周末出去吧，路都排满了车，这地儿没秩序。（40 多岁的大叔，家住翠城馨园，从朝外地区拆迁到此）

非正规就业确实会带来社区问题，导致社区秩序混乱，影响社区居住、交通和商业环境。从事非正规就业的人群大多来自金蝉南里、翠城馨园和邻近的垡头社区，容易获得当地老居民的认同，却很难获得金蝉欢乐园新居民的认同。由于金蝉欢乐园常住居民少，而附近社区老居民数量大、影响力强，老居民的意见影响社区问题的管制，因而非正规就业在社区居民的复杂情感中保有生存空间。

9.6 结论与讨论

本章围绕城市大型旅游项目开发能否为本地居民创造就业、改善就业者生活境况展开讨论，以华侨城主题公园为实证案例，指出中国城市大型主题公园与欧美主题公园在就业分配及就业者生活境况方面存在较大差异，欧美国家的研究结论并不能直接借鉴到中国。

在中国，旅游就业的分配是一种市场化的选择行为。城市居民就业的期望较高，而外来务工人员的诉求较低、年轻化，且吃苦耐劳，更具竞争力。与此同时，主题公园所提供的大量低层次就业岗位多为一年制合同的固定岗位，季节性临时岗位较少，特别适合外来务工人员，而减少了本地居民短期兼职的机会。因此，以华侨城集团主题公园为典型的城市大型主题公园就业是一种“外向型”就业。在没有其他干预的情况下，这类旅游项目开发所带来的就业将主要面向外来务工者。

主题公园正规部门就业者的工资水平较低，生活在社会中下层，流动性大，生活质量很难保障。与正规部门相比，非正规部门似乎更能吸收本地居民就业，由周边社区低收入者、城乡结合部或城中村居民（或农民）以及外来务工者组成。尽管收入可观，且工作灵活，但易受一系列因素影响而呈现脆弱性，工作不稳定，并不能保证就业者的长期生活。这与印度尼西亚巴厘岛、泰国普吉岛等度假地非正规部门就业者主要是本地居民，且大多以此为生形成鲜明对比（Timothy and Wall，1997；Cukier and Wall，1994）。

与此同时，需要值得关注的是逐渐蔓延的主题公园外围非正规就业者群体。根据本章对北京欢乐谷的研究指出：首先，与传统非正规就业不同，主题公园非正规就业者主要来自主题公园周边社区，中老年人为主，妇女居多，总体工作时间短，就业受到游客流时间和空间规律影响，不同群体空间分布差异明显。其次，主题公园非正规就业作为城市景区非正规就业的典型，是在游客、政府部门、正规部门和社区居民集体“默许”下生成的，联系着复杂的空间、经济和社会秩序。最后，非正规就业者群体分异明显，在就业动机、人口构成和收入水平方面存在显著差异，这些差异与主题公园主导的城市空间重构过程中所产生的一系列社会问题紧密联系。

上述案例研究结果为反思传统城市旅游就业评估提供了新的证据。传统城市旅游就业研究侧重总体评估，忽略了具体的就业分配，也缺乏对就业者生活境况的实际考察。案例研究表明：第一，主题公园这类城市大型旅游项目所创造的就业具有结构性（包括正规部门就业和非正规部门就业），不可等同视之；第二，这类具有结构性就业的分配呈现明显的“外向型”特征，主要面向外来务工者；第三，就业者的实际生活境况并不那么乐观，旅游就业在改善民生方面的积极效果值得商榷；第四，非正规就业在一定程度上满足市场的需求，吸收临近社区的剩余劳动力，解决很大一部分人的生计问题。非正规就业在城市现代化与人的现代化之间生成了一条“过渡带”，是主题公园运营后对周边社区产生的一种持续的旅游影响。既然各个利益相关群体集体“默许”，那么对待主题公园非正规就业不能一味地“堵”，而应侧重于“疏”。政府应该为非正规就业提供一个走向正规化的平台。通过规范非正规就业的活动行为、活动空间和从业范围，提供基本的就业保障，给予主题公园周边社区居民参与旅游发展的机会，分享发展的利益，或许才是实现主题公园引导下城市化发展目标的正确方向。

第 10 章　主题公园与周边房地产开发

全球化背景下，资本积累的方式发生明显变化。主题公园作为一种后现代消费空间的典型被全球资本赋予更多含义，机会主义伴生。与此同时，地方资本盲目跟风，追逐全球资本的脚步，在企业型地方政府的鼓动下，往往甘冒风险。然而，主题公园的开发是一个完全的商业行为，以实现经济利益最大化为目标。主题公园项目的初始投资规模大、风险高、后期持续更新投入也很大。不同类型的主题公园投资规模不同，例如，目的地型主题公园设施和活动内容丰富多样，有良好的品牌，具备创造市场的能力，因而投资规模巨大。迪士尼乐园就是典型的目的地型主题公园，专程游客占有较大比例，投资规模超过 20 亿美元，上海迪士尼更是宣传投资 245 亿人民币（约 40 亿美元）①。区域型主题公园能吸引城市级周边地区的游客。该类型主题公园在我国的投资规模一般在 2 亿～5 亿美元不等，视公园的内容（游乐器械为主/影视动漫为主/野生动植物为主）而定。例如，深圳的欢乐谷首期投资就达到 17 亿元人民币，北京欢乐谷和上海欢乐谷首期投资也达到 20 亿元人民币，而民营企业投资的芜湖方特欢乐世界也超过 15 亿元人民币。

在全球化背景下，一方面，面对全球娱乐业的竞争和民族品牌创新的压力，主题公园的投资规模越来越大，本土主题公园运营商需要有效整合和利用地方资本以适应新的需求，迎接国外品牌的竞争；另一方面，许多地方政府都积极开发主题公园，但对开发的要求超出了传统主题公园运营商的能力，以旅游导向型土地综合开发（TOLD）的方式（吴必虎和徐小波，2010），开发都市娱乐综合体，形成新的城市消费空间和居住空间。近年来，主题公园企业与房地产开发商之间的合作变得异常密切，于是一种主题公园地方化的开发模式——主题公园房地产开发模式被广泛接受，成为都市娱乐开发的普遍模式。面对娱乐全球化的竞争压力，本土主题公园寻求地方资本的支持毋庸置疑，主题公园房地产开发模式有何内在的合理性机制?

中国主题公园的发展呈现明显的阶段性。如果从 1983 年广东省中山市长江乐园开业算起，中国主题公园经历了近 30 年的发展，掀起过三次重大的发展浪潮，见表 10-1。

---

① 数据来源于新华网的报道《上海迪士尼效果图曝光》，http：//news.xinhuanet.com/photo/2011-04/09/c_121284809.htm。

表 10-1　中国主题公园产业的三次发展浪潮

阶段	特点	代表
1983～1988 年（第一次浪潮）	没有主题包装的器械游乐园，经营简单，服务粗糙	广州东方乐园，深圳香蜜湖中国游乐城，珠海珍珠乐园，北京石景山游乐园等
1989～1995 年（第二次浪潮）	有一定主题包装的静态观赏性微缩景区	深圳锦绣中华，深圳世界之窗等
1996～2006 年（第三次浪潮）	有明确主题，相应娱乐体验和服务功能的现代主题公园类型	深圳欢乐谷，广州长隆乐园等

资料来源：据以下资料整理，保继刚，1994b；王刚，2009

从 2000 年开始，中国主题公园发展进入快车道，一线城市纷纷引进主题公园项目，并向二、三线城市推进。在中国主题公园产业快速发展的推动下，亚洲与北美、欧洲并称为全球主题公园发展的三大区域。全球游客量排名前 25 位的主题公园都来自上述三个区域，其中大部分来自美国。华侨城集团作为我国最重要的主题公园连锁企业，列全球主题公园连锁品牌的第 4 位①。与此同时，华强方特等新的本土品牌也开始向全国布局，并主要选择二线城市，而其他品牌也在积极酝酿中。可以说，中国新的一轮主题公园发展浪潮已经到来，本章重点关注在新一轮主题公园发展浪潮中主题公园与房地产关联开发的现象，见表 10-2。

表 10-2　近年来部分主题公园或游乐园发展情况一览表

主题公园	城市	投资/亿元	占地面积/万平方米	关联开发
深圳东部华侨城	深圳	35	900	房地产
成都欢乐谷	成都	8.6	40	房地产
上海欢乐谷	上海	20	90	房地产
上海迪士尼	上海	244.8	116	房地产
重庆加勒比海水公园	重庆	10	69	房地产
成都极地海洋世界	成都	10	24	商业
武汉极地海洋世界	武汉	30	56	房地产
天津极地海洋世界	天津	16	18.7	商业
芜湖方特欢乐世界	芜湖	15	125	房地产
汕头蓝水星方特乐园	汕头	8.2	27	房地产

从表 10-2 可知，在新一轮浪潮中，绝大多数项目涉及房地产开发。主题公园与房地产关联开发的模式受到深圳华侨城的启发，涉足的企业主要分为两类：

① TEA/AECOM. The Global Attractions Attendance Report for 2013. Themed Entertainment Association (TEA), 2014.

一类是传统大型旅游企业集团，包括华侨城集团、港中旅集团、长隆集团、深圳华强集团、大连海昌集团、杭州宋城集团、锦江国际集团等；另一类是大型专业房地产开发公司。在新一轮浪潮中，为何如此多的企业都采用主题公园与房地产关联开发的模式？采用这种开发模式的动因在哪里？其背后隐藏了哪些弊端？如何解决这些弊端？这是本章需要重点回答的问题。

10.1 主题公园房地产的内在机制

在全球化背景下，加上我国近年来的房地产热潮，主题公园房地产开发的模式成为当下流行的城市开发策略，而该模式也确实存在一些合理性机制。

10.1.1 主题公园房地产开发迎合政治经济气候

2005年以前开发的主题公园存在许多经营不良的项目，占用大量土地、资金、能源等城市稀缺资源，一些项目成为“烂尾工程”；一些项目建成后缺乏持续的更新投入和科学的运营管理，逐渐被市场淘汰；还有一些项目打着主题公园的名义开发房地产。因此，2004年国务院出台的《关于投资体制改革的决定》（国发〔2004〕20号）中明确指出：“大型主题公园由国务院核准。”2006年国土资源部发布实施的《限制用地项目目录（2006年本）》和《禁止用地项目目录（2006年本）》中将“大型游乐设施、主题公园（影视城）、仿古城项目”列入限制用地项目名录。从中央层面看，主题公园是一种高投入、低产出的项目，并不能带来太大的税收和经济效益。从地方层面看，主题公园对周边房地产的增值作用以及主题公园在调整产业结构、改善城市形象、发展基础设施、吸引市场客流、发展现代商业、带动地区经济增长方面所起的作用受到极大关注。地方政府积极推动主题公园项目的开发，出台一系列优惠政策和便利措施，甚至不惜以土地换项目，推动主题公园项目落户。在许多地方政府新的土地开发政策中，明确要求房地产开发配套大型主题公园。一些地方政府对主题公园项目的支持已超出公园本身效益的考虑，往往开出各种优惠政策，更多的是强调主题公园在带动相关产业发展、拉动消费、提高城市品质方面所起的作用。房地产开发商为了满足地方政府的要求，获取巨额的房地产投资回报，不惜冒着巨大的投资风险，开发主题公园。

10.1.2 主题公园与房地产开发在区位选择上的契合

从宏观区位和微观区位看，主题公园与房地产项目都存在较大的一致性。从宏观上看，主题公园一般选择城市人口规模大、流动人口数量多、经济发展水平高的大城市或城市群中心区域。保继刚曾引介美国城市土地研究所关于主题公园宏观区位选择的量化标准（保继刚，1994a）。按照这一标准，目前我国沿海一线城市，甚至许多二、三线城市都具备发展大型主题公园的条件。随着我国经济的快速发展和城市化进程的深入，将有更多的城市满足开发主题公园的条件。从微观区位看，大型主题公园一般选址在大城市边缘区，多位于环城游憩带上（保继刚，1994a），属于城市化的拓展地带，用地条件限制小，地价相对便宜，拆迁成本低，不仅适合发展主题公园，更适合开发房地产。目前，我国主题公园房地产开发的项目主要集中在这一区域。主题公园与房地产在空间选择上契合为二者关联开发提供了客观基础。

10.1.3　主题公园长线投资与房地产短线投资的互补

从投资的角度分析，公园与房地产的关联开发是一种能够创造巨额利润的模式（Olmsted and Kimball，1970）。早在 19 世纪初，英国伦敦的摄政公园（Regent's Park）及周围的高端住宅被认为是当时伦敦最美的住宅区，同时也是高利润的房地产投资项目（Chadwick，1966；Conway，1991）。房地产开发利润较高、投资大、收效快，是典型的短线投资。然而，主题公园和高尔夫球场一样是长线投资（需要大量持续的更新投入），运营管理的技术难度也很高。在美国，开发商往往将建好的高尔夫球场或公园交给当地公园和游憩设施管理机构或者非营利性住户（non-profit homeowners）管理，而更为普遍的策略是将这些设施捐献给政府（Crompton，2000），但主要是公共公园而非主题公园。公园与周边房地产之间存在投资互补的可能。事实上，早在 19 世纪由公共资金建设，并面向公众开放的伯肯黑德公园（Birkenhead Park）就采用邻近效应①，周边房地产项目不仅支付了公园的建设费用和土地成本，还能从房产税中产生持续的利润用以支持公园未来的发展（Tate，2001）。然而，以获取经济利益为核心目标的主题公园并不同于普通的市政公园，主题公园很难转嫁给政府管理。主题公园经营管理的技术门槛高，维持高游客量需要持续投入和精细管理，而周边房地产短期的收益并不能为主题公园后期的持续更新投入提供资金支持。主题公园长线投资与房地产短线投资的互补只是一种暂时性的互补，无法提供持续的资金、技术、管理等方面的支持。这也是中国许多主题公园后期经营面临困境的原因之一。

综上所述，主题公园房地产的发展既有全球化的外因，也有其内在的合理机制，在地方企业型政府的推动下，一时间主题公园房地产蓬勃发展。

---

① 政府投资 1340 万美元购买 225 英亩（1 英亩≈4046.86 平方米）土地，其中 125 英亩用于建设伯肯黑德公园，剩余 100 英亩用于开发房地产，价值 2190 万美元，是一项获利的投资。

10.1.4 主题公园对周边房地产的增值作用

对大多数中国人而言，主题公园代表了一种高品质的城市生活，是现代城市文明的象征。人们更愿意为临近公园的房子支付比其他地方类似房子更高的费用（Crompton，2004）。主题公园对周边房地产的影响主要体现在所产生的经济、社会和环境价值上。公园的开发能够招来人流，为社区吸引商业投资和富裕人口提供相对优势（Haigood and Crompton，1998）。主题公园周边的社区人文环境要比普通社区更为“城市化”。公园和其他开放空间的社会效益是多元变化的，它涉及人们日常生活的方方面面。主题公园对周边房地产的影响，尤其是对房地产价值的提升表现为购买者对房地产价值的感知和认可。这种由主题公园创造，且不由主题公园本身享用的价值，通常被称为外部经济效益，当这种效益被周边房地产部分吸收（房地产不可能完全吸收外部经济效益）并产生增值时，这一过程称为邻近效应（proximate principle）。不同类型的公园对周边房地产会有不同的增值作用，有时甚至是负的作用，国内外学者对此都做过较为详细的定量研究（Vrooman，1978；More et al.，1982；石忆邵和张蕊，2010）。一般公园会使周边房地产产生20%的增值，且这种影响集中在600英尺（约为182.88米）的范围内（Crompton，2001）。值得一提的是，早期主题公园的开发商并没有意识到主题公园对房地产的增值作用。我国学者中最早证明主题公园与房地产关联开发效益的是保继刚。保继刚（1995）以深圳华侨城主题公园的开发为例，证明了主题公园对房地产的增值作用。深圳华侨城创造了一个优良的城区环境。1995年，华侨城的绿化率高达46.94%，达到世界一流社区的水平。优美的环境，使华侨城的住宅商品房始终走俏，升值很快。1988～1992年，深圳华侨城房地产开发公司开发各类房屋238栋，建筑面积95万平方米，其中商品房近20万平方米。无论是高层楼宇，还是花园别墅，其卖价均比邻近的沙河地区高30%左右。表10-3是深圳特区1988～1992年分区多层商品住宅港币综合售价。罗湖是深圳中心商务区（CBD），福田是次中心，南山离当时深圳的城市中心区最远，然而，南山却是整个深圳特区的地理中心所在。华侨城位于福田与南山之间，按地租原理，商品房的价格是罗湖最高，福田次之，华侨城最低，1988～1990年3年的情况符合这个规律。罗湖售价最高，每平方米多层住宅售价分别是3063.8港元，3937.9港元和4948港元。福田基本与罗湖持平，分别是3078港元、3904港元和4898港元。南山分别为2300港元、2700港元和3100港元，这3年的平均售价只有罗湖的68%。华侨城最低，分别是2015港元、2495港元和2665港元，3年平均售价只有罗湖的60%。1989年深圳锦绣中华开业后，情况发生了突变。1991年，华侨城房地产的售价比1990年上升了131.41%，每平方米升至6167港元，相当于罗湖的92.32%，远远高出南山49.25%。到了1992年，华侨城的售价提高到 7556 港元，相当于罗湖的 98.23%，基本与之持平，并且高出福田 4.49%，高出南山 25.93%。

表 10-3　深圳特区 1988～1992 年多层商品住宅综合售价（港元）

时间	罗湖		福田		南山		华侨城	
	售价/港元	增长率/%	售价/港元	增长率/%	售价/港元	增长率/%	售价/港元	增长率/%
1988 年	3063.8	—	3078	—	2300	—	2015	—
1989 年	3937.9	28.53	3904	26.84	2700	17.39	2495	18.86
1990 年	4948	25.65	4898	25.46	3100	14.81	2665	6.81
1991 年	6680	35.00	6539	33.50	4 132	33.29	6 167	131.41
1992 年	7692	15.15	7231	10.58	6000	45.21	7556	22.52

资料来源：华侨城房地产开发公司

主题公园创造的良好环境和带来的大量客源促进了房地产的开发和增值，美国华盛顿城市土地研究所的有关研究表明，主题公园可带动地价上涨 3～4 倍。主题公园对周边房地产的增值作用成为一些房地产追逐的目标，临近主题公园是新开发楼盘营销宣传上的亮点。

10.2　中国主题公园房地产的发展

我国主题公园房地产主要以市场为开发主体，政府通常以下属企业的名义参与，并提供优惠政策、基础设施建设和旅游推介等支持。参与开发的企业主要有两大类：一类是专业的大型旅游集团，如港中旅集团、华侨城集团、长隆集团、华强集团、宋城集团、锦江集团和海昌集团等。这些大型旅游企业集团基本都涉足房地产开发业务，见表 10-4。

表 10-4　七大旅游企业集团业务构成一览表（2010 年）

集团	旅游景区	旅行社	酒店	电子商务	住宅地产	商业地产	客运物流	物流贸易	电子	金融	实业投资
华侨城集团	√	√	√		√	√			√	√	√
港中旅集团	√	√	√	√	√	√		√			√
华强集团	√		√		√	√			√		√
锦江国际集团	√	√	√		√		√			√	√
海昌集团	√		√		√	√		√			√
长隆集团	√		√		√						
宋城集团	√		√		√						

注：根据相关资料整理

华侨城集团开发的主题公园的类型较为全面，涉及早期静态微缩景观和现代主题游乐器械为主的主题公园。华侨城集团也是我国最早尝试进行主题公园连锁经营的企业之一①，旗下的欢乐谷是世界知名的主题公园连锁品牌。根据《2013年全球主题公园游客量报告》，华侨城集团下属主题公园接待游客量超过2632万人次，位列全球第四，年增长率高达12.7%，是全球十大主题公园连锁集团中增长最快的主题公园企业集团之一。华侨城集团也是最早涉足主题公园周边房地产开发的企业之一，目前在全国各地开发的欢乐谷（除上海欢乐谷外）基本上都涉及周边房地产开发。

港中旅集团创立于1928年，是四大驻港中资企业之一，而华侨城集团也是源于港中旅集团。2007年，国资委宣布中国中旅集团并入港中旅集团，港中旅成为当前我国最大的旅游集团。在早期与华侨城集团合作开发锦绣中华、中国民俗文化村和世界之窗后，港中旅集团逐渐退出主题公园业务，重点开发海泉湾品牌度假区。目前港中旅集团以旅游、房地产、钢铁和物流贸易为主营业务，其中高端度假地产是其主要的扩张模式。

华强集团创建于1979年，原为广东省属国有企业，2003年9月改制，政府转让91%国有股权，成为由内部职工控股的民营企业。早期华强集团依靠物业和电子产品发展，擅长开发具有知识产权的智能游乐设备和产品，并成功将其运用到主题公园中，成为我国唯一具有影视技术和产品支撑的主题公园连锁品牌企业。华强旗下的芜湖方特欢乐世界是其最成功的主题公园，该公园依托华强集团自主研发的数字影视、数字动漫、数字游戏、文化产品进行开发，大规模使用多媒体技术（多媒体技术的应用规模和比例超过环球影城，但该技术设备老化快，更新成本高）。芜湖方特欢乐世界也进行周边房地产开发。

长隆集团也是一家具有多类型主题公园开发经验的企业，旗下拥有长隆欢乐世界、长隆国际大马戏、长隆香江野生动物世界、长隆水上乐园、广州鳄鱼公园、长隆酒店、香江酒店、长隆高尔夫练习中心和香江酒家等9家子公司。在《2010年全球主题公园游客量报告》中，长隆欢乐世界以240万人次的游客量位列亚太地区主题公园的第15名，成为中国又一个进入世界优秀主题公园行列的企业。近年来，长隆集团开始涉足房地产开发，并在珠海布局一个全新打造的主

① 1993年12月底，由香港中国旅行社集团（港中旅集团）投资近1亿美元、占地460亩的锦绣中华在美国佛罗里达州克希尼开业，与中国深圳的“锦绣中华”一脉相承。然而，深圳锦绣中华这类主题公园是在中国特定政治文化和社会心理下的产物，其成功具有特殊性。美国锦绣中华并不符合美国民众的口味，缺乏竞争力，而且存在资金瓶颈，投资的政治外交目的大于经济考虑，一直亏损，于2004年1月倒闭。另一个尝试是1997年10月1日营业的长沙世界之窗。该公园占地40公顷，由湖南电广传媒股份有限公司、深圳华侨城控股股份有限公司和港中旅集团共同投资建设，主要借鉴深圳世界之窗的理念。长沙世界之窗的发展缺乏市场基础，经营表现一般，建成后进行了多次小规模的更新改造，增加了游乐器械。

题公园目的地。

海昌集团以石油贸易起家，业务范围集中在华北地区，目前发展成为集石油贸易、船舶运输、房地产投资、商业旅游四大支柱产业为一体的综合性、跨行业、跨区域的企业集团。海昌集团在主题公园领域擅长开发海洋公园、海洋馆和水公园，青岛极地海洋世界是其最著名的主题公园之一，目前也涉足主题公园房地产开发，并积极面向全国布局。

宋城集团和锦江集团是两家大型旅游企业集团，但涉足主题公园业务较少。宋城旗下拥有杭州宋城和杭州乐园等著名主题景区，而锦江集团拥有锦江乐园。尽管两家企业也都涉及房地产开发，但目前尚未采用主题公园房地产开发的模式，而近年来正积极与一些房地产开发企业合作尝试主题公园房地产开发。

另一类参与主题公园房地产开发的企业是大型专业房地产开发商，如万达集团、志高集团、富力集团等。这类房地产开发商并没有开发主题公园的成功经验，也不具备管理和运营主题公园的技术能力。因此，大型专业房地产开发商通常都寻求主题公园相关企业进行合作。在规划设计阶段，房地产开发商通常聘请国内外知名主题公园规划设计公司参与；在施工阶段，目前国内缺乏专业的主题公园建筑团队，而国际团队的成本过高，一般房地产开发商要么全部外包给规划设计单位全权建设，要么利用传统建筑团队建设（主题化的效果并不理想）；在管理运营阶段，开发商要么通过从成功的主题公园企业猎取管理人才，组建管理团队；要么聘请旅游景区管理公司（大多数没有主题公园管理经验）进行管理。

10.3　中国主题公园房地产发展问题

主题公园房地产在中国的发展存在诸多风险和障碍，并呈现投机性。地方政府的积极推动也存在盲目性，给主题公园产业的发展带来不利影响。面对可能产生的新一轮主题公园泡沫，2011 年 8 月 5 日，国家发改委、国土资源部和国家住房和城乡建设部联合发布《关于暂停新开工建设主题公园项目的通知》（后文简称《通知》）。《通知》以一种较为含蓄的方式表达了中央政府对“主题公园房地产”的担忧，将问题的焦点集中在主题公园，而非房地产，要求各地暂停新的主题公园建设，并上报主题公园建设情况。《通知》表面上针对主题公园的盲目开发和重复建设，实质上是限制中小开发商以“主题公园房地产”的名义获取大规模房地产开发用地。《通知》从中央政府的角度界定新时期我国“主题公园”的

“标准”[①]，通过限制主题公园审批和建设，以达到限制主题公园房地产盲目开发的目的，抓住了该模式的合法性基础——主题公园，也从一个侧面反映了主题公园在该模式中的核心作用。《通知》对华侨城集团等大型主题公园企业并无太大影响，一方面，华侨城集团目前建设和即将建设的主题公园早已获得审批，能够满足未来3～5年的开发；另一方面，华侨城集团等大型央企拥有较强的政府资源。可以预见，即将出台的“国家规范发展主题公园的具体政策”将给主题公园审批设定更高的标准、更严格的程序和更具体的操作性。这对规范主题公园房地产模式的开发，培育主题公园产业的良性发展是有益的。

房地产开发推动了中国主题公园的新一轮发展浪潮。在政府感性梦想与企业理性投机的“默契”下，主题公园与房地产关联开发成为一种具有冒险性质的土地开发模式。政府、企业和社会公众都在这一高风险游戏中幻想着美好的未来。然而，幻想的破灭却可能由以下几种弊端所导致。

10.3.1 忽视主题公园经营的难度与风险

绝大多数房地产开发商是缺乏主题公园开发和管理经验的，即使是传统的旅游企业集团，说得上成功开发和管理的企业也寥寥无几。主题公园的经营是具有较高难度和风险性的：一方面，主题公园是劳动密集型景区，强调员工的管理，以及员工与游客的互动，因而需要完善的企业文化和持续的激励机制，这对习惯于纯物质层面开发的房地产开发商而言难度不小；另一方面，主题公园高投入、高折旧、高门槛导致高经营成本，如何维系高游客量、降低季节性波动这是很多旅游企业都未能妥善解决的难题。

10.3.2 高估主题公园对房地产的增值作用

主题公园对房地产的增值因“地”而异，且存在不确定性，不可过分依赖。一方面，主题公园多为人造景观，尤其是以乘骑器械为主的景区，其高度人工化和喧嚣的环境氛围会降低周边房地产的居住质量，存在负面影响；另一方面，主题公园本质上是一个企业，会出现衰退和倒闭，甚至会改变公园土地的用途，而不像市政公园一样具有稳定的景观。因而，主题公园的增值作用存在非长期性和易变性。盲目高估增值作用会加大开发风险，对开发项目的可持续经营构成巨大威胁。

① 《通知》认为主题公园项目是现代建设的、吸引游客参与并收取门票的营利性人工景观、游乐设施等，项目规划（或实际）总占地面积在300亩以上或规划（或实际）总投资5亿元以上的项目。

10.3.3　建设实施偏离规划设计的初衷

长期以来，我国对规划管理监管乏力，相关法律法规不完善，规划蓝图容易偏离。对一些开发商而言，主题公园与房地产关联开发的核心目的在于获得土地的房地产开发权，赢取巨额利润。在这样的动因下，房地产开发商往往偷换概念，巧立名目，将房地产项目美化为主题公园配套设施，将主题公园项目“改装”成房地产项目。最终可能园将不“园”，主题公园与房地产的关联开发演变成房地产配套主题“景观”。

10.3.4　缺乏可持续发展的保障机制

市政公园周边房地产的开发往往受到政府的限制（包括形式、色彩、高度等），且公众强调其社会效益。主题公园由企业投资建设，与政府签订的一揽子协议中通常也包括周边房地产的开发权。企业投资注重经济效益，房地产的建设在遵照城市法规原则下由企业自主决策，政府无权干涉，不会引致所谓混合公共物品①私人享用的批评。在缺乏持续监控下，开发商的自主投资经营容易演变成短视行为。一方面，在没有明确约束下，开发商往往先建房地产，后建主题公园，当房地产开发的目的达到后，主题公园的建设就停止了；另一方面，主题公园的可持续发展需要持续的更新投入，在没有相应管制下，开发商在获取土地后往往对主题公园不再投入，导致景区缺乏持续的竞争力。

10.4　主题公园房地产开发的管控

区位选择上的契合和主题公园对房地产的增值作用为两者关联开发提供了空间上和经济上的可行性，而地方政府对房地产开发的政策要求使这种开发模式成为一种必然选择。在长线投资与短线投资的互补思路下，受到深圳华侨城成功的启发，主题公园与房地产关联开发成为旅游房地产开发的主流模式，客观上推动了我国主题公园发展的新一轮浪潮。

在这样的发展动因下却隐藏了深刻的弊端。主题公园经营的高难度和高风险，加上公园对房地产增值的不确定性，导致开发商畏缩不前，甚至背离初衷，篡改蓝图，在建设实施的过程中弱化了主题公园内容。在政府规划管理不力、可持续发展缺乏有效保障机制情况下，主题公园与房地产关联开发又往往演变成开发商的短视行为和投机行为。

---

① 陈卓思（2005）在《城市公园供给方式的模型分析》中，将城市公园定义为一种混合公共物品，强调其社会福利和公平使用。

主题公园与房地产关联开发是一种成功的发展模式，有现成的国际经验和国内实践可供参考。新阶段开发模式的弊端并非出自模式本身，而主要是在当前房地产暴利的诱使和现行体制缺陷的作用下，地方政府急功近利地过度激励，开发商投机主义的短视行为，最终容易导致不良的后果。

企业总是逐利的，弊端的出现关键在于政府和社区。在目前体制下，社区参与很难发挥作用，地方政府就成为解决问题的关键角色。然而，地方政府的企业主义管治存在诸多问题，企业型政府的市场导向过度关注经济发展而忽视对传统的保护，为了获得更多的外来投资不惜牺牲部分公共利益。因此，解决开发弊端的首要乃是反思和调整地方政府的企业主义管治，有效引导地方政府参与经济建设的方向。

10.5 反思：主题公园对周边房地产的增值作用

基于邻近效应的增值作用一直是主题公园房地产开发的关键。然而，增值作用的性质（正向还是负向）、范围和程度并非一个常量，而是根据具体情况具体表现的。在美国，国家公园和州立公园远离城市，且面积很大，它们的经济来源主要依靠游客的消费而非周边房地产邻近价值的提升。在城市公园中，市政公园（公益性）也具有很好的外部经济效益。不同的是，中国城市公园的兴起与欧美城市化和工业化的原因不同，近代中国城市公园强调的是娱乐、卫生的生活方式以及教育教化的功效，体现精英公园理想，是一个促进人的“城市化”、“现代化”的场所。新中国成立后，政府对所有园林景点和私人花园进行了翻新、改造、扩建形成人民公园，向公众开放。显然，最初政府在建设城市公园时并不像欧美那样考虑成本收益问题，更不了解所谓邻近效应，政府的财政资金负担了大部分建设和管理费用。随着城市化进程的加快，市民对城市公园数量和质量有更高的要求，政府无力支付巨额的建设和管理费用。于是，私人建设的公园，尤其是高投入的游乐园（可以理解为主题公园的早期形式）在 20 世纪 80 年代出现了。1983 年，中国大陆第一个大型器械游乐园“长江乐园”在广东中山开业，随后五年内全国各地陆陆续续建设了 1000 多家这种形式的游乐园。

与传统的城市公园不同，主题公园的开发是一种完完全全的市场行为，开发不当，其经济损失很大（保继刚，1994a）。因而，开发商特别注重主题公园开发的经济效益。由于主题公园开发的投入大、风险高、运营难度大，而房地产与主题公园联合开发可以部分平衡这些劣势，因而主题公园开发商非常重视对周边房地产价值影响的理解和运用。

国外关于主题公园对周边房地产影响的研究由企业完成，而关于城市公园和其他类型开放空间的研究一直没有间断过，随着研究技术和方法的更新，成果越来越贴近实际。表 10-5 反映部分相关研究的成果和结论。

表 10-5　部分公园和其他开放空间对房地产价值的影响研究一览表

研究者	案例地特征	数据	研究结论
David，1968	Wisconsin 由公园形成的区域	房屋售价	公园对房地产有正的影响
Barron，Jansma，1970	Pennsylvania 由公园形成的区域	房产税	将原来住宅地用于建设公园对房产税没有负的影响
Epp，1971	Pennsylvania 由 15 个州立公园形成的区域	房产税	由于建设公园征用土地所减少的土地税收得到了因公园而增值的周边房地产税收更多的补偿
Lyon，1972	Philadelphia 3 个公园和 3 所学校形成的区域	1725 个房屋售价	公园对房地产有正的影响，集中在距公园 600～800 英尺范围内（1 英尺≈0.3048 米）
Hammer，Coughlin，Horn，1974	Philadelphia 包括 1 个 1294 英亩的公园区域	土地价格	距离 40 英尺，土地价格中有 33%归功于公园，距离 1000 英尺有 9%，距离 2500 英尺只有 4.2%
Correll，Lillydahi，Singell，1978	Boulder，Colorado 包括 1 个 1382 英亩绿化带的区域	10 年间的房屋销售价格	平均每远离绿化带 1 英尺，价格下降 4.2 美元，3200 英尺内的平均价格比 3200 英尺外高 32%
Vrooman，1978	New York 由一个州立公园形成的区域		公园对周边房地产有积极的正效应
Gamble，Downing，1982	New England，由州立公园形成的区域	房屋价格	远离公园的区域房地产价值逐渐下降
Brown，Connelly，1983	New York，分别调查了 6 个州立公园周边区域	房屋价格	在 2 个案例中，远离公园的区域房地产价值逐渐下降，其余 4 个案例没有发现相关性
More，Stevens，Allen1982，1988	Worcester，Massachusetts 包含 4 个公园的区域	来源于 MLS 的房屋销售价格	距离公园 20 英尺的房屋价格比距离公园 2000 英尺的房屋价格高 2675 美元，公园对周边房地产的增值效应中 80%集中在距离公园 500 英尺的范围内

续表

研究者	案例地特征	数据	研究结论
Kimmel，1985	Dayton 和 Columbus，Ohio 分别包含一个 170 英亩和 152 英亩的公园区域	房屋销售价格	两个区域平均每远离公园 1 英尺，价格分别下降 3.83 美元和 4.87 美元，公园分别为两地房地产价格贡献了 5.1%和 7.3%的价值
Nelson，1986	Salem，Oregon 拥有开放空间的城市区域	土地价格	临近农田的土地价格平均每英亩比远离农田 1000 英尺的土地价格高 1200 美元
Gartner，Chapelle，Girard，1996	Michigan 由公园形成的区域	房屋价格	公园对周边房地产具有负效应
Sielski，2002	Washington County 包含 2 个公园的区域	房屋价格	200 英尺内房屋价格中有 19.2%归功于公园
Cape Ann Economics，2003	Leon County，Florida 公园区域	2 年的房屋销售价格	距离公园 200 英尺范围内房屋增值 6015 美元，位于 200～1320 英尺范围内的增值 1773 美元
Miller，2001	Dallas-Fort Worth 包含 14 个相邻公园（面积在 2.5～7.3 英亩）的城郊区域	3200 个房屋交易价格	公园对周边房地产的增值 75%集中在 600 英尺的范围内，85%集中在 800 英尺的范围内，总体影响范围在 1300 英尺范围内
Bolitzer，Netusil，2000	多案例地分析 193 个公园区域	房屋价格	1500 英尺内，房屋增值 1.2%～3.5%；100 英尺内，增值5.3%～7.6%；1301～1500 英尺内，增值 1.5%～3.8%
Lutzenhiser，Netusil，2001	多案例地分析将公园区域划分为城市公园、自然公园和特殊公园	房屋销售价格	1500 英尺内三种公园对周边房屋价格的贡献分别为 16.1%（自然公园）、1.8%（城市公园）和 8.5%（特殊公园）
Nicholls，Crompton，2005	Austin，Texas 包括一个直线形 171 英亩的自然景观的区域	房屋价格	三个住宅区平均每远离绿化带 1 英尺，房屋价格分别下降 13.51 美元、3.97 美元和 10.61 美元

续表

研究者	案例地特征	数据	研究结论
Irwin，2002	Maryland 1350 平方英里的城市近郊和远郊区域	5 年内，55799 个房屋价格	私人开放空间给 400 米内的周边房屋价格贡献 2.6%，而政府开放空间只有 1.2%的贡献
Ready，Abdalla，2003	Berks County，Pennsylvania 城市近郊和远郊区域	4 年内 8090 个房屋售价	邻近效应不明显
Ernst，Young，2003	New York 5 个城市公园区域	房屋价格	2 个更新后的公园对周边房地产产生明显的增值作用，另外 3 个对周边房地产增值作用适中

注：作者分别采用两种统计模型计算，因而出现两个结果

资料来源：据以下研究分析整理：Crompton，2005；Nicholls and Crompton，2005

根据上述文献研究的成果总结，可以得到以下几个方面的共识：

第一，邻近效应所产生的影响根据公园的规模、使用和设计不同而变化，一般公园会使周边房地产产生 20%的增值，且这种影响集中在 600 英尺的范围内，这是一个合理的参考值（Crompton，2001）。通常绝大多数人不愿意走超过 220 米（约 700 英尺）的距离（丹尼斯和布朗，2002），大约步行 3 分钟的路程，因而 600 英尺是一个最佳范围。

第二，公园类型的不同对周边房地产价值的影响也不同。公园和开放空间的所有权确实会影响到邻近效应的实现效果，积极影响最大的是私人公园和保护区（Irwin and Bockstael，2001；Irwin，2002）。还有研究表明，以参与性活动（active）为主的公园比以非参与性（passive）活动为主的公园对周边房地产的增长效应要小（More et al.，1982；Crompton，2005）。主题公园多为私人公园，且大多喧嚣热闹，一方面它可能为周边社区带来可观的经济收益；另一方面也会影响社区的私密性和社会关系，影响之不确定性最终还是取决于居民的感知和价值取向。

第11章 走下神坛的迪士尼：香港和上海迪士尼乐园开发

11.1 走上神坛的迪士尼

早在20世纪30年代，迪士尼那只黑白版的“米老鼠”和“唐老鸭”就已经活跃在中国电影院的银幕上了。1937年，迪士尼出品第一部彩色动画片《白雪公主和七个小矮人》轰动全球，并很快传播到中国。《白雪公主和七个小矮人》走进了当时北京、上海等大城市。上海人更是看得目瞪口呆，百看不厌。因此，迪士尼的卡通形象早已在中国老一辈民众心中扎下根。由于历史原因，直到1978年中国改革开放之后，迪士尼公司才重新进入中国市场。1986年，迪士尼公司与中央电视台签署历史性的许可协议，大耳朵的米老鼠和“愤青”唐老鸭出现在中央电视台每周日晚上6点半的黄金时段。这一破天荒的举动不仅让广大中国普通民众真正了解迪士尼动漫，了解美国文化，而且使得迪士尼的品牌形象被国人高度认可。迪士尼卡通形象曾经一度成为美国在中国的形象代表。1993年，《米老鼠杂志》获准在中国发行。1995年，《狮子王》成为首部在中国放映的迪士尼电影。之后的《玩具总动员》、《海底总动员》、《珍珠港》、《南极大冒险》、《加勒比海盗》等在国内电影票房上连创新高。1994年9月19日开始，专门播放迪士尼动画片的电视节目小神龙俱乐部在中国40个频道播出。1998年，迪士尼电影及动画的影带光盘获准在中国市场销售。随后，米奇（米老鼠）、公主系列学生文具也开始在中国销售。迪士尼米奇系列文具具有趣味性、诚实可信、洋溢欢乐与梦想等特点；迪士尼公主系列的文具具有梦幻、美丽、浪漫、给人温馨与幸福感等特点，两种文具加上前期的动画营销，大受当时中国青少年的追捧。

正是在那一代中国青少年的追捧下，迪士尼走上了娱乐的神坛。所谓爱屋及乌，中国民众对迪士尼的喜爱从卡通到电影，再到主题公园。尽管当时大多数人并没有去过美国迪士尼乐园，但人们一联想起那是一座由喜爱的卡通人物形象所塑造的主题公园，便不由得身心向往。对于在那个时期成长的一代中国人，现在大多数已经是80后的群体而言，迪士尼乐园确实是一个神话。

迪士尼的主题公园和度假区业务发展也是一种神话。2014年，迪士尼公司旗下五大经营业务总收入为488.13亿美元，其中网络媒体、主题公园及度假区、影视娱乐、消费品、迪士尼互动对公司总收入的贡献率依次为43.3%、30.9%、

14.9%、8.2%、2.7%；对公司的利润贡献率依次为 56.3%、20.5%、11.9%、10.4%、0.9%。网络媒体业务与主题公园及度假区业务占据了其经营业务的绝大部分，占据了公司总体收入的 74.2%，盈利的 76.8%。其中网络媒体业务利润率最高，其他业务利润率相对较低，见图 11-1 和图 11-2。

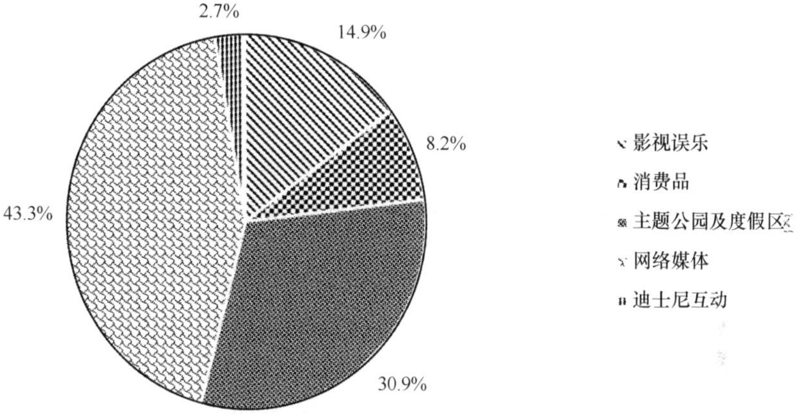

图 11-1　2014 财年华特迪士尼公司五大业务收入构成图

资料来源：迪士尼集团 2014 年企业年报

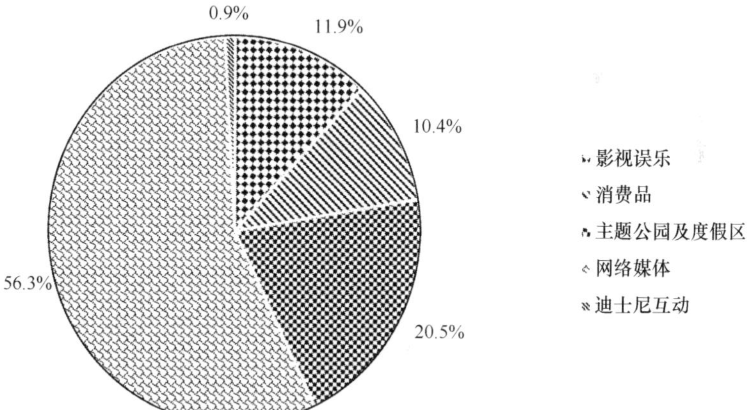

图 11-2　2014 财年华特迪士尼公司五大业务营业利润构成图

资料来源：迪士尼集团 2014 年企业年报

1955 年开业的加利福尼亚州迪士尼乐园一直是世界上最受欢迎的主题公园之一，游客量由 1955 年的 100 万人次上升到 2013 年的 1620 万人次，位列全球第三[①]，游客量上涨了16倍，仅次于迪士尼魔幻王国和东京迪士尼乐园。门票价格也有所增长，从1981年的10.75美元上升到了2014年的96.00美元，门票价格上涨了近9倍，同期美国中产阶层比例下降，两极分化扩大，过去的40年，中产阶层收入增长停滞甚至萎缩。根据美国人口调查局（United States Census Bureau）的数据，2013年美国中产阶层收入为51 939美元（约合322 437元人民币），基本与1995年持平（1995年为51 719美元，约合321 071元人民币）。这说明，美国主题公园门票价格占美国中产阶层这一最重要的收入达标市场群体收入的比例越来越大。

位于亚洲的东京迪士尼乐园（Tokyo Disneyland）也是一个神话。2013年，东京迪士尼乐园接待游客量为1721万人次，增长15.9%，位列全球第二[①]。全球第一家迪士尼主题公园在美国加利福尼亚州开幕后，美国华特迪士尼世界度假区、东京迪士尼度假区、巴黎迪士尼乐园度假区、香港迪士尼乐园度假区先后开业，形成世界五大迪士尼度假区和十一大主题公园的格局。第六大迪士尼乐园落户上海，目前正处于建设中，而十一大主题公园均坐落在五大迪士尼度假区内。全球排名前十的主题公园中，有9个来自迪士尼[①]。迪士尼不仅创造了主题公园模式的神话，也创造了世界人造主题景区入园量的神话。迪士尼乐园成为全世界旅游景区的神话。迪士尼神话一般的表现提升了中国人对迪士尼乐园的旅游期望。

11.2 走下神坛的迪士尼

在迪士尼乐园的全球布局中，东京迪士尼乐园无疑是成功的。然而，从布局法国巴黎开始，迪士尼乐园的神话似乎被打破了。1992年4月12日开业的巴黎迪士尼乐园经营没有达到预期效果。2013年，巴黎迪士尼乐园游客量为1043万人次，下降了6.9%；而同样位于巴黎迪士尼度假区的华特·迪士尼影城（Walt Disney Studios Park）接待游客量为447万人次，下降6.9%，为迪士尼集团旗下游客量最小的主题公园之一。显然，走出美国的迪士尼乐园并未得到欧洲市场的高度认同。许多学者认为文化差异和市场差异是关键问题。

对于广大中国民众而言，迪士尼走下神坛最重要的感触是香港迪士尼乐园。其中，主要的表现有四个方面。

11.2.1 远低于预期的经营业绩

2005年9月12日，投资额更大的香港迪士尼乐园开业。诚如前面所述，该

---

① TEA/AECOM. Global Attractions Attendance Report for 2013. Themed Entertainment Association. 2014. Retrieved June 6, 2014.

公园由香港政府和迪士尼集团共同成立的香港国际主题公园有限公司投资和运营管理，最主要的投资来源是香港特区政府及其下属企业。投资 141 亿港元的香港迪士尼乐园一期工程并未收到预期的经营绩效。根据香港政府早期的估算，香港迪士尼乐园一期工程开业后，在未来的 40 年运营中，将会产生 1480 亿港元（约合 190 亿元）的经济价值，大约占到香港 GDP 的 6%。同时，一期工程开业后将带来 18 000 个就业岗位。然而，诚如前面所述，香港迪士尼乐园一期开业后总体处于亏损状态。根据香港迪士尼乐园公布的 2009 年度业绩概要，截至 2009 年 10 月 3 日止之财政年度，香港迪士尼乐园未扣除利息、税项、折旧及摊销前亏损 7000 万港元，比上一个财政年度的 1.61 亿港元亏损减少达 57%。2009 年香港迪士尼平均雇佣 4400 名全职员工和 1200 名兼职员工，共计 5600 名。累积到 2013 年度，香港迪士尼乐园累积净亏损为 34.93 亿港元，完成由于巨额投资引发的折旧摊销成本累积为 47.98 亿港元。直到 2012 年，香港迪士尼乐园获得总收入 42.72 亿港元，增长 18%，才破纪录地实现年度纯利润 1.09 亿港元，首次实现盈亏平衡。换句话说，不计算政府外围基础设施投资，仅考虑主题公园直接投资 141 亿港元的香港迪士尼乐园，游客量要达到 670 万人次，平均门票要收到 350 港元才能达到盈亏平衡，而且要求两个主题酒店（香港迪士尼乐园酒店和迪士尼好莱坞酒店）的 1000 间客房全年的入住率保持在 90%以上。显然，香港迪士尼乐园维持的是一个极高的经营门槛。

11.2.2　拒客风波引发的社会争议

开业后的第一年春节，即 2006 年春节初五、初六两天时间，因为游客“全场爆满”，超出了其原定的每日 3 万人次设计容量的上限，香港迪士尼乐园先后两次关闭大门，拒绝了近千名持票游客入场，此事成为香港众多媒体的头条新闻，由此引发了香港迪士尼乐园的“拒客风波”。几十年来，迪士尼通过卡通片、电影和纪念品等传播，在中国大陆地区市场积攒了巨大的人气。香港迪士尼乐园的开业，必然受到大陆游客的青睐，自然不会错过在第一个春节长假期游玩香港迪士尼乐园。许多游客通过旅行社早早就预订了香港迪士尼门票，集中在春节期间入园。香港迪士尼乐园方面对此实际上早有估计，但估计过低，超出了他们的预计。从春节前几天开始，香港迪士尼乐园便人山人海。公园方面出于安全考虑，根据主题公园设计容量控制实际入园人数，关闭园区大门，停止销售门票。2006 年 2 月 1 日早晨，香港迪士尼乐园开门仅仅一个半小时就人满为患，但是园方未对外发布讯息，而是直接拒绝逾千名持票旅客进入乐园，因此引起游客不满。数百名持票游客在大门外吵闹，有人爬到铁栏上叫喊，也有人对工作人员破口大骂。乐园见状报警，并召集乐园内保安到场维持秩序。园方工作人员不断通过扬声器向游客呼吁：“持有门票宾客，请在其他日子光临迪士尼乐园。”实际上，公园方面并不知道，这样的警告难以奏效。大量入园的是大陆游客，他们需要付出巨大的旅行成本才能来到迪士尼乐园，由于香港春节期间房价较高，每停留一天的成本很高。游客会千方百计进入园区。

客观上评价，“拒客”是出于安全考虑，放行游客则是对公园的“过度使用”，两则都是对游客的根本利益的变相保护，而对公园形象和体验的伤害。两害相权取其轻，迪士尼乐园选择了“拒客”。管理方把“过度使用”可能给游客的安全所带来的伤害放在首要位置是典型的西方国家处理类似事件的原则。“拒客风波”实际上反映了香港迪士尼乐园在管理，尤其在中国市场营销上的水土不服，严重损害了香港迪士尼乐园在大陆游客心中的形象，迪士尼乐园的产品和服务体验受到了质疑。这种影响尽管是短期事件所致，但会持续很长时间。

11.2.3 高期望值与低体验的差距

迪士尼乐园的头上有很多光环，其主题形象早已深入人心。几十年来的形象传播积攒了广泛的人气。大陆游客对香港迪士尼乐园总体上抱有极高的期望值。根据旅游体验的理论，景区必须提高产品和服务的质量，服务水平必须努力超过游客的期望值，从而使游客整体上达到较高的满意度水平。显然，早已被神话了的迪士尼乐园，人们对其期望值之高，早已超过当前的产品和服务体验所能达到的高度。诚然，香港迪士尼乐园在产品和服务的细节上仍待提高，然而总体上，香港迪士尼乐园的运营和服务水平较高，超过国内绝大多数旅游景区，其旅游体验实际上也达到了一个相对高的水准，但距离人们期望中神话般完美的境界，仍有较大的距离。这种体验的差距，与欢乐谷的发展休戚相关。在香港迪士尼乐园游玩的珠江三角洲地区游客中，许多人都游玩过深圳欢乐谷、广州长隆欢乐世界等主题公园。相对于香港迪士尼乐园，深圳欢乐谷和广州长隆欢乐世界的门票价格较低、名气较小、期望值也较低，而实际体验上与香港迪士尼乐园的差距也没有想象中大，这反而增加了游客对香港迪士尼乐园的失望值。此外，由于香港迪士尼乐园第一期所包含的主题分区较少，公园活动和设施数量较少，容量也较小，总体上呈现旅游体验不足的状况，与加利福尼亚州迪士尼乐园和东京迪士尼乐园形成强烈反差。如图 11-3 所示，香港迪士尼乐园最经典的形象代表——睡公主城堡与奥兰多的相比，无论在体量上还是工艺水平上都显得具有较大差距。总体而言，香港迪士尼乐园无论是与品牌期望比较，还是跟其他迪士尼乐园相比较，抑或是跟区域内的主题乐园相比较，都难以达到人们的心理期望水平。

11.2.4 新生代市场培育的缺失

根据中国的电影政策，大片的进口配额是每年 20～50 部。出于保护民族动画的考虑，电视台在黄金时段不允许播放外国动画片。合拍动画片必须经过国家

香港迪士尼睡公主城堡

奥兰多迪士尼古堡

图 11-3　香港迪士尼与奥兰多迪士尼城堡建筑比较

广电总局批准，但总局同时也规定有中国特色、故事、形象、风格、气派和精神的合拍动画片，享受与国产动画片同等的政策待遇。显然，这一系列政策使得迪士尼卡通、迪士尼电影迅速消失在中国的电视荧幕上。迪士尼的卡通形象逐渐成为记忆，而对于后来出生的“90 后”、“00 后”而言，迪士尼则成了一种传说。加之上述负面新闻和不良体验的影响，在新生代市场中，迪士尼乐园的感知率和期望值都较低。对于广大中国大陆新生代市场而言，迪士尼乐园不再是一个神话，而是一个走下神坛的正常知名景区。香港迪士尼乐园的号召力和吸引力在逐年下降。尽管近年来，大陆游客的占比逐渐上升，但大陆游客的市场吸引半径却逐渐降低，主要集中在珠江三角洲地区和邻近的高铁沿线省份。许多人是到香港后才顺带去的香港迪士尼乐园，专程游客的比例减少。因此，对于迪士尼而言，新生代市场培育的缺失，已经影响了其品牌号召力。

11.3　香港迪士尼乐园投资的反思

香港迪士尼开业之初，预计 5～15 年每年 1000 万客流量，开业第二年就可收支平衡，资本回报率为 25%，但是实际情况一直不如预期，前 3 年游客总数仅为 1380 万人次，并连年亏损。不理想的业绩表现的原因可以归结为以下一些。

11.3.1　初始投资过高引发的巨额折旧和摊销费用

香港迪士尼乐园初始投资高达 141 亿港元，还不算香港特区政府为此配套的 136 亿港元的外围基础设施投资。过高的初始投资导致巨额的折旧和摊销费用。根据香港迪士尼乐园公布的业绩报告，其年均折旧和摊销费用在 8 亿元港币左右，从 2008 年到 2013 年，香港迪士尼乐园累计完成折旧和摊销费用高达 47.98 亿港元。与此同时，利益分配机制的不公平也是造成香港迪士尼乐园连年亏损的重要原因。

11.3.2　成本控制不当导致过高的经营成本及费用

欧美主题公园的运营成本控制比较好，一般能控制在营业收入的 40%～45%，而中国主题公园在这方面由于固定员工比例高，运营成本一般占营业收入的 50%以上。然而，香港迪士尼乐园运营成本和费用的控制不当，占比非常高。2013 年，香港迪士尼乐园的运营成本和费用为 37.83 亿港元，而收入仅为 48.96 亿港元，运营成本和费用占总收入比例高达 77.27%[①]，远高于业界普遍接受的 50%的参考值。造成运营成本过高的原因主要有三个方面：第一，香港迪士尼的薪金成本过高。2013 年雇佣 4800 名全职和 2600 名兼职，共计 7400 名员工，其中部分管理团队的薪资费用较高；第二，经营费用过高，许多材料和产品需要从海外进口，其中包括很大部分迪士尼特许商品。

11.3.3　金融危机、禽流感、拒客风波等事件的影响

2008 年 9 月后，金融危机对香港的影响加剧，经济呈现加速下滑趋势，失业率不断攀升，外部需求显著放缓，消费疲软，投资气氛转差，形势严峻。2008 年的第四季度，香港 GDP 出现负增长。消费疲软直接导致香港迪士尼乐园游客量的下降。与此同时，禽流感、拒客风波等一系列自然因素和负面事件也进一步加剧了香港迪士尼乐园整体游客量的下降，从而导致公园的亏损。从这个意义上说，香港迪士尼乐园在投资决策中，对未来的经营做了一个相对乐观的估计。

11.4　上海迪士尼经营预测

通过对香港迪士尼乐园投资和经营现状的评估，可以对即将开业的上海迪士尼乐园做一个预测，用模型来计算上海迪士尼经营所需要的门槛游客量。

11.4.1　主题公园游客量与收益关系模型

中国主题公园的投资结构与运营的收入和成本结构，与欧美国家的主题公园有比较大的差异，在企业财务管理上成本费用类别的归集也有差异。比如，由于中国游客消费习惯和主题公园业务选择的不同，中国主题公园门票的收入往往占总收入的 80%以上。中国主题公园企业资本性费用体现为折旧和递延摊销，而土地使用费进入行政税费科目。欧美主题公园的可变成本占可控成本的 2/3，固

---

① 香港迪士尼乐园 2013 年度业绩报告。

定成本仅占 1/3，中国主题公园的可变成本占的比率很小，不足 15%。这是因为欧美企业可以大量使用临时工、季节工，临时工的费用支出可占总薪酬的 70%，中国主题公园企业的人工成本基本上是刚性的。

中国主题公园经营中固定成本占的比率很高，只要开门营业，不论游客量多少，人工、能源、日常费用、市场营销、折旧等各项成本都得发生，除能源、人工等少数费用会随游客量增加外，其他成本基本不变。在主题公园企业的经营过程中的成本可分为运营成本（现金支付成本）和非付现成本（折旧、摊销等）两部分，对应地存在两个关乎企业运转对游客量要求的阈值，一个阈值使企业净现金流为正，称为下阈值，用 V_1 表示；一个阈值使企业盈利，称为上阈值，用 V_2 表示。游客量必须保持在 V_2 以上，才能使主题公园的营业收入达到盈利水平，维持企业正常的可持续发展。

主题公园的营业收入：

$$R = \sum R_i$$

式中，R_i 代表门票、商品、餐饮、服务、租赁等科目收入，在这些收入分项中，门票收入占总收入的 70%～90%。因此，也可以把营业收入分解为门票收入 R_t 和其他收入 R_a 两部分，即

$$R = R_t + R_a$$

经营成本

$$C = \sum C_i$$

式中，C_i 代表人工、市场营销、能源、日常费用、商品和服务采购成本、财务费用、折旧等成本科目。按现金流支付来划分，人工费用、市场营销、能源、日常费用、商品和外协服务采购成本、财务费用等科目为付现成本，也称营运成本 C_c，企业必须当期支付来维持运转，这些成本随着游客量的增加而增加。折旧、摊销等科目是非付现成本，用 C_d 代表，是为了使企业可持续运转所作的财务政策的安排，这些成本一般不随游客流变化。因此，经营成本也分为营运成本和非付现成本，表述为

$$C = C_c + C_d$$

图 11-4 是主题公园游客量与收益关系模型。假设 P 代表主题公园企业经营利润，M 代表净现金流，则有

$$P = R(V) - C(V)$$
$$M = R(V) - C_c(V)$$

在图 11-4 中，横坐标代表游客量 V，纵坐标代表收入和成本。R 是总收入线，与游客流成正比。C 是总成本线，C_c 是运营成本线，这两条线平行，之间是非付现成本。

从图 11-4 可以看出：

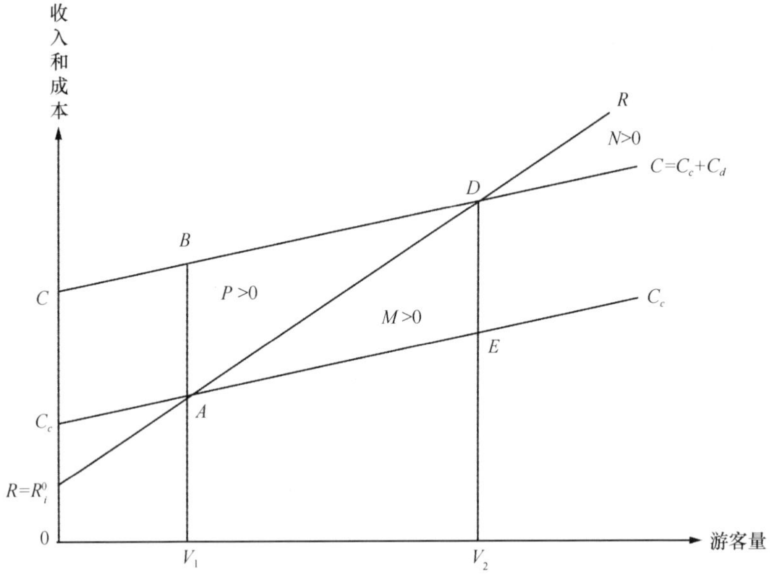

图 11-4　主题公园游客量与收益关系模型图

(1) 当游客量处在 V_2 时，收入线 R 交 C 于 D 点，此时 $P=0$，财务收支平衡，企业处于盈亏平衡点。当 $V>V_2$ 的时候，$P>0$，企业经营产生利润。在这个状态下，股东投资有回报。企业有能力安排资金对景区再投入，进行更新改造和产品提升，实现企业可持续发展。

(2) 当游客量处在 V_1 的位置时，收入线 R 交成本线 C 于 A 点，此时 $M=0$，所以 A 点为现金流平衡点。当 $V<V_1$ 时，$M<0$，净现金流为负数，企业不能运转。

(3) 当游客量处在 V_1 与 V_2 之间的时候，$P<0$，企业经营处在亏损状态（三角形 ABD 为亏损区），投资者没有回报。不过由于此时企业的净现金流为正（三角形 ADE 为净现金流），企业仍能维持运行。但是这种状态下企业比较难安排足够的资金进行产品改造提升，或安排足够的费用来开展营销活动，扩大市场规模。特别是越靠近 V_1 的企业，往往会越快进入恶性循环，逐步走向倒闭。

由此得出：游客量必须保持在 V_2 的水平上波动，下摆的幅度不得超过

$$\Delta=V_2-V_1$$

式中，V_1 为维持主题公园开门营业最基本的游客量阈值；V_2 为主题公园可持续发展的游客量阈值。需要指出的是，这种经营门槛的测算建立在平等合作的基础上，合作的双方不得有“不平等条约”。如果有一方有利益分配的特权，比如在计算总成本之前先提取品牌使用费用，不纳入最终的经营成本和费用，那么这种经营门槛对另一方而言则要高出很多。

11.4.2　上海迪士尼乐园经营门槛测算

根据这一模型，假设上海迪士尼乐园的总投资为 2009 年 11 月 4 日上海市政府新闻办公室授权公布的 244 亿元人民币；同时，根据上海迪士尼乐园官网[①]公布的信息，上海迪士尼乐园将会是一座神奇王国风格的迪士尼主题乐园，配套两座迪士尼主题酒店和一系列休闲娱乐设施。假设两座主题酒店的投资额与香港迪士尼乐园一期两个酒店的投资额类似。上海迪士尼乐园于 2011 年开工建设。根据迪士尼集团公司公布的 2014 年度财政报告，上海迪士尼度假区的总投资将上升到 340 亿元人民币。追加的投资主要用于新增部分项目、活动以及弥补增长的建设成本。未来的上海迪士尼度假区将包括上海迪士尼乐园，共计 1220 间客房的两个主题酒店，一个零售、餐饮和娱乐的综合体，以及一个户外游憩空间[②]。

那么上海迪士尼度假区直接用于主题公园及其配套设施投资的费用估计为 300 亿元人民币。假设固定资产折旧期为 10 年[③]，那么年折旧摊销为 30 亿元，加上估算的财务费用，约 0.5 亿元[④]。同时，假定上海迪士尼乐园的更新改造费用为 0.5 亿元[⑤]。由此可得，上海迪士尼乐园的固定成本主要来源于折旧摊销、土地使用成本[⑥]和更新改造费用，每年共计 31 亿元。其他经营收入包括餐饮、商品和场地出租，按标准门票的 30%计算[⑦]，考虑团队量多，各地迪士尼乐园的各种优惠票、会员卡等促销较大，估计上海迪士尼乐园实际门票为标准门票的 70%。理论上，运营成本包含两部分，其中有一部分是随游客量的增加而增加的。欧美主题公园的运营成本控制比较好，一般能控制在营业收入的 40%～45%，而国内主题公园在这方面由于固定员工比例高，运营成本一般占营业收入的 50%以上。诚如前文所述，香港迪士尼乐园的运营成本和费用极高，占总收入的 77.27%。考虑中国大陆地区各项成本和费用控制较好，上海迪士尼乐园运

---

① 网址为 www.shanghaidisneyresort.com.cn。

② The Walt Disney Company. Fiscal Year 2014 Annual Financial Report And Shareholder Letter. 2014. 网址为 http://thewaltdisneycompany.com/sites/default/files/reports/10k-wrap-2014_1.pdf。

③ 一般国内主题公园的平均折旧年限为 10 年，更为重要的是，由于迪士尼乐园较高的项目更新率以保持吸引力，项目的折旧期可能低于 10 年，那么实际门槛游客量会高于目前的测算。

④ 根据香港迪士尼乐园 2012 年度业绩概要，2011 年香港迪士尼乐园的融资成本为 4400 万港元。后来香港特区政府所提供的部分贷款于 2012 财年内转为普通股，融资成本大幅度降低。由此估计，上海迪士尼乐园的融资成本不会低于香港迪士尼乐园，保守估计为 0.5 亿元，而实际上远高于此。

⑤ 从目前香港迪士尼乐园增加的灰熊山谷等投资看，平摊的年更新改造费用比 0.5 亿元还高，故此为保守估计。

⑥ 土地使用成本没有公布，本测算依据香港经验估算。

⑦ 香港迪士尼乐园并未公布其收入结构。中国总体上园内二次消费比较低，公园能够获得门票以外的收入较低。从盈利结构上看，可以参考香港海洋公园的情况。根据香港海洋公园公布的 2012～2013 年业绩报告，2013 年，香港海洋公园总收入为 18.57 亿港元，其中门票收入为 12.96 港元，约为 69.8%。中国大陆地区主题公园门票收入一般都占到 80%以上，甚至 90%，故此为保守估计。

营成本保守估计为70%。综合上述较为保守的假设，对上海迪士尼经营门槛的估算如表11-1。

表11-1　上海迪士尼乐园投资运营的经营门槛分析

项目	估计值								
游客量/万人	1600	1700	1800	1900	2000	2100	2200	2300	2400
标准门票/元	450	500	550	450	500	550	450	500	550
实际门票/元	315	350	385	315	350	385	315	350	385
其他经营收入/元	135	150	165	135	150	165	135	150	165
人均消费/元	450	500	550	450	500	550	450	500	550
总收入/万元	720 000	850 000	990 000	855 000	1 000 000	1 155 000	990 000	1 150 000	1 320 000
运营成本/万元	504 000	595 000	693 000	598 500	700 000	808 500	693 000	805 000	924 000
现金流/万元	216 000	255 000	297 000	256 500	300 000	346 500	297 000	345 000	396 000
固定成本/万元	310 000	310 000	310 000	310 000	310 000	310 000	310 000	310 000	310 000
税前净收益/万元	−94 000	−55 000	−13 000	−53 500	−10 000	36 500	−13 000	35 000	86 000

注：目前香港迪士尼乐园的一日标准成人门票为499港元，约为400元，故假定上海迪士尼门票在450～550元为乐观估计

进一步推算各种门票价格水平下的阈值。假设游客对主题公园门票价格不敏感，价格弹性为零（最优估计），在此基础上，估计各种门票价格水平下上海迪士尼乐园正常运营所需要的游客量。前面已经详细介绍了游客量阈值的推算方法，在此不赘述，直接应用阈值的公式计算可得表11-2。

表11-2　基于门票价格的游客量阈值计算值

项目	统计值									
标准门票/元	450	460	470	480	490	500	510	520	530	540	550
实际门票/元	315	322	329	336	343	350	357	364	371	378	385
其他经营收入/元	135	138	141	144	147	150	153	156	159	162	165
人均消费/元	450	460	470	480	490	500	510	520	530	540	550
固定成本/亿元	31	31	31	31	31	31	31	31	31	31	31
游客量阈值/万人	2296	2246	2199	2153	2109	2067	2026	1987	1950	1914	1879

注：游客量阈值已经进行了取整处理

11.4.3　讨论

根据上面的测算，上海迪士尼乐园的经营门槛远远高于香港迪士尼乐园。如

果上海迪士尼乐园的标准门票略高于香港迪士尼乐园的标准门票（香港迪士尼乐园门票已经是全球迪士尼乐园中最高的），定为 450 元，那么上海迪士尼乐园至少需要 2296 万人次才能实现盈亏平衡。如果门票设定为更高的 550 元，也还需要高达 1879 万人次（2013 年度全球接待游客最多的美国迪士尼·魔幻王国才接待 1858.8 万人次）才能实现盈亏平衡。需要指出，上述分析是一项较为乐观的分析。在实际运营中，经营成本可能更高，占总收入比例更高；实际门票可能不会那么乐观，占标准门票的比例有可能更低；财务费用、更新改造费用肯定比目前假设的要高出许多；除门票以外的其他经营收入也不会占到总收入的 30%，应该更低。总体而言，上海迪士尼乐园的经营门槛应该比上述测算的门槛要高，就公园本身投资而言并不理性。

此外仍需注意，投资结构并不意味着收益结构。迪士尼集团积累了东京迪士尼、巴黎迪士尼和香港迪士尼的投资经验，趋向于“小比例投资获取大比例收益”的策略。在香港迪士尼乐园中，特区政府投入约 90%资金，但只拥有 57%的股权，美国迪士尼公司则拥有 43%股权。如果正如外界传闻，香港特区政府只能在乐园门票收入中分成，相关产品销售收益和附属经营项目全部归属迪士尼集团。那么，香港特区政府占有较大股权却只享受较小比例的收益。由此观之，上海申迪集团尽管拥有 57%的股权（与香港特区政府最初持股相当），却有可能享受低于股权结构的收益比例。因此，在这样的投资项目中，地方企业可能承担着主要的投资风险，而迪士尼集团却有可能在获得较大比例收益的同时，还可以在公园的开发建设（例如购买费用极高的，且具有知识产权的材料和设备）以及后期的管理培训中获得巨额回报。

那么，从理论分析及香港迪士尼乐园的实践看，这样一个可能带给合作方巨额亏损的项目，地方政府为什么还热衷？其中的一个回答是，地方政府追求的是外部效益，具体而言就是香港迪士尼乐园建好后对周边土地的增值以及城市旅游形象的改善等。正所谓堤内损失堤外补。2009 年 11 月 4 日，就在上海公布迪士尼乐园获批消息后的一个半小时，紧邻迪士尼规划用地的浦东新区川沙新市镇 A08-03 地块进行了拍卖。仅仅 15 分钟，这块被业界视为“迪士尼概念”用地的地块，就以 11.9 亿元的总价“一锤定音”，溢价率高达 260.61%，超过当年上海溢价率最高的地王——赵巷 10 号地块的水平，折合楼面价格为 14 024 元/平方米。距迪士尼项目核心区 6 千米左右的另一概念地 B03-13A 地块，经过 39 轮竞价，最终以 4950 万元成交，溢价率高达 395.00%，折合楼面价为 16 197 元/平方米。然而，2009 年 3 月份出让的一块临近地块浦东新区川沙新镇 A03-12 商业地块，其成交价为 8304 万元，溢价率仅为 0.05%，折合楼面地价仅为 3809.4 元/平方米[①]。显然，上海迪士

① 上海市规划和国土资源管理局官方网站（http：//www.shgtj.gov.cn）。

尼乐园的落户，确实会给上海政府带来巨额的土地溢价回报。然而，需要反思的是，我们真的需要以这种方式吸引迪士尼乐园进入中国吗？

可以肯定的是，如果这样的超大型主题公园能像美国迪士尼乐园一样有几十年的生命周期，那么可以出现中外投资方双赢的局面；如果生命周期较短，外方通过建设期的收益和开业头几年的火爆期的特许费、管理费和股份分红收回投资，中方则将承担几乎所有的风险。从这个意义上讲，我们一定需要“迪士尼”吗？没有石油我们就不能发展，故一定要进口石油。但没有“迪士尼”，中国人也能够获得发展，为何我们要给出太多的优惠条件把它引进来！总之，近20年来中国主题公园经过了从无到有、从少到多的发展阶段，发展到今天，也为我们提供了一些可以借鉴的经验和要吸取的教训。为了让它以后更健康地发展，我们有必要进行深入的反思，使政界、商界和学界都能够持有高度的理性来把握它的未来走向（保继刚，2005）。

第12章　北京旅游发展与环球影城建设

城市旅游发展需要同时满足本地居民需求和吸引外来旅游者，尤其是大城市。满足本地居民休闲旅游需求是大城市旅游发展的基本功能。随着我国居民收入水平和生活质量的提高，人们对城市旅游发展的基本功能要求越来越高。对于北京、上海和广州等一线大城市而言，本地居民需求不仅成为城市旅游消费的主体，也成为主客矛盾、城市旅游供给与需求矛盾的角力场，类似的负面新闻并不鲜见。吸引外来旅游者则是大城市旅游发展的基本功能。在我国早期城市旅游发展中，这种基本功能被看得很重，许多城市旅游规划和开发的出发点就是吸引外来旅游者。那么，外来旅游者为什么到城市旅游？不同类型的城市旅游发展的重心或着力点在哪里？对于大城市而言，如何同时满足本地居民和外来旅游者的需求？主题公园是大城市旅游发展的“必需品”吗？迪士尼乐园和环球影城真的像麦当劳、肯德基一样是北京这样的大城市所必须建设的吗？这些是本章重点讨论的话题。

12.1　城市功能地位的提升与大城市旅游发展

12.1.1　城市旅游的定义和研究

城市旅游并没有普遍认同的定义。一般认为城市旅游的定义要从分析城市旅游者需求入手，特别是旅游者的动机。然而，从城市旅游者的动机定义并非易事：第一，旅游者动机复杂，目的多样，往往一个旅游者兼具多个目的，很难区分旅游和非旅游目的；第二，很多不是以旅游为目的的人到访城市后都不可避免地从事一些与旅游相关的活动，这一人群很难界定；第三，本地居民也可能是城市旅游者，他们工作日是城市居民，而节假日却有可能成为城市旅游者。显然，简单地将城市旅游定义为以城市为目的的旅游活动，缺乏可操作性。

本质上，城市旅游是一个以地理空间定义的旅游类型，与乡村旅游（Park and Yoon，2009；Fleischer and Felsenstein，2000）、山地旅游（Gill and Williams，1994）、滨海旅游（Pau，2012）概念类似。城市是城市旅游发生的背景环境和活动场所（Ashworth，1992），城市是城市旅游的本质属性，体现在城市旅游的供给面。城市作为一个相对成熟的概念，可以从政治、经济、社会文化的角度解释。从旅游的角度看，城市在旅游中扮演多种角色，包括门户（gateway）、中转站（staging post）、目的地（destination）、客源地（Pearce，

2001)。旅游城市（tourist city）主要扮演门户、中转站和目的地的角色，具体到城市空间主要涉及历史文化核心区、各类型博物馆、滨水区、主题公园、购物街区、商业区等（Gospodini，2001)。这些城市的旅游活动空间往往集中分布，并配套相应的旅游设施和服务（Pearce，1987；Ashworth，1989b)，形成所谓游憩商务区（RBD）或旅游商务区（TBD）（Getz，1993)。城市借助上述核心要素满足旅游者需求，形成旅游城市。然而，城市作为城市旅游的空间载体，对外是作为一个整体营销的，旅游者到访城市并非仅仅为了几处核心要素。在很多时候，旅游者仅仅知道旅游城市，并不知道旅游城市中的核心要素。显然，从供给的角度看，城市旅游有着更为广泛的内涵，需要系统分析。

从20世纪80年代末期西方城市旅游研究兴盛以来，已有不少学者提出过城市旅游的分析思路或框架。Ashworth（1989a）从地理学的视角提出了分析城市旅游的四个方面：设施（facility)、生态（ecology)、使用者（user）以及政策（policy)，Blank和Petkovich（1987）采用功能分析法（functional approach)，将城市旅游研究细分为形象、营销、旅游设施管理、职业培训、居民态度和旅游企业等方面，但这两种分析框架在城市间比较研究中缺乏说服力。Page（1996）提出了较为系统的分析框架，但并没有落实到具体内容，缺乏可操作性。Pearce（2001）建立了一个城市旅游的分析框架，分为尺度（区域/国家/国际、城市、地区、地点）与主题（需求、供给、发展、营销、规划、组织、操作和影响评估）两个维度，强调跨尺度、跨主题的比较研究，但该框架并没有说明各主题和尺度间的重要程度。Edwards等（2008）提出了城市旅游研究的战略框架（图12-1)，该框架的优势在于说明旅游对城市经济的影响，但并不适用于城市间的比较研究。

12.1.2　基于层次和等级的旅游供给分析框架

Ashworth（1992）认为，城市旅游需要整合一系列理论、概念、技术和方法进行比较研究，在城市形态（form）和功能（function）框架下，具体分析旅游城市，强调了理论整合与比较研究的重要性。城市旅游的比较研究分为单一城市和多城市比较，前者注重旅游城市某一领域的历时态研究；后者侧重旅游城市某一具体方面系统比较，通常采用定量研究。新的分析框架应该整合多种理论，同时适用于单一城市和多城市的比较研究。从供给的角度，保继刚和梁增贤（2011）给出了基于层次和等级的城市旅游供给分析框架，包括三个层次（城市功能和地位、城市主题与特色、城市旅游核心要素）和三个等级（大城市、中等城市和小城市)，见图12-2。

Pearce（2001）认为，城市是一个复合而独具特色的区域，具有四个重要的特征：结构、人口和功能高度密集性；社会和文化的异质性；经济的多元功能主

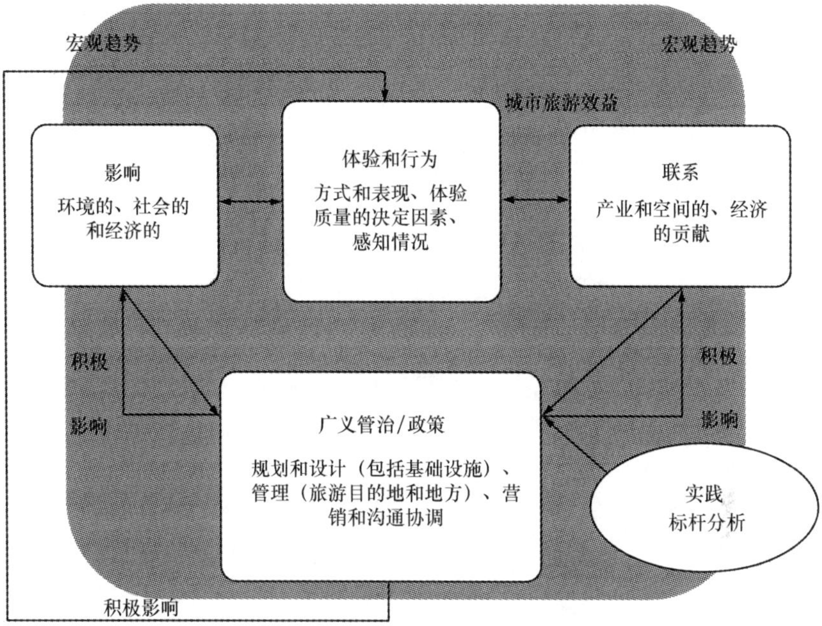

图 12-1　城市旅游研究的战略框架

资料来源：Edwards et al.，2008

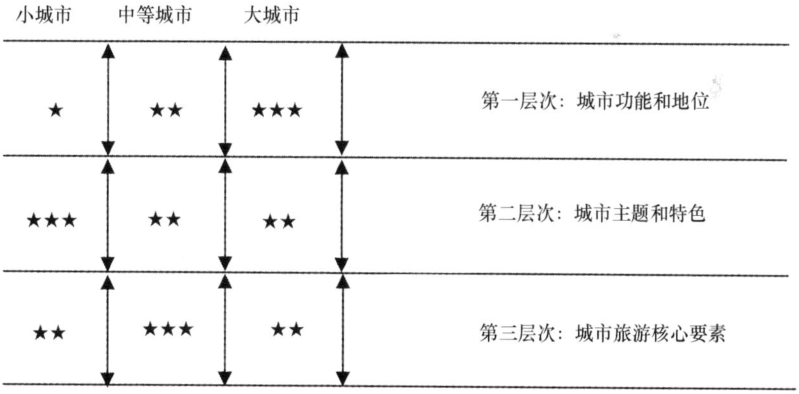

图 12-2　基于层次与等级的城市旅游供给分析框架

注：★的多少表示重要程度的大小

资料来源：保继刚和梁增贤，2011

义；区域和内部城市网络的中心性。Edwards 等（2008）认为，旅游城市具有四大要素：强大而复合的经济基础、重要的交通运输网络、大规模的人口往来通勤和长期的发展规划。这些复杂的物质和功能环境构成了具有吸引力的城市景观。这些学者都强调城市功能和地位对城市旅游的影响。城市功能又称城市职能

(urban function)，是指城市在一定地域内的经济、社会发展中所发挥的作用和承担的分工（许学强等，1997）。城市功能中存在一种向心型的基本功能，它能够吸引外地人到城市来旅游、购物、求医、求学、参会和经商。其中，政治功能、文化功能、现代服务业（主要为生产性服务业）功能、交通功能、商业功能对高消费城市旅游发展促进最大。因此，新的分析框架将功能和地位设为第一层次。

第二层次和第三层次主要与旅游业有关，前者是城市的主题与特色，集中体现为城市旅游形象；后者是城市旅游的核心要素，包括购物区、标志性建筑和代表性区域、特色性项目和城市生活等（李立勋，1997；保继刚和甘萌雨，2004）。

城市旅游的比较研究不可避免地受到城市空间等级和规模的影响。高等级的旅游城市意味着更多的人口和更多元的城市功能，对城市旅游，尤其是探亲访友、商务会展旅游具有重要的推动作用。尽管 Pearce 的分析框架纳入了空间尺度（scale），但只是解释各种主题（theme）在不同尺度上的比较，并适用于不同等级旅游城市的比较研究。在经济全球化背景下，城市间的等级差异越发明显，尤其体现在城市旅游产业上。大城市，尤其是世界城市（world city）是城市旅游密集的区域。大城市除了扮演目的地（destination）的角色外，更重要的是具有其他区域性、全国性，甚至国际性的旅游角色，如门户（gateway）和中转枢纽（hubs）。这些角色与现代服务业功能、接待功能、交通功能、商业功能紧密联系。因此，大城市比中小城市更强调城市功能和地位的作用。小城市人口规模小、城市功能弱、地位低，缺乏投资旅游核心要素的能力，因而良好的旅游主题和特色至关重要。中等城市介于两者之间，城市功能和地位的提升空间有限，旅游形象的塑造往往建立在核心要素的建设上。

对于大城市而言，旅游主导驱动力调整的重点应该是城市功能和地位（保继刚和梁增贤，2011）。只有城市功能和地位相应提高，城市商务、会展、购物、休闲度假等高消费旅游类型才可能有效发展，结构性增长才有可能发生。梁增贤和保继刚（2014b）借助基于层次与等级的旅游供给分析框架，以广州和西安等大城市为例，指出广州城市旅游呈现显著的结构性增长，而西安城市旅游的结构性增长并不明显。研究表明，城市功能和地位的提升决定了大城市旅游的结构性增长。大城市要实现旅游的结构性增长，就要着力提升旅游相关城市功能和地位，如政治、文化、现代服务业、交通、商业和城市接待功能等。大城市旅游的发展很难单独依赖于大规模旅游核心要素的建设来实现。与此同时，仍需关注的是，当前我国城市功能越来越集中于少数大城市。这使得一些城市功能高度复合，甚至出现城市功能“过载”。这种高度集中的城市功能和强化的城市中心性在促进城市旅游结构性增长的同时，也有可能因为交通拥堵、环境恶化、人口拥挤、资源紧张、物价上涨等

“城市病”，影响城市旅游形象，降低游客体验。因此，城市功能和地位的提升对大城市旅游发展而言是一把双刃剑。每个城市都要正确看待城市旅游结构性增长和城市功能提升的关系，既要减少无效的城市旅游核心要素开发所造成的浪费，又要避免盲目追逐城市功能的提升所带来的“城市病”。

12.2　北京城市功能疏解与旅游发展策略

12.2.1　北京的城市功能和地位

北京是一个特大城市，是中国的首都、直辖市和国家中心城市，是中国的政治、文化中心。2013 年末，全市常住人口已经高达 2114.8 万人。北京城市的功能和地位也很高。从交通功能看，北京是中国立体交通枢纽。民航机场有两个，其中北京首都国际机场的年吞吐量排名全球第 2 位。北京也是中国目前最大的高铁枢纽城市。2013 年，北京铁路完成客运量高达 11 587.5 万人次，比上一年增长 12.3%；民航完成客运量 6988 万人次，比上一年增长 9.4%[①]。从产业结构和现代服务功能看，北京的总部经济能力居全国之首。根据《中国总部经济发展报告 2013—2014》和《全国 35 个主要城市总部经济发展能力评价报告（2013）》，北京的总部经济能力高达 88.99 分，位列全国第一。2014 年，北京拥有 48 家世界 500 强企业总部。北京产业结构进一步优化。2013 年，北京三次产业结构为 0.8%、22.3%和 76.9%，是典型的后工业城市，服务经济较为发达，极大地推动了城市商务、会展等高端旅游类型。从商业功能看，2013 年，北京全年批发和零售业实现商品购销额 115 912.7 亿元，比上年增长 10.2%；全年实现社会消费品零售总额 8375.1 亿元，比上年增长 8.7%。

从北京的旅游功能看，2013 年，全年接待入境旅游者 450.1 万人次，比上年下降 10.1%，旅游外汇收入为 47.9 亿美元，下降 6.9%。全年接待国内旅游者 2.5 亿人次，增长 9.3%。国内旅游收入 3666.3 亿元，增长 11.1%[②]。根据北京旅游发展委员会公布的《2013 年北京旅游业概况》，截止到 2013 年底，北京共有星级饭店 591 家，其中五星级 65 家，四星级 134 家，三星级 206 家，二星级 175 家，一星级 11 家。全市星级饭店平均出租率 58.4%，平均房价 529.8 元/（间·天）。北京市共有旅行社 1492 家。其中，有特许经营中国公民出境业务的旅行社 379 家，外商投资旅行社 28 家。全市有导游证（IC 卡）的人员 37 884 人。北京共有评 A 的旅游景区（点）213 个，其中 5A 级 8 个、4A 级 67

① 北京统计局.《2013 年北京市国民经济和社会发展统计公报》。

② 北京统计局.《2013 年北京市国民经济和社会发展统计公报》。

个、3A级86个、2A级42个、1A级10个。北京景区接待量（含年月票人数）前5位的是天坛公园、故宫、颐和园、紫竹院公园和北海公园（首都旅游协调与区域合作处，2014）。

根据上述分析可以对两个北京两个旅游市场做出两点判断：

第一，北京城市功能强且高度复合，中心地位高。北京城市功能和地位是全国其他城市无法替代的。对于一个中央集权的国家而言，首都必须在许多城市功能上具有领导性，并能够竞争世界第一。这些城市功能，如政治、文化等功能的领导性，必然伴随着经济功能、交通功能等其他功能的集聚。城市功能高度复合、集聚的结果不仅是为城市带来大规模的商务、政务、会展等旅游市场，还能够带来大规模的大众观光市场。从长远看，北京的外来旅游者还在增长。

第二，城市中心性增强的另一个直接的结果是城市常住人口的增长。2013年全市常住人口2114.8万人中，有802.7万人是外来人口，占常住人口的比例为38％；而且，城镇人口1825.1万人，占常住人口的比例为86.3％。由此对城市旅游发展产生两个重要的后果：一方面，城市人口的增加和居民收入水平的提高，引发巨大的城市旅游需求，城市旅游供需矛盾突出；另一方面，城市人口高度集中在城市区域，不可避免地出现旅游供需的地域不平衡和节假日期间大规模旅游流的潮汐运动。因此，城市旅游供给必然出现总量上和结构上的双重短缺。

实际上，中央和北京市政府已经意识到北京高度复合的城市功能所带来的“城市病”。2014年1月，“城市病”首次出现在北京政府工作报告中。城市非核心功能疏解是北京当前的城市发展战略。目前，北京积极参与京津冀地区产业发展重构，在京津冀全域内进行产业分工合作布局。加快完善城市副中心、新城和小城镇功能，增强对中心城的反磁力。因此，不像其他大城市需要通过城市功能和地位的提升来发展城市旅游，北京则需要通过城市疏解来提高城市旅游的品质。

12.2.2 功能疏解与北京旅游发展策略

在北京城市非核心功能疏解的大背景下，讨论北京旅游发展的定位，首先面临两大问题：第一，旅游是否是北京的城市核心功能？第二，如何是，如何调整以解决目前的供给短缺？如何不是，如何疏解？

实际上，旅游功能对于本地居民而言，是一项城市非基本功能，主要满足本地居民日常休闲、旅游的需求。从这个功能目前的满足程度看，北京还需要进一步扩大城市的旅游功能。从这个意思上说，北京的旅游功能不是疏解，还需要增强。旅游功能对于外来旅游者而言，是一项城市基本功能，需要满足各种类型来京旅游者的需求。显然，这并不是每个国家的首都所必须承担的城市功能。北京本身就具有很强的旅游吸引力，没有必要大规模扩大旅游功能以吸引更多旅游者来京，增加城市的负担。从这个意义上说，北京的旅游功能必须疏解。因此，旅游功能对北京而言，显然是一把双刃剑，是一个矛盾体。

破解这一矛盾体的关键在于对城市旅游功能的结构性调整：

第一，即着力发展面向本地居民的旅游功能，维持具有北京特色的旅游功能，避免增加和扩大面向外来旅游者的旅游功能。大规模建设具有区域乃至全国、全球旅游吸引力的大型旅游项目只会进一步加强北京旅游的中心性，其结果是不仅难以解决双重短缺的问题，还有可能进一步恶化双重短缺，使得北京市民的旅游消费需求进一步被排挤。

第二，北京要发展充分必要的旅游项目和旅游类型，尽可能避免发展非充分必要的项目。重点发展能够同时吸纳大规模旅游流的旅游项目，而不是发展投资高，占地大，实际使用效率低、容量小的项目。

第三，北京要在整个区域内充分调动旅游区域发展，以整个区域的空间应对集中的旅游流，让旅游需求能够有效疏解到远郊，乃至周边省市。一方面，这需要加强城市旅游交通的通达性和区域联动性；另一方面，增强城市旅游组织功能和集散功能，让更多的游客能够疏导出去。

第四，通过旅游方式和活动的调整，提高旅游效率，充分挖掘现有旅游景区、景点的接待潜力，进一步提升满意度。

12.3　北京环球影城的开发

在经历了多年的反复和蹉跎后，北京市发展和改革委员会于 2014 年 11 月宣布，环球主题公园已经正式确定落户北京，建设地点位于通州文化旅游区，规划占地 120 公顷，总投资超过 200 亿元。项目将由四家国有企业共同设立的北京首寰文化旅游投资有限公司和康卡斯特 NBC 环球公司旗下的环球主题公园及度假区集团合资拥有，预计 2019 年建成营业。显然，这个具有全国乃至世界吸引力的环球影城落户北京，必然在很大程度上为本地居民提供旅游体验，同时能够吸引大规模外来的专程旅游者。那么，北京环球影城的开发是否是理性的选择？它将给北京城市旅游发展带来何种影响？在此，我们可以做一些讨论和预测。

12.3.1　北京环球影城经营门槛分析

根据上一章提出的游客量与收益关系模型，本章将测算北京环球影城的经营门槛。假设北京环球影城按照现在公布的 200 亿元作为首期总投资。根据环球影城在新加坡的建设方案，通常在首期开发中并不配套酒店。假设这 200 亿元完全作为主题公园及其配套设施的投资，固定资产折旧期为 10 年，那么年折旧摊销为 20 亿元，加上估算的财务费用，约 0.4 亿元①。同时，假定北京环球影城的更新改造费用为 0.6 亿元②。由此可得，北京环球影城的固定成本主要来源于折旧摊销、土地使用成本和更新改造费用，每年共计 21 亿元。其他经营收入包括餐饮、商品和场地出租，按标准门票的 30%计算③；参照香港迪士尼乐园的经验，乐观估计北京环球影城的实际门票为标准门票的 80%。参考上海迪士尼乐园、香港迪士尼乐园关于运营成本和费用的乐观估计，北京环球影城的运营成本保守估计为 70%。综合上述较为保守的假设，对北京环球影城经营门槛的估算如表 12-1。

表 12-1　北京环球影城投资运营的经营门槛分析

项目	估计值								
游客量/万人	1 200	1 300	1 400	1 500	1 600	1 700	1 800	1 900	2 000
标准门票/元	350	400	450	350	400	450	350	400	450
实际门票/元	280	320	360	280	320	360	280	320	360
其他经营收入/元	105	120	135	105	120	135	105	120	135
人均消费/元	385	440	495	385	440	495	385	440	495
总收入/万元	462 000	572 000	693 000	577 500	704 000	841 500	693 000	836 000	990 000
运营成本/万元	323 400	400 400	485 100	404 250	492 800	589 050	485 100	585 200	693 000
现金流/万元	138 600	171 600	207 900	173 250	211 200	252 450	207 900	250 800	297 000
固定成本/亿元	21	21	21	21	21	21	21	21	21
税前净收益/万元	−71 400	−38 400	−2 100	−36 750	1 200	42 450	−2 100	40 800	87 000

注：目前新加坡环球影城一日成人票的价格为 74 新币，约合 342 元人民币；大阪环球影城的一日成人票为 6100 日元，约合 324 元人民币。考虑到北京环球影城的建设规模更大，活动更丰富，故假设北京环球影城的门票价格设定在350～450元

进一步推算各种门票价格水平下的阈值。假设游客对主题公园门票价格不敏感，价格弹性为零（最优估计），在此基础上，估计各种门票价格水平下北京环球影城正常运营所需要的游客量。前面已经详细介绍了游客量阈值的推算方法，

① 参考香港迪士尼乐园的水平估计。

② 参考新加坡环球影城的估算。

③ 参考香港迪士尼乐园、香港海洋公园和上海迪士尼乐园的乐观估计。

在此不赘述，直接应用阈值的公式计算可得表 12-2。

表 12-2　基于门票价格的游客量阈值计算值

项目	估计值										
标准门票/元	350	360	370	380	390	400	410	420	430	440	450
实际门票/元	280	288	296	304	312	320	328	336	344	352	360
其他经营收入/元	105	108	111	114	117	120	123	126	129	132	135
人均消费/元	385	396	407	418	429	440	451	462	473	484	495
固定成本/亿元	21	21	21	21	21	21	21	21	21	21	21
游客量阈值/万人	1 818	1 768	1 720	1 675	1 632	1 591	1 552	1 515	1 480	1 446	1 414

注：游客量阈值已经进行了取整处理

根据上述较为乐观的测算可知，北京环球影城的经营门槛很高。由于品牌号召力弱于上海迪士尼乐园，其门票价格相应下降，导致北京环球影城需要比上海迪士尼乐园更多的游客量才能达到盈亏平衡。如果北京环球影城的标准门票定为 350 元，那么至少需要 1818 万人次才能实现盈亏平衡。如果门票设定为更高的 450 元，也还需要高达 1414 万人次才能实现盈亏平衡。需要注意，这还是一项较为乐观的测算。1818 万人次，已经接近北京市目前常住人口的规模，这意味着所有北京人每年都去一次，北京环球影城才能实现盈亏平衡。从这个意义上说，要到达盈利的目的，北京环球影城的开发不可能仅仅面向本地居民需求，而是面向更广泛的全国市场，必然吸引更多专程游客到访北京。值得注意的是，这还只是北京环球影城的首期开发投资，据目前透露的信息，其最终投资规模远远比首期要高出许多。那么，北京环球影城则需要吸引更多的外来旅游者以实现盈亏平衡。

12.3.2　北京环球影城对城市旅游的影响

本章不进一步讨论北京环球影城开发的合理性，也不讨论投资背后股权结构、收益结构对各投资方的影响。在这样的合作投资中，中方投资者很有可能像香港迪士尼项目那样承担更大的投资风险。本章重点讨论北京环球影城的开发对北京城市旅游的影响，讨论其是否符合北京旅游发展的总体策略和基本诉求。

主题公园是一类高投资、高技术、占地广的游客密集型景区，能够在有限的土地空间内有效满足大规模日常休闲、旅游需求。根据表 12-3 可知，在主题公园中，东京迪士尼乐园的游客密度很高，甚至比北京故宫和北京颐和园高出许多。中国大陆地区主题公园的游客密度一般在年 10 万人次/公顷以下，仍有较大的发展空间。总体来看，主题公园确实是一类游客密集型景区，能够在有限的空间内，最大限度地满足大规模游客的需求。

表 12-3　主要景区游客密度比较一览表（2013 年）

主题公园	游客量/万人次	占地面积/公顷	密度
东京迪士尼乐园	1408.4	46	30.62
香港迪士尼乐园	740	50	14.80
香港海洋公园	747.5	91.5	8.17
深圳欢乐谷	328	35	9.37
北京欢乐谷	310	56	5.54
故宫	1530	72	21.25

注：游客量数据来源于 TEA/AECOM. The Global Attractions Attendance Report（2013），Themed Entertainment Association（TEA），2014. 香港迪士尼乐园度假区包括迪士尼乐园和两座酒店及其配套设施，总占地 126 公顷，其中香港迪士尼乐园目前占地 50 公顷。密度＝年游客量/占地面积。故宫游客量为 2012 年数据

然而需要注意的是，诚如第 1 章所述，主题公园分为目的地级、区域级、城市级和社区级。迪士尼乐园、环球影城属于目的地级主题公园，占地规模大，项目活动丰富，市场吸引半径大，能够吸引大规模中远程游客。以香港迪士尼乐园为例，根据公园官方公布的《香港迪士尼乐园 2013 财年业绩概要》，在 740 万游客中，中国大陆地区游客占 47%，外国游客占 20%，而香港本地游客占 33%，且香港本地游客的比例逐渐下降。从这个意义上说，目的地级主题公园的开发，并不能缓解本地居民旅游供需不足的矛盾，反而会因为吸引大规模中远程游客而使得本来已经供给不足的城市旅游雪上加霜。粗略计算一下，如果北京环球影城游客量达到 1500 万人次，外地游客的比例为 70%，那么，环球影城每年将吸引 1050 万人次到访北京。即使这 1050 万人次中减去非专程游玩环球影城的北京存量外地游客，那么也会有几百万专程游玩环球影城的游客，再加上游客停留时间的延长，这需要北京新增酒店、餐饮、交通等设施。如果这些专程游客还附带游玩北京其他景区、景点和购物中心，那么将带来更为庞大的接待需求。

因此，对于北京这个城市功能过载、旅游功能存在总量和结构的双重短缺的特大城市而言，应该重点发展面向本地居民，尤其是主要满足北京城区居民需求的区域级、城市级和社区级主题公园，但不宜建设具有大区域乃至全国、世界吸引力的目的地级主题公园。即使是区域级或城市级主题公园，也建议布局在城市远郊或附近二、三线城市交通便利的区域。对于目的地级主题公园，则建议布局在附近的二、三线城市交通便利的区域。

参考文献

保继刚．1994a. 大型主题公园布局初步研究．地理研究，13（3）：83-89.

保继刚．1994b. 深圳、珠海大型主题公园布局研究．热带地理，14（3）：266-272.

保继刚．1994c. 喀斯特石林旅游开发空间竞争研究．经济地理，14（3）：93-96.

保继刚．1995. 主题公园的发展及其影响研究——以深圳市为例．中山大学博士论文．

保继刚．1996. 深圳市主题公园的发展、客源市场及旅游者行为研究．建筑师，(70)：4-20.

保继刚．1997a. 主题公园发展的影响因素．城市规划，(4)：59.

保继刚．1997b. 主题公园发展的影响因素系统分析．地理学报，52（3）：47-55.

保继刚．2005. 中国主题公园的发展反思及国际主题公园进入中国的透视．风景园林，(2)：19-21.

保继刚．2000. 珠江三角洲主题公园发展回顾．桂林旅游高导专科学校学报，11（2）：15-19.

保继刚，甘萌雨．2004. 改革开放以来中国城市旅游目的地地位变化及因素分析．地理科学，24（3）：365-370.

保继刚，梁飞勇．1991. 滨海沙滩旅游资源开发的空间竞争分析——以茂名市沙滩开发为例．经济地理，11（2）：89-93.

保继刚，梁增贤．2011. 基于层次与等级的城市旅游供给分析框架．人文地理，26（6）：1-9.

保继刚，彭华．1995. 旅游地拓展开发研究——以丹霞山阳元石景区为例．地理科学，15（1）：63-70.

保继刚，唐新民．1988. 区域旅游发展战略理论初探．云南社会科学，(5)：14-19.

保继刚，徐红罡，李丽梅，等．2001. 香港迪士尼乐园对珠江三角洲的影响．旅游学刊，16（4)：34-38.

陈健昌，保继刚．1988. 旅游者的行为研究及其实践意义．地理研究，7（3）：44-51.

陈卓思．2005. 城市公园供给方式的模型分析．当代财经，(8)：5-8.

丹尼斯，布朗．2002. 景观设计师便携手册．刘玉杰，吉庆祥，俞孔坚译．北京：中国建筑工业出版社：481.

董观志．2000. 旅游主题公园管理原理与实务．广州：广东旅游出版社．

董观志．2005. 主题公园发展的战略性趋势研究．人文地理，20（2）：43-46.

董观志，刘芳．2005. 旅游景区游客流时间分异特征研究——以深圳欢乐谷为例．社会科学家，(1)：132-135.

董观志，刘萍，梁增贤．2010. 主题公园游客满意度曲线研究——以深圳欢乐谷为例．旅游学刊，25（2）：42-46.

冯学钢．2008. 中国旅游就业研究：统计指标体系设计．华东师范大学学报（哲学社会科学版)，(3)：71-76.

郭生发．1991. 主题园在日本——日本主题园之现状与趋势．造园季刊（台湾)，7（3)：12-29.

郭为，耿庆汇，寇敏，等．2009. 旅游就业波动的弹性分析——对饭店、旅行社行业的实证考察．旅游科学，23（1）：21-27.
胡鞍钢，赵黎．2006. 我国转型期城镇非正规就业与非正规经济（1990—2004）．清华大学学报（哲学社会科学版），21（3）：111-119.
黄成林，周能敏．1997. 黄山风景区旅游旺季游客日分布特征的研究．安徽师大学报（自然科学版），20（1）：72-77.
黄耿志，薛德升．2009. 中国城市非正规就业研究综述——兼论全球化背景下地理学视角的研究议题．热带地理，29（4）：389-393.
金卫东．1995. 城市旅游形象浅析．城市规划汇刊，(1)：60-63.
孔晓宁．1998. 主题公园向何处去．人民论坛，(7)：30-32.
李春生．2007. 我国主题公园的发展现状与创新．地域研究与开发，26（2）：71-74.
李军，陈志钢．2014. 旅游生命周期模型新解释——基于生产投资与需求分析．旅游学刊，29（3）:58-72.
李立勋．1997. 广州旅游吸引的特色及营造重点浅议．旅游学刊，12（2）：26-28.
李亚．2009. 云南省旅游季节性成因与影响机制分析．旅游论坛，2（4）：573-577.
李舟．2001. 深圳华侨城2000年游客调查分析研究——兼析中国主题公园的发展．旅游学刊，16（1）：51-53.
厉新建．2009. 北京旅游就业研究及修正计算．旅游学刊，24（3）：22-29.
梁增贤，保继刚．2012a. 主题公园黄金周游客流季节性研究——以深圳华侨城主题公园为例．旅游学刊，27（1）：58-65.
梁增贤，保继刚．2012b. 主题公园周边非正规就业管制的堵与疏——以北京欢乐谷为例．城市问题，31（4）：67-72.
梁增贤，保继刚．2014a. 大型主题公园发展与城市居民就业——对华侨城主题公园就业分配的考察．旅游学刊，29（8）：62-69.
梁增贤，保继刚．2014b. 大城市旅游结构性增长的驱动力——基于广州和西安的比较研究．人文地理，29（5）：127-133.
梁增贤，董观志．2011. 主题公园游客心理容量及其影响因素研究——来自深圳欢乐谷的实证．人文地理，26（2）：139-143.
楼嘉军．1998. 试论我国的主题公园．桂林旅游高等专科学校学报，9（3）：47-51.
卢松，杨兴柱，唐文跃．2011. 城市居民对大型主题公园旅游影响的感知与态度——以芜湖市方特欢乐世界为例．旅游学刊，26（8）：45-52.
陆林．1994. 山岳风景区旅游季节性研究——以安徽黄山为例．地理研究，13（4）：50-58.
陆林，宣国富，章锦河，等．2002. 海滨型与山岳型旅游地客流季节性比较——以三亚、北海、普陀山、黄山、九华山为例．地理学报，57（6）：731-740.
马耀峰，李天顺，刘新平．2001. 旅华游客流动模式系统研究．北京：高等教育出版社：98.
马勇，王春雷．2004. 现代主题公园的竞争焦点及创新对策分析．人文地理，19（1）：71-75.
深圳市统计局．2002. 深圳市统计年鉴（2002）．北京：中国统计出版社．
石忆邵，张蕊．2010. 大型公园绿地对住宅价格的时空影响效应——以上海市黄兴公园绿地为例．地理研究，29（3）：510-520.
托马斯 B. 1992. 娱乐大王迪斯尼．张春林，杨则瑞译．北京：中国经济出版社．

王刚．2009. 主题公园游客流影响因素及其作用路径研究．西安交通大学博士论文．
王宁．1997. 论主题公园的开发操作．城市规划汇刊，(4)：24-28.
王新民．1994. 世界城市昭示——主题公园高效益的奇迹和价值导向．旅游科学，8 (3)：6-9.
吴必虎，徐小波．2010. 旅游导向型土地综合开发（TOLD）：一种旅游-房地产模式．旅游学刊，25 (8)：34-38.
邢道隆．1986. 北京市国内旅游市场分析．旅游论坛，(1)：21-28.
许学强，周一星，宁越敏．1997. 城市地理学．北京：高等教育出版社：242.
薛德升，黄耿志．2008. 管制之外的“管制”：城中村非正规部门的空间集聚与生存状态——以广州市下渡村为例．地理研究，27 (6)：1390-1398.
严国泰．1998. 主题公园建设的理性思维与可持续发展．旅游科学，12 (4)：22-24.
杨桂华．2002. 主题公园开发模式探析．思想战线，28 (6)：33-35.
杨吾扬．1989. 区位论原理．兰州：甘肃人民出版社．
姚昆遗．1998. 对上海主题公园的评析和思考．上海大学学报（社会科学版），5 (5)：87-90.
一文．1994-05-29. 米老鼠魂断法国．深圳商报，五版．
曾光敏，王院成，张雪琼．2007. “本地再现式”民俗文化旅游主题公园新发展战略探讨——以赣州市客家民俗文化旅游主题公园为例．企业经济，(12)：67-69.
张朝枝，保继刚．2007. 休假制度对遗产旅游地客流的影响——以武陵源为例．地理研究，26 (6)：1295-1303.
张丽宾．2004. “非正规就业”概念辨析与政策探讨．经济研究参考，(81)：38-43.
张婷婷，王承云，张晶磊．2010. 主题公园建设与区域经济关系研究——以全球迪士尼主题公园为例．现代城市研究，(11)：85-90.
中华人民共和国国家统计局．1993. 中国统计年鉴 1993. 北京：中国统计出版社．
钟静，张捷，李东和，等．2007. 历史文化村镇旅游流季节性特征比较研究——以西递、周庄为例．人文地理，22 (4)：68-71.
Adams J A. 1991. The American Amusement Park Industry: A History of Technology and Thrills. Boston: Twayne Publishers.
Ah-Keng K. 1993. Evaluating the attractiveness of a new theme park: a cross-cultural comparison. Tourism Management, 14 (3): 202-210.
Allcock J B. 1989. Seasonality// Witt S F, Moutinho, L. Tourism Marketing and Management Handbook. Englewood Cliffs: Prentice Hall: 387-392.
Altman Y. 1995. A theme park in a cultural straitjacket: the case of Disneyland Paris, France. Managing Leisure, 1 (1): 43-56.
Ashley C, Mitchell J. 2010. Tourism and Poverty Reduction: Pathways to Prosperity. London: Earthscan: 157.
Ashworth G J. 1989a. Urban tourism: an imbalance in attention//Cooper C P. Progress in Tourism Recreation and Hospitality Management. London: Belhaven: 33-54.
Ashworth G J. 1989b. Accommodation and the historic city. Built Environment, 15: 92-100.
Ashworth G J, Tunbridge J E. 1990. The Tourist-historic City. New York: Belhaven Press.
Ashworth G J. 1992. Is there an urban tourism. Tourism Recreation Research, 17 (2): 3-8.

Bakir A, Baxter S G. 2011. "Touristic fun": motivational factors for visiting legoland windsor theme park. Journal of Hospitality Marketing & Management, 20 (3-4): 407-424.

Baron R R. 1975. Seasonality in Tourism: A Guide to The Analysis of Seasonality and Trends for Policy Making. London: Economist Intelligence Unit.

Bigne J E, Andreu L, Gnoth J. 2005. The theme park experience: an analysis of pleasure, arousal and satisfaction. Tourism Management, 26 (6): 833-844.

Blank U, Petkovich M. 1987. Research on urban tourism destinations// Ritchie J R B, Goeldner C R. Travel, Tourism and Hospitality Research: A Handbook for Managers, Researchers. New York: Wiley. 181-196.

Botterill J. 1997. The "Fairest" of the Fairs: A History of Fairs, Amusement Parks, and Theme Parks. British Columbia: Simon Fraser University: 46.

Braun B M, Milman A. 1991. Localization economies in the theme park industry. The Review of Regional Studies, 20 (3): 35-39.

Braun B M, Milman A. 1994. Demand relations in the central florida theme park industry. Annals of Tourism Research, 21 (1): 150-153.

Brown J, Church A. 1987. Theme parks in Europe. Trave and Tourism Analyst, (2): 35-46.

Butler R. 1994. Seasonality in tourism: issues and implication// Seaton A V. Tourism: The State of the Art. Chichester: Wiley: 332-339.

Butler R. 2001. Seasonality in tourism: issues and implications// Baum T, Lundtorp S. Seasonality in Tourism. Oxford: Pergamon: 5-22.

Butler R W. 1980. The concept of a tourist area cycle of evolution: implications for management of resources. Canadian Geographer, 24 (1): 5-12.

Chadwick G F. 1966. The Park and the Town: Public Landscape in the 19th and 20th Centuries. London: Architectural Press.

Clave S A. 2007. The Global Theme Park Industry. Cambridge: CABI: 29, 72.

Conway H. 1991. People's Parks: The Design and Development of Victorian Parks in Britain. Cambridge: Cambridge University Press.

Crompton J L. 2000. Designing golf courses to optimize proximate property values. Managing Leisure, 5 (4): 192-199.

Crompton J L. 2001. Perceptions of how the presence of greenway trails affects the value of proximate properties. Journal of Park and Recreation Administration, 19 (3): 114-132.

Crompton J L. 2004. The Proximate Principle: The Impact of Parks, Open Space and Water Features on Residential Property Values and the Property Tax Base. Ashburn: National Recreation and Park Association.

Crompton J L. 2005. The impact of parks on property values: empirical evidence from the past two decades in the United States. Managing Leisure, 10 (4): 203-218.

Cukier J, Wall G. 1994. Informal tourism employment: vendors in Bali, Indonesia. Tourism Management, 15 (6): 464-467.

Edwards D, Griffin T, Hayllar B. 2008. Urban tourism research: developing an agenda. Annals of Tourism Research, 35 (4): 1032-1052.

Ferreira R R, Gustafson C M. 2006. Declining memberships during an economic downturn in U. S. private clubs. International Journal of Hospitality & Tourism Administration, 7 (2-3): 3-17.

Fleischer A, Felsenstein D. 2000. Support for rural tourism: does it make a difference? Annals of Tourism Research, 27 (4): 1007-1024.

Foden H. 1992. Destination attractions as an economic development generator. Economic Development Review, 10 (4): 69-73.

Fodness D D, Milner L M. 1992. A perceptual mapping approach to theme park visitor segmentation. Tourism Management, 13 (1): 95-101.

Fyall A, Callod C, Edwards B. 2003. Relationship marketing: the challenge for destinations. Annals of Tourism Research, 30 (3): 644-659.

Geissler G L, Rucks C T. 2011. The overall theme park experience: a visitor satisfaction tracking study. Journal of Vacation Marketing, 17 (2): 127-138.

Getz D. 1993. Planning for tourism business districts. Annals of Tourism Research, 20 (3): 583-600.

Gill A, Williams P. 1994. Managing growth in mountain tourism communities. Tourism Management, 15 (3): 212-220.

Gospodini A. 2001. Urban design, urban space morphology, urban tourism: an emerging paradigm concerning their relationship. European PlanningStudies, 9 (7): 925-934.

Gruen T W. 2000. Membership customers and relationship marketing// Sheth J N, Parvatiyar A. Handbook of Relationship Marketing. Thousand Oaks, CA: Sage Publications Inc.: 355-381.

Haigood T L, Crompton J L. 1998. The role of recreation amenities in retiree relocation decisions. Journal of Park and Recreation Administration, 16 (1): 25-45.

Hartmann R. 1986. Tourism, seasonality and social change. Leisure Studies, 5 (1): 25-33.

Heo C Y, Lee S. 2009. Application of revenue management practices to the theme park industry. International Journal of Hospitality Management, 28 (3): 446-453.

Hylleberg S. 1992. General introduction// Hylleberg S. Modelling Seasonality. Oxford: Oxford University Press: 3-14.

Inskeep E. 1991. Tourism Planning: An Inregrated and Sustainable Development Approach. New York: Wiley.

Irwin E G. 2002. The effects of open space on residential property values. Land economics, 78 (4):465.

Irwin E G, Bockstael N E. 2001. The problem of identifying land use spillovers: measuring the effects of open space on residential property values. American Journal of Agricultural Economics, 83 (3): 698-704.

Jang D, Mattila A S, Bai B. 2007. Restaurant membership fee and customer choice: the effects of sunk cost and feelings of regret. International Journal of Hospitality Management,

26 (3):687-697.

Jang S. 2004. Mitigating tourism seasonality: a quantitative approach. Annals of Tourism Research, 31 (4): 819-836.

Jolliffe L, Farnsworth R. 2006. Seasonality issues// Baldacchino G. Extreme Tourism: Lessons from the World's Cold Water Islands. Oxford: Elsevier Science: 51-59.

Koc E, Altinay G. 2007. An analysis of seasonality in monthly per person tourist spending in Turkish inbound tourism from a market segmentation perspective. Tourism Management, 28 (1): 227-237.

Liu A, Wall G. 2006. Planning tourism employment: a developing country perspective. Tourism Management, 27 (1): 159-170.

Liu Y. 2008. Profitability measurement of UK theme parks: an aggregate approach. International Journal of Tourism Research, 10 (3): 283-288.

Lockwood A, Guerrier Y. 1990. Labour shortages in the international hotel industry. Travel and Tourism Analyst, (6): 17-35.

Long M M, Clark S D, Schiffman L G, et al. 2003. In the air again: frequent flyer relationship programmes and business travellers' quality of life. International Journal of Tourism Research, 5 (6): 421-432.

Lundtorp S. 2001. Measuring tourism seasonality// Baum T, Lundtorp S. Seasonality in Tourism. Oxford: Pergamon: 23-50.

Lyon R. 1987. Theme parks in theUSA. Trave and Tourism Analyst, (1): 31-43.

McClung G W. 1991. Theme park selection: factors influencing attendance. Tourism Management, 12 (2): 132-140.

McEniff J. 1992. Seasonality of tourism demand in theEuropean community. Travel and Tourism Analyst, (3): 67-88.

Milman A. 1988. Market identification of a new theme park: an example from central Florida. Journal of Travel Research, 26 (4): 7-11.

Milman A. 1991. The role of theme parks as a leisure activity for local communities. Journal of Travel Research, 29 (3): 11-16.

Milman A. 1993. Theme parks and attractions// Khan M, Olsen M, Var T. Encyclopedia of Hospitality and Tourism. New York: Van Nostrand Reinhold: 934-944.

Milman A. 2001. The future of the theme park and attraction industry: a management perspective. Journal of Travel Research, 40 (2): 139-147.

Milman A. 2009. Evaluating the guest experience at theme parks: an empirical investigation of key attributes. International Journal of Tourism Research, 11 (4): 373-387.

More T A, Stevens T H, Allen P G. 1982. The economics of urban parks: a benefit/cost analysis. Parks and Recreation, 17 (8): 31-33.

Moutinho L. 1988. Amusement park visitor behaviour—Scottish attitudes. Tourism Management, 9 (4): 291-300.

Nicholls S, Crompton J L, 2005. Impacts of regional parks on property values in Texas. Journal of Park and Recreation Administration, 23 (2): 87-108.

Nye R B. 1981. Eight ways of looking at an amusement park. The Journal of Popular Culture, 15 (1): 63-75.

Olmsted F L, Kimball T. 1970. Frederick Law Olmsted, landscape architect, 1822—1903. New York: Benjamin Blom: 6.

Olsson A K. 2010. A tourist attraction's members: their motivations, relations and roles. Scandinavian Journal of Hospitality and Tourism, 10 (4): 411-429.

Page S. 1996. Urban heritage tourism inNew Zealand: the Wellington waterfront development in the 1990s// Hall C M, McArthur S. Heritage Management in Australia and New Zealand: The Human Dimension. Melbourne: Oxford University Press: 17-20.

Palmer A. 2000. A structural analysis of hotel sector loyalty programs. International Journal of Contemporary Hospitality Management, 12 (1): 54-60.

Park D, Yoon Y. 2009. Segmentation by motivation in rural tourism: a Korean case study. Tourism Management, 30 (1): 99-108.

Park K, Reisinger Y, Park C. 2009. Visitors'motivation for attending theme parks in Orlando, Florida. Event Management, 13 (2): 83-101.

Pau O. 2012. The place of the family in tourism research: domesticity and thick sociality by the pool. Annals of Tourism Research, 39 (1): 401-420.

Pearce D G. 2001. An integrative framework for urban tourism research. Annals of Tourism Research, 28 (4): 926-946.

Pearce D G. 1987. Tourism Today: A Geographical Analysis. London: Longman Scientific & Technical: 229.

Pearce P L, Moscardo G. 1985. Tourist theme parks: research practices and possibilities. Australian Psychologist, 20 (3): 303-312.

Sharpley R, Telfer D J. 2002. Tourism and Development: Concepts and Issues (Aspects of Tourism, 5) . Clevedon: Channel View Publications.

Slater A. 2003. Users or supporters? Understanding motivations and behaviors of museum members. Curator, 46 (2): 182-207.

Smart J E, Casazza JA. 1989. Rcreational Development Handbook (2nd ed) . ULI: the Urban Land Institute.

Snepenger D, Houser B, Snepenger M. 1990. Seasonality of demand. Annals of Tourism Research, 17 (4): 628-630.

Snyman S L. 2012. The role of tourism employment in poverty reduction and community perceptions of conservation and tourism in southern Africa. Journal of Sustainable Tourism, 20 (3): 395-416.

Spenceley A, Meyer D. 2012. Tourism and poverty reduction: theory and practice in less economically developed countries. Journal of Sustainable Tourism, 20 (3): 297-317.

Swarbrooke J. 2005. The Development and Management of Visitor Attractions (2nd ed) . Oxford: Butterworth-Heinemann.

Tate A. 2001. Great City Parks. London: Spon Press.

Timothy D J, Wall G. 1997. Selling to tourists: Indonesian street vendors. Annals of Tourism Research, 24 (2): 322-340.

Urry J. 2002. The Tourist Gaze (2nd ed) . London: Sage.

Vrooman D H. 1978. An empirical analysis of determinants of land values in the Adirondack Park. American Journal of Economics and Sociology, 37 (2): 165-177.

Wanhill S. 2005. Economic aspects of developing theme parks// Fyall A, Garrod B, Leask A, et al. Managing Visitor Attractions: New Directions. Oxford: Butterworth-Heinemann: 39-57.

Witt S F, Moutiho L. 1989. Tourism Marketing and Management Handbook. Harlow: Prentice Hall.